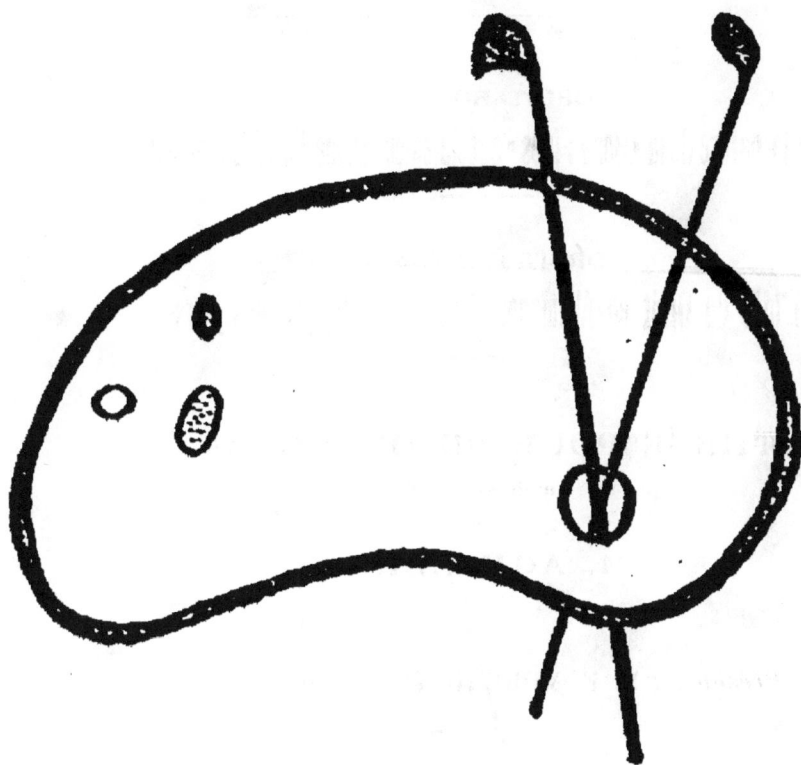

DEBUT D'UNE SERIE DE DOCUMENTS
EN COULEUR

UNIVERSITÉ DE FRANCE

FACULTÉ DE DROIT D'AIX

DROIT ROMAIN

De la nature de la « Bona Fides » spécialement en matière d'Usucapion

DROIT FRANÇAIS

L'Idée du Droit en Allemagne depuis Kant jusqu'à nos jours

THÈSE POUR LE DOCTORAT

PRÉSENTÉE ET SOUTENUE

PAR

M. AGUILÉRA

Président: M. F. MOREAU, Professeur-adjoint

AIX
IMPRIMERIE B. PUST, H. ELY, SUCCESSEUR
Rue Emeric-David, 5

1892

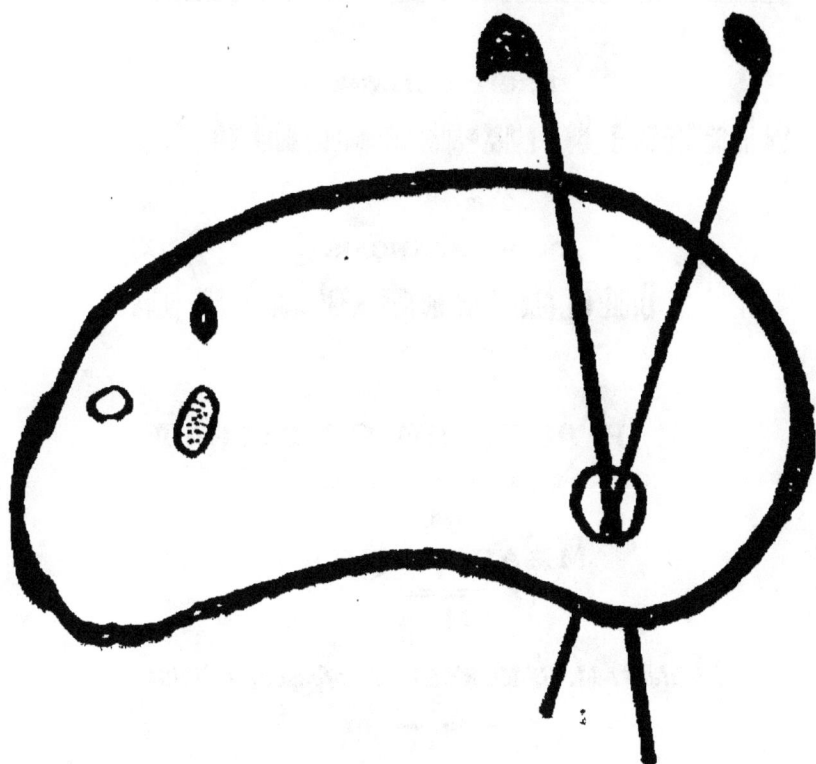

**FIN D'UNE SERIE DE DOCUMENTS
EN COULEUR**

UNIVERSITÉ DE FRANCE

FACULTÉ DE DROIT D'AIX

DROIT ROMAIN

De la nature de la « Bona Fides » spécialement en matière d'Usucapion

DROIT FRANÇAIS

L'Idée du Droit en Allemagne depuis Kant jusqu'à nos jours

THÈSE POUR LE DOCTORAT

PRÉSENTÉE ET SOUTENUE

PAR

M. AGUILÉRA

Président: M. F. MOREAU, *Professeur-adjoint*

AIX

IMPRIMERIE B. PUST, H. ELY, SUCCESSEUR

Rue Emeric-David, 5

1892

FACULTÉ DE DROIT D'AIX

. . . . . .

MM. LAURIN, O. I., doyen, professeur de *Droit com-
merciel*, chargé du cours de *Droit maritime*.

PISON, O. I., professeur de *Droit civil*.

GAUTIER, O. I., professeur de *Droit administratif*, chargé du cours d'*Histoire du Droit*
pour le Doctorat.

BRY, O. A., professeur de *Droit romain*, chargé
du cours de *Pandectes*.

De PITTI-FERRANDI, O. A., professeur de *Législation criminelle*, chargé du cours d'*Enregis-
trement* et de *Notariat*.

Edouard JOURDAN, O. A., professeur de *Droit
civil*, chargé du cours de *Droit constitutionnel*.

BOUVIER-BANGILLON, professeur de *Procédure
civile*, chargé du cours de *Droit international
public*.

LACOSTE, professeur de *Code civil*.

VERMOND, professeur de *Droit romain*.

MOREAU, professeur-adjoint, chargé du cours
d'*Histoire générale du Droit français*, et éléments du *Droit constitutionnel*.

AUDINET, agrégé, chargé du cours de *Droit international privé*.

PERRAU, *Économie politique*.

TISSIER, *Droit administratif*.

CARBONNEL, O. I, licencié en droit, *secrétaire*.

CAPDENAT, O. A., *bibliothécaire*.

DROIT ROMAIN

De la nature de la « Bona Fides » spécialement en matière d'Usucapion

INTRODUCTION

Il ne sera pas inutile d'exposer brièvement au début de cette étude les motifs qui nous ont poussé à entreprendre ce genre de recherches et d'indiquer la méthode que nous nous sommes efforcé de suivre.

L'on peut dire sans exagération de la bonne foi ce que Troplong disait en parlant de la prescription, à laquelle bien des liens la rattachent : « une matière qui réunit à toutes les difficultés de la pratique les problèmes obscurs de la théorie philosophique » (1). L'apparente facilité de l'expression *bonne foi* ne doit pas nous faire illusion sur les difficultés qu'elle soulève dans certaines branches du droit et l'étendue considérable du champ juridique qu'elle embrasse est de nature à accroître ces difficultés. En effet, la bonne foi fait sentir son influence dans toute l'économie du droit et son importance se manifeste avec

(1) Troplong. De la prescription. Tome I. 1835.

d'autant plus d'énergie que la civilisation d'un peuple devient plus parfaite. En droit romain la bonne foi exer-çait souvent une influence décisive non seulement sur l'acquisition, les contrats et les actions, mais encore sur l'état des personnes. C'est ainsi, par exemple, que dans le cas *d'erroris causæ probatio*, la bonne foi avait pour effet, une fois l'erreur prouvée, d'accorder le droit de cité à l'époux non romain, aux deux conjoints et à l'enfant, selon les cas, et de transformer du même coup en *justæ nupciæ* le mariage contracté contrairement à la loi. De même dans le cas de bigamie, le second mariage contracté de mauvaise foi rentrait seul dans le crime de *stuprum* et entraînait l'infamie. Loi 18. C. IX. 9. La matière d'étude est ici si vaste qu'au lieu d'examiner les points de détail, qui abondent et qui pourraient nous égarer, nous devons nous borner à indiquer les courants d'idées auxquels ont successivement obéi les auteurs qui ont traité ce sujet. A nos yeux cette étude n'offre pas seulement un intérêt philosophique ou historique, mais encore une utilité peut-être moins contestable. Si notre Code ne parle qu'assez rarement de la bonne et de la mauvaise foi, ces expressions sont au contraire des plus fréquentes dans les textes des jurisconsultes romains. Mais quel est le sens exact de ces expressions? Le laco-nisme excessif du législateur français a fait admettre (1) que les articles 2265 à 2269 du C. c. devaient être com-plétés par les dispositions du droit romain, de manière qu'en présence des difficultés qui pourraient se présenter dans la théorie ou dans la pratique, l'on eût recours à

(1) Marcadé. Tome XII. 1811. Zachariæ, p. 438-

ces sources où les principes et les décisions abondent
sur cette matière. Cette nécessité de remonter aux sources devient encore plus évidente quand on songe à la
grande supériorité qu'assure au droit romain le lien
intime qui y rattache toujours la science juridique à la
pratique journalière du droit. Autre chose est une
casuistique, d'ailleurs impossible, qui aurait l'étrange
prétention de prévoir tous les cas infiniment variés que
présente la pratique, et autre chose la puissante inspiration que l'observation attentive et sagace de ces cas
usuels peut communiquer à la science abstraite. Or,
c'est le mérite de ce droit d'avoir toujours tiré du fonds
même et comme des entrailles de la vie pratique les
règles de droit qui ont formé peu à peu ce système d'ordre logique qui a valu au droit romain l'éloge de
Léibnitz : « droit mathématique. » L'on voit donc la
décisive importance qu'il peut y avoir à étudier la bonne
foi en droit romain, car ce droit n'est-il pas, comme
s'exprime l'auteur que nous citions plus haut : « cette
terre qu'il ne faut pas se lasser de remuer parce que
les racines de l'arbre y vivent encore vigoureuses et
tenaces et que leur suc alimente le rejeton qui a
fleuri sous leur ombre? » Sans doute, malheureusement,
outre les textes classiques parfois si injustifiables au
point de vue de la raison pure et les termes souvent si
ambigus qui ont provoqué les recherches les plus
consciencieuses, nous devions étudier les commentaires
signés des noms les plus connus dans la science, soit en
France soit en Allemagne. Dans ce dernier pays en
particulier, les résultats obtenus par l'investigation ingénieuse et patiente des jurisconsultes éminents qui ont

approfondi le sujet qui va nous occuper nous ont permis d'aborder une étude d'ensemble sur la bonne foi.
On comprend que la condition essentielle qu'il fallait
remplir était de bien circonscrire notre sujet, et voilà
pourquoi, au lieu d'étudier la bonne foi dans ses effets
multiples, nous avons cru devoir chercher dans sa
nature même un noyau, un centre qui nous montrerait
comme la racine des institutions juridiques qui s'y rattachent : possession, acquisition des fruits, usucapion, etc.
C'est à la *nature* même de la bonne foi qu'il appartient
de nous fournir les principes qui, rayonnant sur toutes
les applications, nous feront comprendre la portée qu'elle
a dans ces applications elles-mêmes. C'est la méthode
qui a été adoptée par la plupart de ceux qui ont consacré une étude spéciale à la notion de la bonne foi. Au
lieu de suivre la voie tracée par (1) Wachter et par
(2) Savigny et de chercher à construire à priori cette
notion, à l'aide d'une distinction abstraite entre l'erreur
légitime et l'erreur non légitime, pour aboutir, comme
le premier, à une pure pétition de principe, la vraie méthode consiste plutôt à fixer le sens du vocable pour une
étude attentive des textes et à déterminer seulement
après l'objet précis de la *Bona Fides*. A son tour cette
définition servira à nous faire comprendre le caractère
excusable de l'erreur et les questions subsidiaires qui
en découlent. Mais encore ici force nous est de ne faire
porter notre étude que sur un point particulier, car, les
systèmes les plus divers ayant été proposés spéciale-

(1) *Die Bona Fides, etc.* 1871, p. 14 et 15.
(2) Système, Bd. III. p. 368.

ment par les romanistes de l'Allemagne, de nombreuses
définitions ont été successivement essayées et combat-
tues. Parmi tous ces él.ments de la question nous avons
dû faire un choix et nous avons concentré nos efforts
sur l'étude de la bonne foi dans *l'usucapion*, parce que
c'est ici que la bonne foi joue le plus grand rôle et que
l'usucapion est même l'un de ses effets les plus importants.

PREMIÈRE PARTIE

Etude philologique et juridique de l'expression « Bona Fides »

CHAPITRE Iᵉʳ

Les diverses acceptions de l'expression « Bona Fides »

§ Iᵉʳ. — DÉFINITIONS GÉNÉRALES

Il est essentiel de déterminer aussi exactement que possible le sens de cette expression qui est susceptible de revêtir dans les textes des significations si diverses.

Elle désigne tantôt :

1° Le contraire de *dolus*, c'est-à-dire *droiture, probité, honnêteté.*

Ce passage du Digeste est explicite : « *quia fides bona contraria est fraudi et dolo,* » L. 3, § 3, D. XVII, 2.

Le contraire de *dolus* ou de *fraus* ou de *per fraudem* « *bona fide negotium contraxerit* » est opposé à « *per fraudem locaverit,* » L. 35 pr., D. XIX, 2.

Le *dolus malus* est opposé au *dolus bonus*, expression qui désigne la *ruse* que l'on peut opposer à l'ennemi ou au voleur, à tout agresseur agissant sans aucun droit.

Voir L. I, § 3, D. IV, 3 : « *dolum etiam* bonum *dicebant et pro solertia hoc nomen accipiebant.* »

Le contraire encore de *in fraudem* « *si bona fide et non in fraudem gestum sit negotium* » L. 34, D. III, 3.

Le contraire de *callide*, et l'idée est rendue sous sa forme négative : « *non mala fide,*» L. 5, § 4, D. XXVI, 8.

Elle désigne encore l'absence de *dolus malus* et l'idée est rendue par cette expression : « *bonam fidem præstare,* » L. 18, D. III, 5.

Cette expression accompagne souvent d'autres verbes, mais conserve toujours la même signification : « *ex bona fide reddere,* » L. 2, D. XVI, 3 ; « *ex bona fide præstari,* » L. 22, § 4, D. XVII, 1.

Le texte essaie même de définir : c'est la conduite consciencieuse, l'exactitude dans l'accomplissement d'une mission : « *bona fides exigit ut quod convenit fiat,* » L. 21, D. XIX, 2, Cf. L. 11, § 1, D. XIX : « *nihil magis bonæ fidei congruit quam id præstari quod inter contrahentes actum est.* » Aussi il serait contraire à la bonne foi de faire des conventions qui auraient pour but d'exclure le dol. L. 1, § 7, D. XVI, 3 ; L. 23, D. L, 17.

La bonne foi exige la plus *grande équité :* « *bona fides quæ contractibus exigitur, æquitatem summam desiderat,* » L. 31, pr. D. XVI, 3.

Le sens indiqué par ces textes (1) est des plus clairs : la bonne foi, c'est la *loyauté,* la *probité,* la *droiture,* le contraire de la ruse, du dol ou de la fraude. C'est la *bona fides* au sens où Cicéron employait cette expres-

_____

(1) Andlexikon 3u den Quellen des R. R. von Heumann, 1869, à l'article *bona fides.*

sion quand il écrit dans le *De Offici*, 1-7 : « *fundamen-*
tum justitiæ est fides » ou bien, dans Orat. 22 : « *jus-*
titia in rebus creditis fides nominatur, » ou lorsque
Gellius ou d'autres encore disent que les Romains ont
cultivé la *fides : « populus romanus omnium virtutum*
maxime et præcipue fidem coluit (1). » Notre Code
emploie ce mot dans cette acception : art. 1268 à 1270.
Si nous devions nous contenter d'une étude de la bonne
foi uniquement dans ce sens et sous cet aspect, cette
étude ne serait autre chose qu'un essai de morale.

2° La bonne foi, quand elle est opposée au *jus stric-*
tum comme dans les contrats de *bonne foi*, *bona fidei*
contractus, signifie la *probité en affaires*, la probité
servant de fondement au contrat : L. 11, § 18, D. XIX, 1,
et L. 48, D. XIX, 1, et l'expression devient alors susceptible d'une plus ou moins grande extension dont le degré
se mesure tantôt aux paroles du contrat, tantôt aux intentions des parties : § 30. Inst. IV, 6 : *In bonæ fidei*
autem judiciis libera potestas permitti videtur judici
ex bono et æquo æstimandi, quantum actori restitui
debeat, et L. 7, § 5, D. II, 14 : « *pacta conventa inesse*
bonæ fidei judiciis. » L. 3. § 2, D. XIII, 6, et L. 7,
D. III, 5 : « *Quia tantumdem in bonæ fidei judiciis offi-*
cium judicis, valet, quantum in stipulatione nomina-
tim ejus rei facta interrogatio. » L. 24, D. XVI, 3, et
L. 54, p. 2, D. XVII, 1 : *placuit enim prudentioribus*
affectus rationem in bonæ fidei judiciis habendum.
L. 31, § 20, D. XXI, 1 : « *ea enim quæ sunt moris et*
consuetudinis, in bonæ fidei judiciis debent venire. »

(1) Fronton. *Verbo fides.*

3° Quand la bonne foi accompagne la possession ou l'usucapion cette expression revêt une signification différente, elle a un sens vraiment *juridique* et le seul dont nous devions nous occuper ici ; c'est d'ailleurs en ce sens que les jurisconsultes romains l'emploient le plus souvent dans leurs écrits. Son contraire alors n'est plus *dolus* ou *fraus*, mais *mala fides* et désigne la conviction ou la conscience qu'a une personne d'avoir agi ou de posséder une chose conformément au droit ; *mala fides :* la conviction ou la conscience contraire, celle d'avoir agi *contrairement au droit* : § 35, I. II, 1 : *bona fide fundum emerit*, pr. : I. II, 6 ; L. 13, § 12, D. IV, 2 ; L. 2 pr., § 1, D. XLI, 4. *Mala fide possidere bonæ malæ fidei possessor* : L. 25, § 7, D. V, 3 ; L. 45, D. VI, 1 : *bonæ fidei diutina possessione capere posse* : L. 43, § 1, D. XLI, 2 ; L. 4, § 2, D. X, 1 : *mala fide percipere fructus* ; L. 43, § 3, D. 21, 1 : *« si servus meus bona fide tibi serviens. »*

Ces résultats sont admis à peu près par tous les commentateurs, mais la controverse devient très vive lorsqu'il s'agit de fixer le sens de cette expression dans l'usucapion où elle acquiert une importance toute particulière. En quoi consiste donc la *bona fides* quand elle s'applique à ce cas juridique déterminé ? Ici l'on nous arrête par une question préjudicielle qu'il nous faut examiner.

§ II. — DES DÉFINITIONS LÉGALES DE LA « BONA FIDES »

Certains auteurs contestent l'utilité et la légitimité même de cette recherche. Pourquoi, disent-ils, s'effor-

cer de découvrir une signification nouvelle, un sens spécial à des expressions qui, consacrées par la tradition
dans une législation particulière, ne peuvent avoir d'au-
sens que celui que cette législation ou cette tradition
lui attribue d'ordinaire ? Des expressions aussi compré-
hensives ont le sens précis que leur donne le génie juridique du peuple qui les a mises en circulation. En
d'autres termes, les textes contiennent des définitions
légales. Telle est l'opinion de quelques commentateurs
allemands (1) et que M. Appleton adopte sans hésita-
tion : « Qu'est-ce qu'un acheteur de bonne foi ? Fort
heureusement, dit-il, nous trouvons dans les textes une
définition tellement nette de l'acheteur de bonne foi
qu'aucune discussion sérieuse n'est possible sur ce
point. » (2) Les partisans de l'existence d'une définition
légale de la bonne foi nous opposent un argument de
principe et une raison de texte. Nous répondrons sur le
premier point que s'il est vrai que les expressions juridiques créées par l'esprit d'une législation particulière
doivent avoir un sens facilement compréhensible, il est
non moins vrai que du jour où ces expressions font partie d'une institution juridique déterminée ou qu'elles répondent à une phase particulière du développement de
cette législation, elles acquièrent forcément une signification beaucoup plus précise. Au point de vue pratique,
qui est celui qui doit dominer dans toute législation, ne
faut-il pas arriver à une définition aussi exacte que possible, puisque, en définitive, le but de toute loi, c'est de

---

(1) *Stintzing.* « Das Wesen der Bona Fides, » 1852, pag. 61 ; *Brinz*
Pandekten, I, 211.
(2) *Appleton.* « Histoire de la propriété prétorienne, » vol. 1ᵉʳ, p. 158.

fournir aux relations si complexes de la vie quotidienne,
et grâce à certaines regles, la fixité et la sécurité dont
elle a besoin? Une législation qui serait condamnée à
osciller entre des conceptions également générales ou
vagues gênerait fatalement l'œuvre si nécessaire de l'interprétation. Voilà pourquoi les textes, s'inspirant de
cette nécessité, s'essayent parfois à donner des définitions
légales. Tout un titre du Digeste est consacré à ces définitions : Vetbor signifie L. 16. Mais quand ces définitions
légales font défaut, le commentateur a pour devoir de
combler cette lacune, en s'aidant des autres conceptions
juridiques qui se rattachent à l'expression en question
et sans perdre de vue le lien systématique qui fait de
toute proposition juridique un organisme vivant et un
ensemble logique.

Quant à l'argument de texte, la plupart des auteurs
contemporains ne parviennent pas à découvrir dans le
seul passage que l'on invoque pour étayer cette théorie
une définition légale de la bonne foi. MM. Appleton et
Stintzing croient la découvrir dans ce passage de Modestin, L. 109, D. de V. S. L. 16 : *Bonæ fidei emptor
esse videtur qui ignoravit eam rem alienam esse, aut
putavit eum qui vendidit jus vendendi habere, puta
procuratorem aut tutorem esse.* Mais ce passage, comparé à ceux qui le précèdent ou le suivent dans le même
titre, conserve difficilement les caractères d'une vraie
définition. Le « *eam* » rem alienam, etc., montre suffi-
samment que nous n'avons pas ici une définition élaborée
scientifiquement, mais que nous sommes en présence
d'une simple phrase détachée d'un passage autrement
important et qui est étranger au texte, ayant été in-

corporé dans ce titre par un rédacteur inattentif. Ce passage dit simplement ceci : Si l'acheteur ignore que la chose en litige n'appartient pas au vendeur, ou s'il croit au moins que ce vendeur avait a le droit de l'aliéner en sa qualité de *procurator* ou de *tutor*, cet acheteur est censé avoir acheté avec bonne foi. Comme le remarque Bruns (1), ce mot *esse videtur* semble supposer qu'il pouvait y avoir d'autres raisons qui rendissent possible la mauvaise foi. D'ailleurs, cette prétendue définition ne jette aucune lumière sur la question ; elle ne dit rien de précis sur la manière dont les Romains avaient compris la *bona fides ;* bien plus, elle n'offre aucun intérêt si nous nous plaçons au point de vue de la législation de Justinien, car elle pèche tout à la fois par un défaut de largeur et d'étroitesse. L'on peut, en effet, comme nous le verrons et comme nous l'a montré Windschéid (2), usucaper, alors même que l'on sait : *alienam rem esse.* En vérité, ce passage avait en vue bien moins la bonne foi que l'un des principaux cas où se produit l'erreur. L'on peut aussi s'étonner que l'on affecte de voir exclusivement dans ce texte la meilleure définition de la bonne foi, car pourquoi lui accorder ce privilège exhorbitant et comment justifier cette prétention en présence de textes tout aussi concluants ?

Voir, Pr. J. II-6 : *Jure civili constitutum fuerat, ut qui bona fide ab eo qui dominus non erat, cum crediderit eum dominum esse.* — Gaius II, § 43 ; L. 5 pr. Dig. XLI-7 ; L. 28, D. eodem.

(1) Das Wesen der *bona fides.* 1872, p. 77.
(2) Pandekten, p. 176 et 408.

§ III. -- DE LA « FIDES » CHEZ LES ROMAINS

Puisque un examen impartial des textes nous montre qu'il est illusoire de leur demander une définition légale de la bonne foi, nous en sommes réduits à la nécessité de chercher directement dans les sources écrites le sens de cette expression, soit au point de vue de la philologie, soit au point de vue de la signification juridique qu'elle revêt successivement dans les contrats et dans l'usucapion. Depuis Voigt (1), qui a fait une étude spéciale du mot *fides* chez les classiques, il est admis que le sens primitif de *fides* n'est nullement la croyance mais la fidélité. L'évolution de la signification de ce mot, le passage de la signification de fidélité à la signification de foi, était inévitable. *Fides* désigna tout d'abord la confiance, d'où par extension, d'une part, la qualité d'une personne qui mérite notre confiance et par conséquent la droiture, une certaine délicatesse de conscience, et, d'autre part, par une transition insensible, accorder sa confiance à quelqu'un, ajouter foi, croire, comme dans ces expressions : *fidem alicui dare, afferre facere*, et dans le sens où Cicéron emploie le mot quand il dit : *fide est firma opinio*, car il dit plus bas dans l'Orator : *inveniat quemadmodum fidem faciat es quibus volet persuadere*. C'est dans ce même sens que le Digeste emploie ce mot très souvent. Ce ne fut que grâce au christianisme et depuis que l'Eglise fit sentir son influence sur la législation que ce mot devint synonyme de *simple croyance*.

(1) Das jus naturale der Rœmer, 4, 377.

Cette assimilation fut rendue possible par l'idée nouvelle qu'apportait le christianisme que la foi est le fondement de la moralité. Le Droit canonique introduisit
dans le langage de la jurisprudence le mot *fides* avec ce
sens amphibologique qui se trouve déjà dans le Code :
*quoniam omne, quod non ex fide est, peccatum est...
nulla valeat absque bona fide præscriptio.* L. 27. C. I-3.

Aucun Romain de l'époque classique n'aurait compris cette sorte de jeu de mot. L'expression *fides* naquit
et se développa sur ce fondement classique. L'adjectif
bona sert à renforcer le sens du substantif et marque
plutôt une opposition à la *mala fides* qu'une nouvelle
manière d'être de la *fides*. Par conséquent, à l'époque
classique on ne connaît pas trois espèces de *fides* : la
bona fides, la *fides* toute simple ou sans abjectif, et la
mala fides, mais *fides* et *bona fides* sont identiques, et
mala fides est leur négation.

C'est là le sens fondamental et permanent du mot et
qu'il conserve dans toute l'économie juridique, malgré
la diversité des cas et des situations auxquels il s'applique. Cependant, comme la droiture est susceptible de
plus ou de moins, comme elle varie d'un individu à l'autre et chez le même individu, la B. F. est susceptible
aussi d'affecter diverses nuances, sans que l'on puisse
dire que le sens général et fondamental de cette expression change, et selon qu'elle s'applique aux contrats,
aux actions ou à la possession (1). Dans la formule :
*quidquid N. N. A. v. Ao dare facere oportet ex fide
bona*, l'expression acquiert enfin cette signification tech-

(1) Wæchter, p. 59.

nique qui lui est propre, sans rien perdre de son sens
moral primitif, car au lieu de N^{us} Ao. (Gaïus IV, 47), on
peut dire aussi bien : *quod alterum alteri ex b. f. praestare oportet.* L'expression B. F. est une désignation abré-
viative des *judicia* dont parle Cicéron dans le de Off. III,
15. De l'*actio* l'expression s'étendit au *negotium* et devint *negotium bona fide.* Dans la formule, le sens de ces
mots : *ex fide bona* est essentiellement éthique, car c'est
au fond sous une autre forme l'ancienne formule : *uti ne
propter te fidemve tuam captus fraudatusve siem* dont
elle procède (1). Lorsque, au contraire, l'on a en vue
moins le fait moral que le fait psychologique lui-même,
c'est-à-dire la simple *croyance*, et que l'on veut désigner
cette croyance *objectivement*, pour employer le langage
de l'école, l'expression change, elle n'est plus *bona fides*
mais *ex bono et aequo.* Gaïus, III : *Item in his contractibus alter alteri obligatur de eo quod alterum alteri
ex bono et aequo praestare oportet.* De même dans § 30,
J. de actio : *in bonae fidei judiciis libera potestas permitti videtur ex bono et aequo aestimandi quantum actori restitui debeat.* Ainsi donc, au sens *objectif*, comme
disent les romanistes allemands, rendu par l'expression
ex bono et aequo praestare, répond le sens *subjectif* :
bonam fidem praestare, comme l'on dit *diligentiam*, *culpam praestare.* C'est ainsi que du *negotiorum gestor* il
est dit qu'il doit : *et bonam fidem et exactam diligentiam*,
praestare, et du vendeur : *non solum b. fidem sed etiam
diligentiam* (Paul, sent. recep. 1, 4, 1; et L. 4. D. XXVII,
5.)

(1) Cicéron, Off. [I], 17.

Il est clair que c'est au point de vue de l'équité qu'il faut se placer pour déterminer le degré de *bona fides* qui doit se trouver chez le vendeur ou chez le gérant d'affaires, et voilà pourquoi L. 31 D. *depositi* nous dit, au sujet du dépôt opéré par un criminel, qu'on peut de bonne foi ou au point de vue de la bonne foi remettre ce dépôt soit à lui-même, soit à l'Etat, quand les biens de ce criminel ont été confisqués : *B. f. quæ in contractibus exigitur, aequitatem summan desiderat. Sed eam utrum aestimamus ad merum jus gentium an vero cum praeceptis civilibus et praetoriis. L. 31, D. XVII depositi*; et Tryphonin décide que si l'on consulte la loi civile plutôt que le droit naturel, c'est à l'Etat qu'il faut remettre ce dépôt.

§ III. — DE LA « BONA FIDES » DANS LES CONTRATS

L'analyse de la B. F. dans ses éléments constitutifs nous a montré que le contenu de cette expression était plutôt d'ordre moral que d'ordre juridique, que ce terme désignait la droiture, la probité ; l'étude de la même expression dans les contrats va nous permettre de pénétrer plus avant dans la nature de la bonne foi et d'en mieux préciser le sens. Sur ce point deux théories se sont fait jour en Allemagne. Une première opinion représentée par Bruns (1) n'établit aucune différence sensible entre la B. F. dans les contrats et la B. F. dans l'usucapion. Cet auteur estime que dans les deux cas le

(1) Op. cit. p. 811

rapport juridique exprimé par cette locution est le même
en vertu de la relation étroite qui unit les contrats à l'u-
sapion dont les premiers constituent la *causa*. La seconde
opinion a été soutenue par Wachter (1) qui établit au
contraire une distinction tranchée entre la bonne foi
dans les *negotia* et dans les *actiones* et la B. F. dans l'u-
sucapion. Cette controverse, que nous ne faisons que
mentionner ici, nous occupera plus loin; le point que nous
voulons relever pour le moment c'est la lumière dont
l'étude des contrats éclaire l'un des éléments de la
B. F., la *réflexion*, car si la B. F. est avant tout l'intention honnête, la probité, elle suppose nécessairement un
travail de délibération et de réflexion. Sans doute, la
droiture des intentions peut se concilier jusqu'à un
certain point avec l'absence d'une mûre réflexion, attendu
qu'une personne peut agir avec probité alors que ce
n'est pas intentionnellement qu'elle néglige de faire tout
son devoir, lorsque ce n'est pas volontairement qu'elle
agit contrairement au droit. Il est évidemment plusieurs
degrés dans la probité mais la morale aussi bien que le
droit connaissent un genre de probité supérieure, celle
qui ne se contente pas d'un examen superficiel des circonstances mais qui exclue toute précipitation et qui
n'arrive à se faire une conviction qu'après un examen
attentif de toutes les faces de la question. De ces deux
manières de comprendre la probité et partant la B. F.,
qu'elle est celle qui répond le mieux à l'idée que s'en
faisaient les Romains ? La réponse ne peut nous être
donnée par des considérations à priori mais par l'étude

(1) Wesen der B. f. 1859.

des textes; or, voici des passages qui montrent qu'ils exigeaient la présence de la réflexion dans la B. F. Il y a sur ce point deux séries de textes: ceux qui posent le principe de la nécessité de cette condition et ceux plus nombreux qui, sans s'exiger formellement la réflexion, la supposent et en parlent indirectement. Cette méthode d'interprétation est souvent la seule qui soit possible aux commentateurs, donné les procédés casuistiques des jurisconsultes romains et la forme fragmentaire du Digeste. Parmi les textes de cette dernière catégorie, citons celui contenu dans L. 31 § 1. D. XVI. 2. *Incurrit hic et alia inspectio an bonam fidem inter eos tantum, inter quos contractum est, nullo extrinsecus adsumpto, aestimare debeamus, an respectu etiam aliarum personarum ad quas id quod geritur pertinet?* Et l'exemple donné est celui du dépôt fait par un voleur chez un tiers qui se trouve avoir chez lui à son insu la chose qui m'a été volée. A qui faudra-t-il rendre cet objet? *Utrum latroni, an mihi restituere secus debeat? Si per se dantem, accipientemque intuemur haec est bona fides, ut commissam rem recipiat is, qui dedit; si totius rei aequitatem, quae ex omnibus personis, quae negotio isto continguntur, impletur, mihi reddenda.* Et il ajoute: *Si ego ad petenda ea non veniam nihilominus ei (latroni) restituenda sunt. qui deposuit.....* Ce mot « *si ego non veniam* » comme dans la supposition contraire le fait de venir réclamer l'objet volé, implique nécessairement la réflexion. Ce titre *depositi* suppose encore le cas où le déposant est un esclave qui a soustrait une chose à son maître : *Si ignoravit, apud quem deposuit vel credidit dominum non invitum fore hujus*

solutionis liberari postet : bona enin fides exigitur.
Il nous semble que la simple croyance, *ignorare, credere*, ne saurait suffire au dépositaire et que la réflexion
lui est nécessaire pour découvrir qu'elle est dans ce cas
particulier la ligne de conduite que lui trace son
devoir. Cette manière de voir reçoit une nouvelle confir-
mation de la déclaration dont Sabinus L. 11. fait accompagner ce passage et qui l'éclaire d'une si vive lumière :
*nec ulla causa intervenit quare putare possit, domi-
num reddi nolle*, à côté de cette explication : *hoc ita
est si potuit suspicari, justa, scilicet, ratione motus.*
A la première catégorie des textes qui affirment expressément la condition de la réflexion dans la B. F. appartient celui d'Ulpien que nous allons étudier, tellement est
grand l'intérêt qu'il offre pour la question qui nous occupe. Déjà en principe l'on peut dire que la B. F., étant
le contraire du *dolus* et celui-ci impliquant toujours la
faute lourde, celle-ci doit exclure la B. F., or, c'est précisément ce que nous dit ce texte : *quod servus deposuit,
is, apud quem depositum est, servo rectissime reddet
ex bona fide : nec enin convenit bonæ fidei abnegare id
quod quis accepit sed debuit reddere ei a quo accepit
sic tamen si sine dolo, omni reddat, hoc est ut nec
culpae quidem suspicio adsit....* Ce texte nous montre
de la façon la plus évidente le lien qui existait, aux yeux
des jurisconsultes romains, entre la « bona fides » d'un
côté et la *culpa* et la *diligentia* de l'autre. Pour être
réellement de bonne foi il faut l'examen aussi attentif
que possible des circonstances (*causa quare putare possit*) des raisons sérieuses de penser ainsi (*justa ratione
motus*), alors seulement la bonne foi existe : *caeterum*

sufficit bonam fidem adesse (1). Voici un texte de Celsus qui corrobore celui que nous venons d'étudier. L. 32. D. deposito XVI. 2 : *quod Nerva diceret latiorem culpam dolum esse; mihi verissimum videtur ; nam et si quis non ad eum modum, quem hominum natura desiderat, diligens est, nisi tamen ad suum modum curam in deposito praestat, fraude non caret : nec enin salva fide minorem iis, quam suis rebus, diligentiam praestabit.* Il serait faux de prétendre, parce que tous ces textes sont empruntés au titre qui traite du dépôt, que ces définitions de la B. F. sont des cas isolés ou constituent de simples particularités. Dans les passages que nous venons de citer le commentateur prend pour point de départ de ses explications l'idée générale de la B. F. et il en fait l'application à un cas particulier, le dépôt, qui par sa nature se prêtait le mieux à ces explications. Le dépositaire, en effet, n'est pas tenu à la diligence, au soin, d'une manière aussi stricte que dans les autres contrats, il ne répond pas de la faute légère *(levis)* mais de son dol et de tout ce qui serait contraire à la B. F.; du reste d'une manière générale la B.F. se trouve opposée au *dolus* comme la *culpa* à la *diligentia* et ces deux idées s'entrerépondent : la *bona fides* et la *diligentia* indiquent les devoirs, le *dolus* et la *culpa* l'infraction à ces devoirs. C'est ainsi que Paul dit en parlant du *négotiorium gestor Rec. sent. Livre I. 4. 1 : Qui negotia aliéna gerit et bonam fidem et exactam diligentiam rebus ejus pro quo intervenit praestare debet.* De même au sujet de la vente il est dit que la B. F. consiste non seu-

(1) L. 11. eodem.

lement à ne point commettre de fraude mais à être
exempt de toute faute : *Si cum fudum venderes, in
lege dixisses existimo te in exigendo non solum
bonam fidem sed etiam diligentiam praestare debere,
id est non solum ut a tedolus malus absit, sed etiam
ut culpa.* L. 68 pro. D. XVIII. 1.

L'expression « *bonam fidem* » *praestare* revêt le même
sens dans le mandat, la tutelle, la société : L. 10, pr.
D. XVII, 1 ; L. 4, D. XXVII, 5, *qui pro tutore negotia
gerit, eandem fidem et diligentiam praestat quam
tutor praestaret ;* L. 35, D. XVII, 2. Sans doute, dans
tous ces passages l'ignorance est supposée exister avec
la bonne foi et la connaissance est impliquée dans le
dol, mais le dol n'y est nullement opposé à la bonne foi
comme la connaissance à l'ignorance. La B. F. implique
nécessairement cette ignorance et voilà pourquoi les
mots *ignarus, nesciens,* accompagnent souvent cette
expression ; mais l'essence de la B. F. n'est pas tant l'i-
gnorance que l'ignorance *excusable,* laquelle suppose la
réflexion, de même que le dol implique toujours une négligence grossière chez celui qui le commet : *magna
negligentia culpa est : magna culpa dolus est,* L. 226,
D. L. 16; et L. 29, pr. D. XVII, 1 ; *et si quidem... negligentia prope dolum est.* Un nombre assez considérable
d'autres textes montrent que la réflexion doit accompagner la B. F. pour que celui qui s'en prévaut puisse en
profiter. C'est ai si, par exemple, que l'on exige du
créancier hypothécaire pour la vente du gage de *bona
fide rem gerere,* autrement, non seulement lui, mais encore l'acheteur, au cas où ils auraient colludé ensemble,
seraient traités comme ayant été *malæ fidei emptores*

et possessores, L. 4 et 9, C. VIII, 30. De même, condition qui suppose la prudence, le mandataire, en remplissant son mandat, ne doit réclamer que les frais qu'il a faits *bona fide*, c'est-à-dire : *et tam propter exactam, ex mandato pecuniam quam non exactam, tam dolum quam culpam sumptuum ratione bona fide habita præstare debet*, L. 11, C. IV mandati, 35.

De même le *procurator* n'est admis à réclamer que les frais du procès qu'il a faits de B. F. : *Litis impendia bona fide facta*, L. 46, § 6, D. III, 3. Il est un texte particulièrement important : *Si fundum vestrum vobis per*, etc. L. 17, C. III, 32. Le *recte comparavit* dépendra de la question de savoir si l'acheteur *bona fide credidit*. L'on peut donc *b. fide* ou *mala fide credere*, croire pour de bonnes raisons ou pour des motifs sérieux, après mûre réflexion ou seulement à la légère.

Il n'est pas admissible que dans ces textes la B. F. ne signifie que la simple croyance, car autrement nous n'aurions là qu'une tautologie et un pléonasme insuportable. De même L. 2, C. VIII, 29, où nous voyons établi ce principe qu'alors même qu'à la vente du gage le débiteur aurait protesté contre cette vente auprès de l'acheteur, celui-ci n'est cependant pas traité comme possesseur de mauvaise foi, que si cela résulte de l'examen des circonstances : *ne que ea ratione emptor, tametsi sciat interpositam a debitore denunciationem malae fidei et possessor.* Ce que nous venons de dire sur la nature de la bonne foi dans les contrats suppose que nous admettons l'identité de la B. F. dans les contrats et dans l'usucapion ; identité serait un terme trop fort, il faut dire profonde ressemblance, car il y aura toujours une certaine différence entre *bonam fidem præstare* et *bona fide possidere.*

Néanmoins, en allant au fond des choses, cette différence se réduit à ceci : dans le premier cas la bonne foi est avant tout le devoir de remplir les engagements pris avec conscience et probité, et qui incombe à chacun des contractants; dans la *bona fide possidere* de l'usucapion, il s'agit plutôt d'un droit que l'on croit avoir et que le temps requis pour usucaper changera en droit positif; mais il ne faudrait pas conclure de cette différence que la réflexion ne soit obligatoire que dans les contrats seu's, tandis que dans l'usucapion il suffirait d'ignorer ou de croire d'une certaine manière. Les contrats ne sont-ils pas, et en particulier la vente, le fondement le plus ordinaire de la possession et de l'usucapion? Que se propose l'usucapiens si ce n'est de couvrir les vices de son titre d'acquisition par le laps de temps légalement requis? Et les titres les plus importants, à part les titres *pro legato* ou *derelicto*, qui sont d'une importance moindre, ne sont-ce pas les contrats qui les créent ? L'histoire de l'usucapion à Rome nous montre que c'est sur la base des contrats et de préférence sur le fondement de la vente, comme le prouve le rôle prépondérant que joue ici le titre *pro emptore*, que le système de l'usucapion s'est développé, et on a calculé que l'expression *bonæ fidei emptor* revenait dans les textes aussi souvent que celle de *bonæ fidei possessor*. Cette ressemblance résulte encore de la nature même de la vente, contrat de B. F., qui exige non seulement que l'acheteur ne nuise pas au vendeur, mais qu'il ne lèse pas les droits des tiers. C'est ce que nous voyons indiqué dans ce texte :

Qui a muliere sine tutoris auctoritate sciens rem mancipi emit, vel falso tutore auctore, quem sciit non esse, non videtur bona fide emisse, Vatic., fragm, § 1. Le devoir pour l'acheteur d'être de bonne foi envers le vendeur est mis ici dans une relation étroite avec le droit d'usucaper, et ce devoir comme ce droit sont désignés par la même expression : *bona fide emere.* Voir aussi L. 13, § 1, D. XLI, 3. *Eum qui a furioso bona fide emit usucapere posse...,* et L. 7, § 5, XLI, 4.

Des textes plus explicites établissent encore que la B. F. n'est pas essentiellement différente dans les contrats que dans l'usucapion, et qu'elle consiste moins à avoir cru de telle ou telle manière qu'à avoir agi avec conscience et probité ; L. 8, D. XLI, *pro emptore,* 4 : *Si quis cum sciret venditorem pecuniam statim consumpturum, servos ab eo emisset ; plerique responderunt eum nihilominus bona fide emptorem esse.* Puisque, comme le dit le texte, l'acquéreur achète *a domino,* sa *mala fides* ne peut consister ni dans une certaine erreur ni dans une certaine croyance, mais dans la droiture et la conscience avec laquelle il a agi en achetant les esclaves d'un prodigue. De même dans le texte cité plus haut : *qui a muliere sine tutoris autoritate sciens...* Ce mot *sciens* ne peut signifier cette grande naïveté que lorsque j'achète d'une femme qui a vendu *sine autoritate tutoris,* et que je le sais, que je ne l'ignore pas, mais qu'en le sachant je n'ai pas agi avec droiture. Valait-il la peine autrement d'invoquer l'autorité des *veteres,* et ce mot même ne doit-il pas nous faire supposer que Minucius fait ici allusion au sens primitif du mot *fides ?* L'acquéreur qui achète d'un *procurator* et qui collude avec lui pour obtenir l'avilissement du prix, n'est pas de bonne foi, alors même qu'il croit au droit de propriété du vendeur et à la plénitude des pouvoirs du procurator : *Quod si emptor cum procuratore collusit et eum... non intelligetur bonæ fidei emptor nec longo tempore capiet*, L. 7, § 6, D. XLI, 4.

De même un créancier hypothécaire, bien qu'il possède le *jus distrahendi*, commet un dol en vendant le gage, et l'acheteur qui a colludé avec lui doit restituer avec les fruits, parce qu'il a été acquéreur de mauvaise foi. Évidemment, le dol du créancier hypothécaire ne peut avoir eu d'autre objet que le prix, puisqu'il agissait selon son droit, et quant à l'acheteur, qui ne s'est trompé ni sur les droits de son vendeur ni sur la propriété du gage, sa *mala fide* c'est son manque de droiture : *Præses provinciæ aditus, si fuerit probatum tuum creditorem, cui jus distrahendi pignora fuit dolo malo fundum vendidesse ; quanti tua interest restituere tibi eundem creditorem jubebit si... et probatum fuerit emptorem mala fide emisse... restituere tibi fundum cum fructibus malæ fidei emptorem jubebit*, L. 1, C. *Si Vendito* VIII, 30.

Cette notion de la bonne foi nous explique pourquoi déjà dans l'ancien droit l'on pouvait usucaper alors même que l'on savait *rem alienam esse*. Dans le droit classique les cas de cette espèce sont nombreux ; le plus fréquent est celui où l'acquéreur sait pertinemment qu'il achète la chose d'autrui, mais dans de telles circonstances qu'on lui accorde sans hésiter contre le vrai propriétaire l'*exceptio rei venditæ et traditæ* et la Publicienne. On ne peut pas dire cependant que cet acquéreur

soit de bonne foi, en ce sens qu'il croirait que son vendeur a des droits sur la chose. La croyance que l'on est
propriétaire est une conséquence de la B. F., mais ne la
constitue pas, et la B. F. pourrait subsister en l'absence
même de cette conséquence. Voir Loi, 44, § 4, D. XLI,
3, et L. 5, pro D. XLI, 7.

CHAPITRE II

Notions générales sur la Bonne Foi dans l'Usucapion

Une étude sur l'usucapion ne saurait rentrer dans le cadre de ce travail ; il suffira, pour l'intelligence de notre sujet, de rappeler quelques idées essentielles, d'insister sur les points où l'usucapion se trouve dans un rapport étroit avec la B. F. et qui sont de nature à jeter quelques lumières sur la question que nous étudions. Nous nous placerons à ce point de vue pour étudier les questions suivantes : Quel est le fondement de l'usucapion ? Quelle est l'origine de la condition de la B. F. ? Chez qui et à quel moment la B. F. est-elle requise ? Quel est son domaine dans l'usucapion ou les différents cas auxquels elle s'applique ?

§ I. — DU FONDEMENT DE L'USUCAPION

Dans l'ancien droit romain, l'usucapion avait deux applications distinctes : (a) lorsqu'on avait reçu une chose *mancipi* par la simple tradition, sans l'intervention d'aucun mode légitime d'acquérir, l'*accipiens* ne devenait pas propriétaire *ex jure quiritium*, mais la loi des Douze-Tables, venant à son secours, lui permettait d'acquérir le *dominium* par l'usucapion, au moyen d'une

possession continuée pendant un an et un jour pour les
meubles et deux ans pour les immeubles ; (b) lorsqu'on
avait reçu de bonne foi une chose de quelqu'un qui n'en
était pas le propriétaire on n'avait que la possession de
cette chose ; mais, après le temps voulu pour l'usucapion, le domaine romain se trouvait acquis, et ce mode
d'acquisition s'appliquait aussi bien aux choses *mancipi*
qu'aux choses *nec mancipi*. Donc, l'usucapion était un
moyen d'acquérir et transmettait le domaine quiritaire.

Quelle est la raison d'être ou le but de cette institution ? Les romanistes sont encore partagés sur la réponse qu'il faut faire à cette question. Signalons tout
d'abord une opinion très accréditée depuis qu'elle a été
soutenue par Stintzing (1) d'une manière si brillante.
D'après cet auteur, l'usucapion se fonde principalement
sur le temps qui aurait pour effet de transformer la propriété bonitaire en propriété quiritaire. Il est certain que
le temps est un élément très important dans la création
et dans la formation des droits et il suffit de jeter un
coup d'œil sur l'économie de l'usucapion pour se convaincre de la vérité de cette observation. Ihéring a montré
que cette influence du temps sur le droit était une idée
particulièrement romaine, et Puchta (2) répète après lui :
« Le temps est mon droit. » La loi des Douze-Tables
attribue au temps la capacité de créer le droit : *Usus
actoritas fundi biennium, cæterarum rerum annus.* Un
texte classique du Digeste vient confirmer cette explication : *Usucapio est adjectio dominii per continuatio-*

(1) Op. cit., § 157.
(2) *Institutionen*, 2, Aufl., B. d. II, p. 632

nem possessionis temporis lege definiti. L. 3, D. XLI, de Usurp., 2. L'article 2219 de notre Code civil, emprunté à Domat (1), est inspiré de cette idée, comme le prouve la citation que Domat fait de ce texte. Malgré ces raisons, nous ne pouvons admettre une explication qui oublie que le temps par lui-même ne peut être un moyen d'acquérir ou de se libérer et que la possession accompagnée de la B. F. est le fait fondamental, l'élément déterminant qui déplace la propriété.

Une seconde opinion, avancée par Troplong, rattache l'usucapion au droit naturel et la fonde sur une présomption de renonciation et sur l'idée de devoir corrélative de celle de droit, car « le devoir, dit notre auteur, c'est l'idée de droit d'un autre envers nous » et le propriétaire, par sa négligence, a causé un préjudice au possesseur et à la société. Il faut savoir gré au savant auteur français de chercher à donner pour base à la prescription et à l'ancienne usucapion autre chose que l'arbitraire du droit civil, mais, croyant trouver les racines de cette institution dans le droit naturel, il met à la base de l'usucapion une raison purement formelle et semble ignorer l'histoire. C'est un essai qui offre plus d'intérêt philosophique que d'intérêt juridique.

Mentionnons, en passant, une troisième opinion représentée par Schirmer (2) chez les romanistes de l'Allemagne et qui place le fondement de l'usucapion dans la simple possession. Cette théorie a été combattue par Brinz (3) qui a montré d'une manière concluante que le

(1) Troplong, *De la Prescription*, tome 1er, 1835.
(2) Grundidée der usucapion, 1855, § 2, notes.
(3) Lehrbuch der Pandektem, Erst Bad. 1876, p. 594 à 644.

fondement de l'usucapion n'est pas l'*usus*, la possession, car ce mot *usu*, dans le vocable usucapion, indique seulement le moyen et non point ce qui fait le fondement de l'usucapion.

Quand on consulte les textes eux-mêmes, au lieu de se livrer à des suppositions plus ou moins heureuses, l'on constate qu'ils ne donnent que deux explications de l'usucapion : une explication économique et une explication plutôt juridique. Dans le premier cas, l'usucapion aurait pour but de procurer à la propriété plus de stabilité, de donner au droit de propriété plus de sécurité et de faciliter les preuves de ce droit : Cicéron, dans son Pro. Caec., 26, le dit expressément et le Digeste semble le confirmer. L, 5, pro. D. XLI, 10, et L. 1, D, de usurp. XLI, 3. Dans le second cas, l'usucapion a pour fondement non pas la possession seule, mais la *bonæ fidei possessio*. C'est l'opinion de Savigny et de Brintz et celle que nous adoptons. Ainsi ce n'est pas par la possession ordinaire que l'on arrive à usucaper, mais par la B. F. qui s'ajoute à la possession et qui constitue un droit. Voilà pourquoi la *bona fides* peut exister sans la possession ordinaire. Voir L. 21, C. VI, 2.

A notre point de vue il importe de relever les différences qui existent entre la *bonæ fidei possessio* et l'*in bonis*, deux institutions qu'il ne faut pas confondre : dans l'*in bonis*, l'inefficacité du mode employé au transport de la propriété tenait à un vice de forme seulement, c'est-à-dire à l'emploi d'un mode pour un autre ; dans la *bonæ fidei possessio*, cette inefficacité tenait à un vice de fond, l'absence de la qualité de propriétaire dans la personne de l'aliénateur. Le bonitaire tient son droit du propriétaire lui-même et il pourra être protégé contre les prétentions de ce dernier ; le *bonæ fidei posses- sor* succombera devant les légitimes prétentions de ce propriétaire, au moins jusqu'à l'usucapion accomplie, mais il aura dans sa bonne foi un titre à être protégé contre tous ceux qui n'auraient pas un droit meilleur que le sien (1).

Nous pouvons conclure qu'à côté du motif d'ordre éco- nomique, que nous avons signalé, l'usucapion a pour fondement juridique la B. F. du possesseur.

§ II. — ORIGINE DE LA CONDITION DE LA BONNE FOI

Cette condition a-t-elle toujours existé ? Ici encore les romanistes se divisent et l'accord ne se fait, comme tou- jours, que par l'exclusion des théories extrèmes. Puchta(1), sur les traces de Stintzing, est d'avis que l'ancien droit romain ne connaissait pas cette condition ou du moins qu'il admettait de nombreuses exceptions. La seule con- dition requise dans le droit ancien aurait été l'absence de tout *furtum*, et la condition de la B. F., comme celle du titre, serait l'œuvre de la Publicienne, dont les règles auraient réagi sur l'usucapion. Windscheid (3) soutient la même opinion. Chez nous M. Appleton (4) admet, avec Stintzing, qu'à cette époque lointaine, la seule condition requise était que l'objet à usucaper n'eût pas été volé.

(1) V. Moreau, *De l'in bonis habere*, p. 103.
(2) Pandekten, 1877, p. 230 à 240.
(3) Op. cit., p. 41.
(4) Lehrbuch der Pand. Erst. Band., 1875, p. 555.
(5) *Histoire de la Propriété prétorienne*, 1889, tome 1er, p. 737,

L'exigence de la juste cause aurait découlé de l'inter-
diction d'usucaper les choses volées, car, comme le seul
fait d'appréhender sciemment la chose d'autrui consti-
tuait un vol, la question à trancher dans tous les procès
de propriété était au fond celle-ci : l'une des parties
a-t-elle été de B. F. ? Le titre aurait été requis plus tard
comme justification de la B. F. Enfin, à une époque plus
récente, l'on aurait décidé que le titre devrait être réel et
que l'erreur de droit serait exclue, afin de ne pas donner
une prime à l'ignorance et à la crédulité sur l'intelligence
et la circonspection. Quant à la juste cause, qu'on ne
peut séparer de la B. F., en dépit des discussions oiseu-
ses qui ont compliqué cette matière, elle n'était autre
chose que le fait ou l'acte juridique de nature à justifier
la croyance du possesseur au bien fondé de son droit, le
fait qui justifie l'usucapion au point de vue de l'équité et
qui suppose un mode d'acquérir valable, du moins en
apparence. Nous accepterions volontiers cette ingénieuse
théorie si son point de départ était établi d'une manière
irréfutable, mais en présence des textes elle se soutient
difficilement. Retenons cependant cette idée, sur laquelle
l'auteur a raison d'insister, que c'est par une lente évolution que la théorie de la juste cause, du titre et de la
bonne foi, s'est formée et qu'elle a été l'œuvre de la jurisprudence. Cette réserve faite, est-il vrai, comme le pense
Stintzing, que l'usucapion n'exigeait à l'origine ni titre
ni bonne foi? Cet auteur invoque à l'appui de sa thèse
trois arguments d'inégale valeur et dont aucun ne paraît
être probant. Tout d'abord l'on argue des cas où, même
à l'époque classique, l'on pouvait usucaper sans aucune
de ces deux conditions : l'acquisition de la *manus* par le

simple *usus*, l'*usureceptio* et l'*usucapio pro herede;*
ces cas s'expliquent, dit-on, ce ne sont pas des anoma-
lies, comme ils le seront à l'époque classique, mais se
justifient par ce principe que la possession qui ne dérive
pas d'un *furtum* peut fonder l'usucapion. Mais comment
admettre que l'on se croie autorisé à établir l'une des
règles fondamentales de l'usucapion par des cas aussi
exceptionnels? Les deux derniers de ces cas sont des
exceptions et les textes les considèrent toujours ainsi, et
quant à la *manus*, que l'on pouvait acquérir *usu*, n'est-
ce pas là une institution tout-à-fait particulière à l'organisation de la famille? Stintzing invoque encore le silence significatif des textes : les Douze-Tables ne disent
rien de la condition de la B. F. et aucun texte de l'époque
classique ne nous fait supposer que la B. F. et le titre
fussent exigés dans l'ancien droit. Ce silence des textes
n'est pas aussi absolu qu'on le prétend, car si Ulpien et
Modestin se taisent sur les conditions de l'usucapion,
c'est qu'ils se bornent à définir cette institution sans en
faire l'analyse. Avec Bruns (1) et Maynz (2), nous croyons
que la B. F. fut toujours exigée du possesseur qui voulait
usucaper, mais que cette condition n'était pas aussi précise, aussi bien définie qu'elle le fut plus tard. A l'origine
l'analyse n'avait pas encore distingué les deux éléments
de la juste cause et le *titulus* et la *bona fides* étaient
implicitement requis plutôt que formulés par une règle
générale. Nous pensons donc que cette condition fondamentale de l'usucapion aurait existé avant la Publicienne.

(1) Das Wesen der B fides.
(2) Cours de droit romain. p. 758.

§ III DOMAINE DE LA BONNE FOI

En thèse générale, le domaine de la B. F. est celui
même de l'usucapion. mais quelques cas particuliers
d'application présentent des difficultés et réclament notre
attention ; rappelons quelques faits et quelques principes. Quant aux conditions de l'usucapion, le moyen-
âge les a résumées dans cet hexamètre resté célèbre :
Res habilis, titulus, fides, possessio, tempus. On exigeait le titre et la bonne foi chez *l'usucapiens*, excepté
dans les cas d'*usureceptio* et d'*usucapio pro herede*, du
moins jusqu'à Adrien (J. II. 52 à 61) ; certaines choses
dites *furtivæ* n'étaient pas susceptibles d'être usucapées.

Peut-on usucaper en vertu d'un titre putatif. c'est-à-
dire d'une cause d'acquisition qui n'existe pas en réalité ?
Je crois à l'existence d'un legs ou d'une tradition lesquels n'ont pas existé : puis-je usucaper? L'on comprend
qu'en matière de *legs* cette erreur se produise souvent,
car, je puis ignorer, moi légataire, l'existence d'un codi-
cille qui révoque le testament qui m'a mis en possession.
A la fin de l'époque classique le titre imaginaire ou
putatif peut fonder la possession *ad usucapionem*, toutes
les les fois que l'erreur du possesseur est excusable c'est-
à-dire lorsqu'elle ne consiste pas dans une erreur de droit
(L. 4. D. XXII-6, et lorsqu'elle ne suppose pas de la part
de *l'usucapiens* une étourderie ou une négligence impardonnable, car il ne faut pas protéger la possession dont
l'erreur implique une faute lourde. Tel est l'état de la
question à la fin de la période classique. Sous Justinien, à
ne consulter que II Inst. h. t., qui pose en principe que

l'on ne peut usucaper sans juste titre, l'on devrait dire
que Justinien n'a pas maintenu la doctrine admise à la fin
de l'époque classique et cependant le fait que Justinien
se tait sur une innovation aussi sensible doit laisser supposer qu'il a entendu maintenir les décisions des jurisconsultes romains.

Pour les fonds provinciaux le droit d'usucapion n'é-
tait jamais exercé et les Pérégrins ne pouvaient jamais
s'en prévaloir (G. II. 46 à 65), mais le droit prétorien établit que celui qui aurait possédé dix ans *inter praesentes* et vingt ans *inter absentes* un meuble ou un im-
méuble, serait protégé contre la revendication du propriétaire. Le possesseur ayant titre et bonne foi pouvait
opposer l'*exceptio* ou la *longi temporis praescriptio*.
Plus tard, lorsque après ce temps il perdait la possession,
ce possesseur fut armé d'une revendication utile. de sorte
que la *longi temporis preascriptio* de simple prescription
extinctive ou prescription de l'action en revendication,
devint un mode prétorien d'acquérir (1) Bien plus, dans
quelques cas elle accordait à celui qui prescrivait plus
d'avantages qu'à l'*usucapiens*. Justinien fondit ensemble
ces deux institutions et décida que l'usucapion ou la prescription acquisitive aurait lieu pour les immeubles par
un laps de dix ans *inter praesentes*, et de vingt ans
inter absentes et enfin par un laps de trois ans pour les
meubles. Cette institution fut appelée par nos juristes
usucapio ou *praescriptio ordinaria*. C. de usucap-
transf. VII. 31. Mais vers l'année 538, Justinien, s'appuyant sur la grande innovation introduite par Théo-

(1) L. 13 § 1. D. XII. 2.

dose (et qui consistait à s'opppser à la recherche des propriétés au-delà de 30 et de 40 ans), le possesseur de bonne foi a une action *in rem*, une prescription acquisitive. Justinien la nomma *praescriptio* XXX vel X L *annorum*, et les auteurs modernes la désignent sous le nom d'usucapion *extraordinaire* ou *prescription immémoriale* (1). L'on comprend que si l'usucapion exige la bonne foi, au moins au début de la possession, la prescription de l'action soit étrangère par sa nature à cette condition, car ici ce que l'on a en vue c'est la négligence du propriétaire ou du demandeur. Au contraire, la *longi temporis praescriptio*, moulée sur l'usucapion, exige la B. F., et lorsque Justinien demande pour la prescription trentenaire la bonne foi il ne le fait sans doute qu'en considération du fait que le possesseur se prévaut ici des avantages de l'usucapion et qu'il outrepasse en quelque sorte la prescription de l'action. L'on peut dire cependant que dans l'état définitif du droit après Justinien, la bonne foi n'est plus exigée dans la prescription de l'action : L. 8 § 1. C. VII. 39.

L'Eglise admit la prescription trentenaire mais y introduisit une grande innovation c'est que nulle prescription ne pourrait avoir lieu désormais ni dans le for ecclésiastique ni dans les tribunaux civils si elle n'était accompagnée de la bonne foi pendant tout le temps de sa durée. Comme le prouve le texte des Décrétales, le motif de ce changement fut essentiellement moral et religieux *Quoniam, omne, quod non est ex fide pecca-*

(1) Accarias I. 680 ; Baron, op. cit 110. Savigny, System. des hentig. II. 5 Band p. 310.

tum est (1) Enfin, rappelons que la Publicienne exigeait également la bonne foi.

1° *La « bona fides » dans l'usucapion des servitudes.*

Depuis l'introduction de la quasi-possession par le droit prétorien, les servitudes purent être usucapées par une possession continue. Dans l'ancien droit romain, il existait déjà une *usucapio servitutum* abolie par la loi Scribonia, dont la date est restée inconnue : L. 4, § 29, Dig. XLI, 3; L. 14, pr. D. VIII, 1. La controverse n'a porté que sur le point de savoir s'il s'agissait dans cette usucapion de toutes les servitudes ou seulement des servitudes portant sur des immeubles. Plus tard, le magistrat prit sous sa protection la *longa quasi posses:sio*, le *diuturnus* ou *vetus usus*, et dès lors la servitude non constituée *a domino* s'acquit par un exercice prolongé. C'est de cette usucapion que parlent les textes : L. 10 pr., D. VIII, 5, et L. 1, § 25, D. *de aqua*, 3. L'expression prescription ne s'appliquait pas à cette usucapion. Il est un passage qui a prêté à de longues discussions, c'est la disposition de la loi 10, § 1, D. de *usurpat*, XLI, 3 : *hoc jure utimur, ut servitutes per se nusquam longo tempore capi possint;* mais nous admettons l'hypothèse de Windcheid (1), qui voit dans ce membre de phrase : *longo tempore capi* une erreur des compilateurs qui auraient changé *usucapi* en *longo tempore capi*. Nous admettons donc l'usucapion des servitudes

(1) Décrétal Grég. Liv. II. T. 27. d. prescrip. cap. 3 et 5 ; d'Alexandre III. 5 X, de prescriptions II. 26.
(2) Op. Cit., § 213, p. 683.

en présence de textes dont on méconnaît l'évidence quand on soutient qu'un long exercice des servitudes ne pouvait donner à celui qui voulait s'en prévaloir que le droit négatif d'être dispensé de la preuve.

La B. F. est-elle donc exigée dans cette quasi-possession? Il existe encore sur ce point une grande controverse: les uns, comme Puchta (1), Brinz (2) Wincheid (3), Baron (4), prétendent que le titre n'étant pas exigé, la B. F. ne l'était pas non plus et que celui qui possédait pendant dix ou vingt ans, *nec vi, nec clam, nec precario*, pouvait usucaper ; les autres, comme Accarias (5), ne voient « sur ce point ni texte ni motif logique qui exclue l'application du droit commun, » et admettent que bien avant le droit canon, le droit romain exigeait la .b f.

Nous nous rangeons à cette dernière opinion, d'autant plus facilement que le texte que l'on invoque, la loi 10. pr. D., *si serv it vind*, VIII, 5, n'est pas décisif, attendu que s'il ne parle pas de la b. f. il ne nie pas non plus qu'elle doive constituer une condition essentielle de ce genre d'usucapion. Bien plus, un texte du Code nous paraît établir la nécessité de la b. f. d'une manière irréfutable, c'est la loi 2, C. de servit. III, 34. *Si aquam per possessionem Martialis « eo sciente » duxiti...* Ces mots *eo sciente* se rapporte évidemment au consentement du propriétaire, consentement tacite mais réel, et

(1) Op. Cit., § 188.
(2) Op Cit., p. 275.
(3) Op. Cit , *Ibidem*.
(4) Op. Cit., p. 227 à 250.
(5) Tom. I, p. 649.

non point à l'absence de clandestinité, comme on le prétend.

Peut-on usucaper toutes les servitudes? Nous n'hésitons pas à répondre par l'affirmative, les exceptions que l'on a cherché à établir n'ayant pas un fondement bien solide. C'est ainsi que l'on a voulu excepter de l'usucapion les servitudes personnelles, négatives, mais il suffit de citer la loi 12 *in fine*, C. de *Præscript*. VII, 21 : *Eodem observando... et uti usufructus et cæteræ servitutes.* Comme le remarque M. Accarias (1), ce défaut de textes s'explique d'ailleurs par le médiocre intérêt que présente ici la *longi temporis possessio*, le quasi-possesseur pouvant mourir avant l'accomplissement des dix ou des vingt années nécessaires à l'usucapion.

2° *La B. fides dans l'usucapion des fruits, dans l'usucapion de la liberté et dans l'hereditatis petitio.*

Nous n'entrerons pas dans la controverse qui a eu lieu au sujet dd l'acquisition des fruits par le possesseur de bonne foi, mais cette bonne foi lui donne-t-elle un droit de propriété proprement dite sur les fruits ou simplement la faculté de les consommer? D'une part, les romanistes qui soutiennent la première alternative n'ont jamais pu expliquer pourquoi le possesseur de bonne foi doit rendre les fruits non consommés, et d'autre part, comme on ne peut dire que ce droit de consommation soit un droit particulier, *sui generis*, il faut bien accorder au possesseur la propriété de ces fruits pour qu'il ait

(1) Op. Cit., p. 69.

la faculté de les consommer. Il est un argument qui mi-
lite en faveur de la thèse qui n'accorde au possesseur de
b. f. qu'un droit de consommation, c'est que l'on ne voit
pas quel serait le but de cette usucapion, attendu qu'il
est déjà propriétaire et qu'un propriétaire ne peut jamais
usucaper.

Quant à l'*usucapio libertatis*, c'est-à-dire l'extinction
d'une servitude par suite d'une possession contraire à
cette servitude, plutôt que par le non-usage, ou plus
simplement, l'établissement d'un état de fait ayant pour
résultat d'empêcher l'exercice de la servitude (1), l'on
comprend que la b. f. ne soit jamais exigée, comme le
prouvent ces textes : L. 19, § 1, D. VIII, 6; L. 34, § 1,
VIII, 3.

Quant à l'*hereditatis petitio*, le Senatus-Consulte Juventien de l'année 129 décide que le possesseur de mauvaise foi devait rendre tout ce qu'il avait possédé; celui
de b. f. ne devra ni souffrir ni profiter de sa possession :
L. 20, § 6, D. de Heredit., pet. V, 3; Loi 25, § 2, D.
V, 3.

§ IV. — CHEZ QUI ET A QUEL MOMENT EXIGE-T-ON
LA B. F.?

1° *Chez qui?* Dans la personne de celui qui commence
l'usucapion. Dans les acquisitions pour autrui, chez le
dominus, en règle générale, exceptionnellement chez le
représentant. On exige la b. f. du mandataire en général
s'il représente le *dominus* pour l'*animus possidendi* et

(1) Accarias, Tom I, p. 652-653.

la *mala fides* du représentant nuit au représenté, et celle du représenté ou de l'acquéreur nuit aussi quand la connaissance de l'acquisition est exigée chez ce dernier, mais elle ne nuit qu'au moment de l'appréhension : L. 2, § 10-13, D. *Pro emptore* XLI, 4 ; L. 43, § 1, de usurp. XLI, 3 ; L. 47, D. XLI, 3. La mauvaise foi de l'esclave qui achète nuit au maître, alors même que celui-ci serait de b. f.; mais si l'esclave est de b. f., cela suffit-il pour procurer au maître le bénéfice de l'usucapion ? Un texte semble conclure par l'affirmative : L. 7, § 13, D. VI, 2, *vel contra*. Mais ce texte impose une condition, c'est que le maître soit de b. f. au moment où commence l'ucucapion, moment qui commence immédiatement pour le pécule, et au moment où le maître a connaissance de la chose entrée en possession si l'esclave achète *in nomine domini*.

2° *A quel moment ?* Au moment de l'entrée en possession ou de la tradition, mais pour la vente la bonne foi doit en outre exister au moment de la conclusion du contrat : L. 2, § 13, D. XLI, 4 ; L. 48, D, de usurp. 3 ; L. 7, § 16 et 17, D, de Publiciana VI, 2. Cette singularité, qui a lieu dans l'usucapion comme dans la Publicienne, comment peut-on l'expliquer ? Où cette règle a-t-elle pris naissance ? Dans la nature même de la B. F., dans l'usucapion ou dans la Publicienne ?

La première de ces trois solutions semble avoir été soutenue par Donneau et Cujas (1) qui se contentent de supposer la mauvaise foi chez l'acquéreur, attendu, disent-ils, qu'il prend l'initiative du contrat, puisque c'est

(1) Cités par Peiron, op. cit., p. 85.

lui qui provoque la vente. Mais dans la pratique commerciale il arrive très souvent que le vendeur, au moment du contrat de vente, n'est pas propriétaire de la
chose qu'il vend, sans que l'acheteur, qui le sait, puisse
être taxé de mauvaise foi. En outre, pourquoi présumer
la mauvaise foi alors que la règle générale est que l'on
présume la B. F. et très souvent n'est-ce pas le vendeur
qui provoque la vente ?

Cette hypothèse écartée, il s'agit de savoir si c'est de
l'usucapion que la règle a passé dans la Publicienne ou
si c'est le contraire qui a eu lieu.

D'après Accarias (1), cette règle serait résultée de la
rédaction de l'édit prétorien sur la Publicienne, rédaction
« qu'il considère comme accidentelle plutôt que comme
réfléchie » : les jurisconsultes, pour satisfaire à la lettre
de l'édit qui portait *qui bona fide emit*, exigèrent la
B. F. de l'acheteur au moment de la vente et en outre,
pour se conformer à la règle générale, au moment de la
tradition. Cette opinion se heurte à une double objection:
comment admettre qu'une modification aussi insigni-
fiante et que l'on dit accidentelle ait pu influer à ce point
sur l'état civil ? Comment se fait-il que la formule origi-
naire de la Publicienne que nous a laissé Gaïus (IV, 36)
ne mentionne pas la bonne foi si Publicius a été le premier à exiger cette condition nouvelle (2) ? La Publicienne,
étant comme la fille de l'usucapion, il semble naturel, au
contraire, de supposer que celle-ci ne doit rien à celle-là.
La question se déplace et il s'agit maintenant de savoir

(1) Tome 1er, p 563.
(2) Appleton, op. cit., tome 1er, p. 158 à 211.

pourquoi la B. F. était exigée dans l'usucapion au moment de la vente. Sans entrer à fond dans la discussion, il importe, à notre point de vue, de signaler les principales solutions qui sont aujourd'hui proposées. Un romaniste allemand a eu recours à une hypothèse singulièrement radicale. Il suppose que les textes qui exigent la B. F. au moment de la vente ont été interpollés, que les compilateurs auraient remplacé le mot *mancipatio* par celui d'*emptio* (1) et qu'il ne s'agirait dans ces passages que de la mancipation. Cette explication a contre elle la lettre des textes qui sont sur ce point fort explicites et l'on peut répéter l'objection de Windcheid (2), qui dit, en parlant de cet auteur : « trop peu respectueux des textes, il n'apporte aucune preuve à l'appui de son dire. » Pellat (3) explique cette particularité par les textes de l'édit et de la loi Attinia qui pour la tradition parlent seulement d'une juste cause *(quod traditur ex justa causa)*, tandis que pour les cas de vente ils disent : *bona fide emit*, mais il ne donne aucune preuve à l'appui de cette explication. Peiron suppose que le mot *emere* signifiait, avant l'époque classique, tout à la fois le *contrat* de vente et la *tradition* qui en est la conséquence et le mot *emptio* l'acquisition elle-même, que de même *vendere, venum dare* signifiait le contrat de vente et la livraison de la chose vendue. Ces deux éléments ne formaient qu'une seule et même opération. Comme l'*emptio*, dans l'ancien droit, signifiait l'acquisition elle-même, il

---

. (1) Ubbelohde, cit. par Appleton et Windcheid dans son Usucapio pro mancipato.

(2) Op. cit. erst. Band, p. 503.

(3) Princip. gén. de droit rom.

fallait logiquement se placer au moment de l'achat pour apprécier si les conditions requises par la loi étaient réunies : une vente réelle, bonne foi de l'acheteur. Plus tard, le contrat de vente cessa d'être confondu avec la tradition, mais comme les textes étaient formels et qu'ils prévoyaient le cas le plus fréquent, celui de la vente, on continua à exiger la B. F. de l'acheteur au moment de cette vente, alors qu'on n'aurait dû l'exiger qu'au moment de la tradition. Cette théorie ingénieuse a contre elle les textes qui, tout en conservant parfois au mot *emere* son sens traditionnel, distinguent soigneusement le contrat de vente d'avec la tradition, au moins toutes les fois qu'ils posent la règle de la B. F. : L. 47, § 6, D., de Peculio, XV, 1 ; J. II, 1, § 35.

Windcheid croit découvrir la raison de cette règle dans la nature même de la vente : l'obligation ici ne consiste pas à livrer, mais en ce que la *chose sera livrée*, c'est-à-dire que la tradition n'est que le complément de l'acte d'aliénation qui réside principalement dans le contrat. L'on comprend dès lors que l'on ait exigé la B. F. au moment de la vente, c'est-à-dire au moment où existe le plus important de ces deux éléments. Cette condition de la bonne foi a été étendue de la vente à tous les autres contrats qui, comme dans la vente, supposent chez les parties la double intention d'opérer une appropriation et une tradition. Pourquoi tout d'abord dans la vente ? Parce que avant la donation et la constitution de dot, par exemple, la vente était le seul acte juridique emportant transfert de propriété et qui ne fût pas soumis à une forme déterminée. Nous avons à relever contre cette solution l'objection que nous faisions tout à l'heure. Les

textes de l'époque classique distinguent si bien le contrat et l'aliénation qu'ils considèrent la vente de la chose
d'autrui comme une vraie vente : L. 28, D. de contr.
empt. XVIII, 1. Une théorie s'est fait jour récemment
parmi les romanistes de notre pays et qui se recomman-
dent particulièrement à notre attention. M. Appleton a
ramené la question, nous semble-t-il, à ses vrais termes, en consacrant une étude approfondie à la loi 2, D.
Pro emptore, XLI, 4, et à la loi 48, D. de usurp., XLI, 3.
Le premier de ces textes nous dit que deux choses sont
nécessaires : un achat réel et la bonne foi au moment de
l'acquisition et que la raison de cette condition, c'est que
dans les autres contrats on considère le jour de la tradition, dans la vente, au contraire, on s'attache au jour
du contrat. Dans le second de ces textes, Paul nous dit
pourquoi dans la vente on considère le temps du contrat
et non pas uniquement le temps de la tradition : *Nec
potest usucapere pro emptore qui non emit, nec pro
soluto, sicut in caeteriis contractibus.* Paul, qui n'admet
pas le titre putatif, ne peut admettre non plus que l'on
puisse sans achat usucaper *pro emptore* et si l'acheteur
ne peut usucaper que *pro emptore* et jamais *pro soluto*
(attendu qu'en matière de vente, l'usucapion *pro soluto*
est impossible, puisque la tradition faite par le vendeur
n'est pas, à proprement parler, un paiement), il doit être
de bonne foi au moment où il achète, car la bonne foi
doit être jointe au titre et en être contemporaine, titre qui
n'est autre chose ici que l'achat. Reste à savoir si le texte
sur lequel M. Appleton étaie cette théorie se prête sans
difficulté à cette interprétation : L. 1, pr. D. de rerum
permut., XIX, 4.

Cette solution nous paraît fort plausible, mais nous serions plutôt portés à admettre que c'est la crainte d'une collusion toujours possible qui a agi sur l'esprit des jurisconsultes et leur a fait poser la règle de la bonne foi. C'est du moins l'opinion de Brintz (1) et que nous accep·tons.

L'*accessio temporis* compète à tous successeurs aux biens, mais le successeur à titre particulier doit avoir la bonne foi comme son auteur. Le successeur à titre universel, prenant la place du *decujus*, souffre de la mauvaise foi de son auteur, car : *succedit in vitium defuncti*, mais il ne souffre pas de sa propre mauvaise foi et il peut continuer l'usucapion : L. 43, D. XLI, 3.

L'usucapiens qui s'appuie sur une donation doit être de bonne foi *tout le temps* de l'usucapion ; celui qui bénéficie de la *longi temporis præscriptio* n'est tenu d'être de bonne foi qu'au début : L. 1, § *in fine*, C. VII de usucap. transf. 31 ; L. 11, § 3, D. de Public. VI, 3. etc.

Comment la bonne foi prend-elle fin ? Sur ce point, le juge avait un pouvoir d'appréciation fort étendu, ce qui se comprend, la bonne foi étant un état *de fait* et dépendant des circonstances qui ont provoqué sa naissance chez un possesseur de bonne foi. Ainsi la loi 40, D. de *hered. petit.* V, 3, dispose que si l'on intente contre moi, possesseur d'un fonds, la *reivindicatio*, ce fait ne fera pas cesser *ipso facto* ma *bona fides* : « *Nec enim eum debet possessor aut mortalitatem præstare, aut propter hujus periculi temere indefensum suum jus relinquere.* »

(1) Op. cit. erst Band, p. 591 à 611.

Mais si la *litis contestatio* ne suffit pas à faire cesser la bonne foi, la *pronunciatio* faite par le juge, après la déclaration des droits de mon adversaire, doit suffire à faire cesser ma bonne foi. C'est du moins l'avis de Pellat (voir « Propriété, » sur le titre I, livre VI, D. 17). En conséquence, je serai constitué en demeure. Toutefois, Savigny pense que je ne serai constitué en demeure que si je résiste aux ordres du juge, si de ma part il y a *contumacia.*

Quant à la preuve de la bonne foi, trois théories se font jour parmi les Romanistes : 1° L'ancienne théorie se borne à dire, avec Wæchter, que la foi devant être présumée, la preuve que l'on en prétend faire est superflue ou même dangereuse ; 2° Ceux qui font consister la b. f. dans la simple croyance, pensent que la b. f. peut être prouvée selon les cas, mais que cette administration de la preuve incombe au défendeur, à moins que le jeu de la procédure ne suppose cette preuve établie, comme cela arrive toutes les fois qu'il s'agit d'une présomption légale. Les partisans de la théorie positive, qui admettent l'union intime du titre avec la b. foi, estiment qu'en prouvant le titre on prouve *ipso facto* la b. foi ; mais vouloir que le titre prouve la b. f., c'est vouloir soulever des difficultés dont on aura grand peine à triompher, car le titre ne pourra jamais constituer une preuve décisive et directe de la droiture ou de l'intention ; 3° Les partisans de la théorie négative exigent, au contraire, que le juge apprécie les circonstances qui ont pu provoquer et justifier la bonne foi de l'usucapiens, et qu'il décide en toute liberté, en portant son attention sur les faits que le demandeur apporte pour prouver la mauvaise foi de son adversaire. Dans tous les cas ce principe doit toujours prévaloir: que la b. f. se présume et que la mauvaise foi doit être prouvée.

DEUXIÈME PARTIE

Examen des théories modernes

———— ✦ ————

Après cette étude générale de la b. f. dans les textes, nous allons examiner les différents systèmes qui ont été proposés sur la nature de la b. f., mais comme les opinions soutenues sur ce point par les romanistes, et en particulier par les romanistes allemands, sont aussi nombreuses que compliquées, nous devons renoncer à les étudier en détail. Au fond, un examen attentif de ces théories découvre deux groupes d'explications : les unes conçoivent la b. f. d'une manière plutôt *négative*, elles y voient la simple ignorance de l'injustice que l'on commet, de l'atteinte que l'on porte au droit; les autres la conçoivent d'une manière *positive* et y voient uniquement la croyance ou la conviction que l'on agit conformément au droit. Le premier groupe insiste sur le degré d'*excusabilité* ou sur la *justification* de la b. f., le second sur le degré de *crédibilité* et sur la *preuve* de la b. f.

CHAPITRE I

Théories Positives

———

Parmi les jurisconsultes qui ont étudié à fond cette matière, Pothier (1) avait déjà défini cette conception positive de la b. f. : « *bona fides*, dit-il, *nihil, aliud est quam justa opinio quæsiti dominii.* » Et, avant lui, Doneau (2) et Dumoulin (3) disaient : « *Bonæ fidei significatio ducta est, ex origine, verbi, hæc est, ut fides sit dictorum et conventorum veritas, seu facere quod dixeris.* » Et Dumoulin : « *Bona fides intelligetur cum aliquis credit tradentem esse dominum.* » C'est la définition que reprend Troplong (4) en la complétant : « la croyance ferme qu'on est propriétaire ; elle n'a lieu qu'avec la conviction que nul autre n'a droit à la chose, qu'on en est le maître exclusif. » La bonne foi ne consisterait donc pas uniquement dans l'ignorance du droit du tiers contre qui l'on usucape, mais elle embrasserait un plus grand nombre de rapports.

Le possesseur ne doit pas seulement se croire propriétaire de la chose, il doit en outre être convaincu que celui qui la lui transmet a le droit et la capacité d'aliéner. C'est l'idée que les Sabiniens se faisaient de la B. F.

———

(1) Pandeckt, tome III, p. 149, n° 77, et OEuvre, par Buguet, tome IX, page 327.

(2) *Opera*, tome VIII, p. 829.

(3) *Opera*, tome IV, p. 124.

(4) *De la Prescription*, tome II, p. 458.

comme le prouve ce passage de Paul cité par Pothier à l'appui de sa définition : *qui a quolibet rem emit quam putat ipsius esse bona fide emit.* Depuis Mollenthiel (1), qui l'a exposée avec une grande érudition, cette opinion a longtemps dominé chez les romanistes. 1° Mollenthiel fait consister la B. F. dans le fait que le possesseur croit être le vrai propriétaire : pour usucaper, dit-il, il doit ignorer qu'il a besoin de l'usucapion. De même donc que l'*animus domini* change la simple détention en possession de même la B. F. change la possession en usucapion.

Dans cette manière de comprendre la B. F. la croyance individuelle du possesseur est l'élément prédominant à tel point que la nécessité du titre lui est subordonnée. Il s'agit seulement de savoir si les textes qu'il invoque sont favorables à cette définition. L'auteur cite, L. 2. § 2. D. proempitore XLI. 4 : *Si sub conditione... potest dici secundum Sabinum, qui potius substantiam intuetur, quam opinionem, usucapere eum.* Dans un contrat de vente sous condition suspensive l'acheteur, dit ce texte, peut usucaper au cas où la condition s'accomplit, même à l'insu de l'usucapiens. Pourquoi ? A cause du fait qui s'est produit, en considération de la condition accomplie et nullement à cause de la conviction ou de la croyance personnelle de l'*usucapiens* : aussi longtemps que la condition reste en suspens, l'usucapion ne peut avoir lieu quelle que soit du reste la croyance de l'acheteur, parce que aucun fait, aucun acte juridique de nature à servir de fondement à son titre n'a encore eu lieu. L'expres-

(1) Ueber die natur des Gutèn Claubens, etc.

sion *potus substantiam quan opinionem intuetur* nous
paraît décisive.

*Si servus bona fide emerit peculiari nomine, ego ubi
primum cognovi, sciam alienam : processuram usucapionem. Celsus ait initium enim possessionis sine
vitio fuisse ; sed si eo ipso tempore quo emit quam-
quam id bona fide faciat, ego alienam rem esse sciam,
usu me nom capturum.* L. 2. § 13. D. XLI. 4.

Il s'agit dans ce passage de l'acquisition de la propriété
par représentant. La chose que l'esclave acquiert, en
vertu de l'administration de son pécule, passe immédiatement en la possession de son maître que celui-ci con-
naisse ou ignore cet achat. Or si la B. F. consistait essentiellement à se croire propriétaire comment dans cette
espèce le maître qui ignore même cette acquisition
pourrait-il être de bonne foi? Voir encore L. 2. pr. D.
XLI. 4. *Pro emptore possidet, etc.*

Ce passage oppose la vente aux autres contrats
et rappelle ce principe qu'un acquéreur ne peut se considérer comme propriétaire de la chose qui doit faire
l'objet de la tradition par cela seul qu'au moment où il
a conclu le contrat de vente il était de B. F. ; il établit
indirectement cette thèse que la B. F. et la simple
croyance que l'on est propriétaire ne sont pas des choses identiques.

Outre ces raisons de texte nous pouvons invoquer des
raisons de principe et montrer qu'il serait souvent dan-
gereux de faire consister la B. F. dans la simple croyance
du possesseur Comme nous l'avons déjà fait remarquer,
si la bonne foi n'est après tout qu'un certain état psychologique, il en résulte que c'est par des considérations

uniquement épuisées dans la psychologie qu'il faut l'apprécier et non plus par des raisons de droit et de moral. Dès lors, dépouillée de son caractère propre, la B. F. devenue un pur phénomène mental qu'il s'agit simplement de constater, *variera* à l'infini avec le caractère et le degré de culture de chacun et deviendra souvent une excuse facile pour l'égoïsme ignorant ou la frivolité. C'est du reste s'inscrire en faux contre le témoignage de l'histoire que de prétendre donner pour fondem. nt à la B. F. une pure croyance individuelle : le développement du droit civil chez les Romains contredit absolument une pareille conception.

2° Windcheid (1). Cet auteur a rajeuni cette théorie et a su la présenter sous une forme aussi ingénieuse qu'attrayante. La B. B. c'est la conviction qu'en nous appropriant une chose nous ne commettons rien qui soit matériellement contraire au droit (In der Aneignung kein matérielles Unrecht begehre), et il ajoute en note : peu importe que la définition qu'on en donne soit négative ou positive, car elles sont au fond une seule et même chose ; peu importe que l'on dise que la B. F. est la conviction que l'on ne commet rien de contraire au droit ou que l'on dise que c'est la conviction que l'on a le droit d'agir de la sorte. La conviction que je n'agis pas contrairement au droit commence dès que je sais que mon droit existe et si je m'approprie une chose je commets une injustice jusqu'au moment du moins où j'aurais le droit d'agir ainsi. Mais autre chose est de nous demander si l'on doit exiger que la B. F. en général consiste dans

(1) Lehrbuch des Pand. erst. Band. page 555.

une conviction positive ou s'il suffit qu'elle consiste négativement dans le fait que l'on ne croit pas commettre
un acte contraire au droit. Il faut se prononcer pour la
première hypothèse, car on ne peut dire vraiment de
celui qui s'approprie une chose, sans avoir un motif
quelconque de se croire en son droit, qu'il agit de B. F.
pas plus que de celui qui est encore dans le doute et
chez qui les raisons pour ou contre se font équilibre.
Dès que les raisons de croire dans un sens plutôt
que dans un autre l'emportent, l'on peut dire, mais
alors seulement, que la conviction existe. Il cite à
l'appui de sa thèse ce texte topique : *si ex decem ser-*
vis, quos emerim, aliquos, putem aliénos et qui
sint, sciam : reliquos usucupiam ; quod si ignorem,
qui sint alieni, neminem usucapere possum. D. 6 § 1
D. pro emptore XLI. et la loi 4.

Pourquoi m'est-il défendu d'usucaper ? Parce que je
suis dans le doute et que par conséquent l'on ne peut
dire que je suis de bonne foi.

Régulièrement la B. F. doit consister dans le fait que
l'on se croit propriétaire, mais cette conviction n'est
pas nécessaire. L.5. D. pro suo XLI. 10. Savigny (1)
lui-même et Puchta ont prêté à cette erreur l'appui de
leurs talents, et c'est le mérite de Stintzing d'avoir montré combien cette opinon était erronée. Cet auteur cependant va lui-même trop loin en ne voulant voir dans la
B. F. qu'une chose négative. Wincheid cite contre l'o-
pinion incriminée ce texte qui lui paraît probant: *si*
id quod pro derelicto habitum possidebas, ego sciens

(1) System. D. h. R. III 370.

in ea causa esse, abs te emerim, me usucapturum con-
stat : nec obstare quod in bonis tuis non fuerit. Nam
et si tibi rem ab uxore donatam sciens emero, quia
quasi volente et concedente domino, id faceres, idem
juris est L. 5 pro. D. Pro derelicto XLI. 7.

L'acheteur sait bien ici que le vendeur n'est pas propriétaire de la chose vendue, mais il sait aussi que le
vendeur a la volonté du propriétaire, *l'aminus domini,*
qu'il traite la chose comme si elle lui appartenait. Dans
cet autre passage : L. 16 pr. D, XXIV 1. En s'appropriant la chose on ne commet rien de matériellement
contraire au droit puisqu'on ne s'enrichit pas au dépens
du donateur. L'on peut être convaincu que l'on est devenu propriétaire et cependant n'avoir pas la bonne foi
si extimans.... venditi tencri. L. 48. D. XLI. 3.

Il est difficile de comprendre la b. f. sans étudier le
titre, aussi Wincheid lui a consacré une étude particulière, et tandis que Savigny fonde la nécessité du titre
sur le besoin de justifier la bonne foi, notre auteur
cherche à fonder la bonne foi sur le fait ou l'acte d'acquisition. En général, les auteurs considèrent le titre
comme étant un élément indépendant de la bonne foi, et
ils ne le confondent pas avec la justification de cette b. f.,
ce qui est rigoureusement logique, puisque la b. f. étend
déjà l'absence de dol chez le possesseur, c'est très im-
proprement parler que de dire que le titre justifie la
bonne foi. Wincheid prétend, au contraire, que du moment que la bonne foi consiste à croire quil existe des
circonstances me permettant de penser qu'en m'appropriant une chose je ne commets aucune injustice, elle
exige, au préalable, l'existence d'un évènement qui

puisse justifier à mes yeux ma volonté de m'approprier
cette chose. Parmi ces circonstances explicatives ou atté-
nuantes, la plus importante est sans contredit la propriété qu'avait mon auteur, et voilà pourquoi bien des
textes font consister la b. f. dans la croyance à l'existence
de cette propriété. Voir : G. II, 43. Aussi il faut que la
b. f. s'appuie sur le titre, qui seul rend plausible la b. f.
Cette théorie est parfois si fuyante, elle a des contours
si peu arrêtés, que son auteur semble se contredire lorsqu'il prétend ailleurs que pour avoir la b. f. il n'est pas
nécessaire que l'on se croie propriétaire, et que l'on peut
usucaper, alors même que l'on sait qu'il n'existe pas de
fait juridique rendant valable l'acquisition que nous avons
faite, pourvu que nous ayons des raisons de croire que
ce fait a existé.

Cette opinion sur la bonne foi et sur le titre nous paraît peu soutenable en présence de ces textes, entre autres : L. 25, de donat. int. vir. et us., XXIV, 1 : *Sed et
si constante matrimonio res aliena uxori a marito
donata fuerit, dicendum est confestim ad usucapionem
ejus uxorem admitti quia et si non mortis causa do-
naverit ei, non impediretur usucapio ; nam jus constitutum ad eas donationes pertinet, ex quibus et locu-
pletior mulier et pauperior maritus in suis rebus fit.*
Voir encore : L. 3, D. prodonato, XLI, 6. Ces textes nous
parlent des donations entre époux et nous apprennent que
ces donations, n'appauvrissant pas le donateur, ne sont
pas frappées de nullité et que l'usucapion devient possible pour le donataire, car il a dans cet acte d'acquisition
une base pour son usucapion (1). Peu importe ici les in-

(1) Op. cit., § 178.

tentions ou la croyance du conjoint, il peut usucaper parce qu'il existe un acte qui est valable en soi. En effet, ou bien le donataire sait que la chose n'est pas au donateur, et alors comment soutenir qu'il est de B. F., ou bien il l'en croit propriétaire, et alors il commet une erreur de droit, puisque la donation entre époux n'est pas valable. Windcheid, s'appuyant sur cette fin de phrase : *nam et si tibi rem ab uxore donatam sciens, etc.*, L. 5 pro D. XLI, 7, croit pouvoir soutenir qu'en s'appropriant la chose vendue, l'acheteur, qui sait que cette chose n'est pas au vendeur, ne commet rien de matériellement contraire au droit, parce que le vendeur se comporte comme le vrai propriétaire. Mais ce dernier texte ne saurait être invoqué dans cette espèce, attendu que si, dans les textes précités, le mari pouvait être considéré à l'égard de sa femme comme ayant reçu de celle-ci un mandat de vente, la loi 5, au contraire, ne parle pas de ce mandat de vente et se borne à dire que l'acheteur croit qu'un tel mandat existe : *quasi volente et concedente domino.* Admettons avec notre auteur que la bonne foi puisse exister sans la connaissance que l'*usucapiens* aurait de son titre, cette manière de comprendre la bonne foi a alors contre elle le texte que nous avons déjà étudié et où il est dit que l'acheteur est de bonne foi alors même qu'il ignore que la condition est accomplie. V. L. 2, § 2, D, XLI, 4. Logiquement, si la thèse que soutient notre auteur était vraie, il faudrait conclure que l'acquéreur est ici de mauvaise foi.

3° Une théorie qui se rapproche de celle que nous venons d'exposer est celle qu'a soutenue Dernburg (1). Cet

(1) Lehrbuch, p. 444.

auteur admet l'indépendance du titre à l'égard de la
bonne foi et, contrairement à Windcheid, il ne croit pas
que celle-ci doive nécessairement se fonder sur le titre.
Entre le titre et la bonne foi il y a simple rapport de
coordination ou de juxtaposition, mais non de subordination. Le titre, dans une vente, par exemple, ou dans
une donation, donne à la possession *objectivement* l'apparence du droit et la bonne foi justifie cette possession
subjectivement et les deux ont pour effet l'usucapion. La
B. F. est donc, d'après cet auteur, une conviction positive : » La conviction de posséder, dit-il, sans commettre
une injustice. » On le voit, c'est au fond la même définition que celle que donne Windcheid, la différence ne porte
que sur la manière de comprendre le rôle du titre. Comment va-t-il justifier sa définition ? Il cite à l'appui les
lois 5 pro. D. XLI, 7 ; loi 3, D. XLI, 6 ; loi 25, D. XXIV,
1. Dans ces passages, le donataire est de bonne foi
parce qu'il tient le donateur pour le propriétaire de la
chose donnée et qu'il croit posséder avec l'assentiment
de celui-ci. Il est certain que ces textes supposent la
B. F., mais rien ne prouve qu'elle soit précisément ce
que notre auteur entend par là, la conviction positive de
l'acquéreur. Comment admettre que le donataire puisse
avoir une *conviction honnête* alors qu'il sait *(Sciens)*
qu'une donation entre époux vient d'avoir lieu ? De même
dans le passage L. 5, D. XLI, 7, où l'auteur suppose
gratuitement que le propriétaire a habilité une fois pour
toutes l'acquéreur et lui a donné la faculté de posséder.
Ce n'est plus évidemment expliquer les textes, c'est les
solliciter et leur faire dire ce qu'ils ne disent pas. L'acquéreur sous condition suspensive et qui le sait se sen-

tira pressé de remplir la condition et ce n'est qu'à partir
de ce moment qu'on pourra parler de sa bonne foi.

4° Brinz (1), contrairement à Dernburg, voit dans le
titre la *condition* de l'existence de la B. F. et celle-ci
n'est autre chose que la croyance à la plénitude du droit
de disposition chez le *tradens*, croyance qui n'est possible que grâce au titre qui est à son tour la raison d'être
de la possession. Le titre est donc la condition logique et
nécessaire de la B. F. (logisch, nothwendige vorausset.
3ung.) et nullement un simple moyen de la justifier.
Comme Derneburg, il soutient que la B. F. et le titre
sont indissolublement unis. Ces deux facteurs ensemble
produisent l'usucapion. L'auteur prévoit une forte objection : si la bonne foi ne peut exister sans le titre, comment est-elle possible lorsque ce titre n'existe pas réellement, lorsqu'il est putatif ? Peu importe, répond-il, la
B. F. est possible, parce que la croyance à l'existence du
titre existe et que cette croyance ne dépend pas de la
réalité du titre. Cette conception presque mystique de la
bonne foi s'explique par l'idée plutôt morale qu'intellectuelle que Brinz se fait de la B. F. : le fondement de
celle-ci c'est la confiance.   •

Est-il vrai au regard des textes que la B. F. ne puisse
exister sans cette croyance à la plénitude des droits du
tradens ? Examinons seulement ces deux textes : Le premier, c'est la loi 5, D. XLI, 7 : *Si id quod pro derelicto...
a quo derelictum sit.* Ici le possesseur et l'acheteur
sont tous les deux de bonne foi et pourtant ni l'un ni
l'autre ne croient · ·x droits de leur auteur. Que devient,

(1) Op. cit., 618 à 619.

dès lors, cette assertion que le simple doute sur les droits du *tradens* rend impossible la bonne foi ?

5° Vangerow, dans son Traité des Pandectes (1), combat l'opinion courante qui fait consister la bonne foi dans la croyance que l'on a acquis la propriété et que cette croyance doit se justifier par l'existence du titre. Il loue Stintzing d'avoir combattu énergiquement cette erreur et d'avoir fait triompher parmi les romanistes la seule théorie qui puisse s'appuyer sur les textes. La bonne foi consiste uniquement, comme le montre le texte classique de Modestin *(bonæ fidei emptor esse videtur,* L. 37, de contr. empt., XVIII, (1), à croire que le *tradens* avait la propriété de la chose livrée ou qu'il avait tout au moins la capacité de l'aliéner. Cette opinion se fonde manifestement sur ce passage de Paul (Loi 2, § 2, pro emptore, XLI, 4), où le titre ne peut servir de fondement à la bonne foi. La bonne foi dépend si peu de la croyance à l'acquisition de la propriété qu'elle peut exister et l'usucapion avoir lieu, alors même que cette croyance n'existe nullement, comme le prouve encore ce texte : L. 44, § 4, de usurpat. Il est du reste un argument décisif contre l'opinion courante, c'est que dans l'usucapion *pro emptore* la bonne foi est exigée au moment du contrat, ce qui exclue la possibilité même de la croyance à l'acquisition de la propriété.

6° Wachter (2) se range à la conception positive, tout en reconnaissant combien est étroite cette théorie. La bonne foi ne consiste ni à nous croire propriétaires ni à

(1) Lehrbuch der Pandekten, erst. Band., p. 321.
(2) Die Bona Fides, insbesondere bei der Ersitzung, etc., 1871, § 20.

supposer que le *tradens* avait toute la capacité nécessaire pour disposer, mais à croire sincèrement que l'on
ne contrevient point au droit en nous appropriant une
chose ou, que du moins nous avons été autorisés (befugt)
à nous l'approprier. Le point de vue de cet auteur s'accuse et devient original lorsqu'il montre qu'il n'est pas
nécessaire pour que la bonne foi existe que l'erreur soit
excusable et qu'elle est compatible avec l'erreur de droit :
l'existence de la B. F. dit-il, ne dépend pas des raisons
sur lesquelles elle se fonde. Pour lui elle est essentiellement un fait dont l'existence ne dépend d'aucune des
circonstances qui ont motivé ce fait ou qui l'accompagnent, de sorte qu'elle pourrait subsister avec la plus
grossière erreur.

Il traduit l'expression *bona fides* littéralement par
l'expression allemande qu'il croit équivalente : « *Gute
glaube.* » Bruns (1) n'a pas eu de peine à montrer tout
ce qu'il y avait de défectueux dans cette définition.
L'étude des sources montre, comme nous avons essayé
de l'établir, que l'élément essentiel dans la *bona fides*
n'est pas tant l'opinion individuelle, l'idée ou le sentiment
personnel de l'*usucapiens*, mais son *intention droite,
justifiée par les circonstances qui l'accompagnent ou
qui l'ont précédée.* L'auteur se heurte ici à une difficulté
qu'il essaie de lever, grâce à une hypothèse bien gra-
tuite : si la bonne foi peut exister avec l'erreur non excusable, il faut prévoir bien des cas où elle sera privée de
ses effets. Wachter prétend répondre à cette objection en
disant que les effets de la bonne foi différeront selon les
cas. On peut se demander alors si la B. F. existe encore

(1) Op. cit., p. 14 à 15.

quand elle ne doit produire aucun effet. N'est-il pas
plus naturel de supposer qu'elle ne produit aucun effet
parce qu'elle n'existe pas ?

Pour étayer sa théorie, il cherche à montrer que l'erreur de droit n'exclue nullement la B. F., mais les textes
qu'il invoque ne résistent pas à un examen attentif. Il
cite : § 5, I. de usuapion, II, 6, *item si is non committi-
tur.* Ce texte, comme le fait observer Bruns, ne parle que
du caractère *furtif* de la chose usucapée et l'on y demande si l'on peut vendre une *res furtiva* sans commettre un *furtum;* la réponse est que le *furtum,* supposant l'*animns furandi,* l'usucapion peut se produire. On
le voit, ce passage ne prouve rien pour ou contre la B. F.
Il en est de même de cet autre texte, § 4, qui ne parle
que de l'erreur de fait. Il cite encore : L. 25, § 6, D. de
hered. petit., XV, 3 : *Scire ad se... et non putat hunc
esse prœdonem qui dolo caret quamvis in jure erret.*
Il conclue de ce que dans le texte L. 20, § 6, au même
titre, les *prœdones* sont simplement opposés aux *bonœ
fidei possessores* que celui qui n'est pas *prœdo* doit être
ipso facto bonœ fidei possessor, d'où la conclusion que
l'*in jure erran*s peut être de bonne foi. Mais ce texte ne
dit pas cela, le Sénatus-Consulte Juventien distingue
seulement *eos qui scirent* et *eos qui justas causas
hubuerint, etc...,* ce qui fait supposer qu'entre ces deux
catégories il y a une classe intermédiaire, ceux qui sont
sans *justa causa,* c'est-à-dire ceux qui commettent une
erreur de droit. Wachter insiste sur les passages qui
parlent des effets de l'erreur de droit en matière d'usucapion et qui posent la règle : *error juris non prodest.*
Voir L. 31, pro et L. 32, § 1, D. XLI, 3, etc... En règle

générale, l'erreur de droit n'est pas excusable et celui qui se met en possession d'une chose en commettant cette erreur ne peut être considéré comme *bonæ fidei possessor*; s'il a la B. F., il pourra n'être pas traité comme un *prædo*, sans que toutefois il puisse usucaper, car il aurait dû examiner plus attentivement la question et ne pas rester dans le doute à l'égard de l'étendue ou de l'existence de ses droits. La règle déjà énoncée *error juris non prodest* exprime précisément cela ; elle reconnaît que l'attention, que l'examen consciencieux sont une partie intégrante de la bonne foi. Notre auteur prétend bien expliquer cette règle en disant qu'elle ne s'applique qu'à la condition du titre, mais rien dans les textes ne l'autorise à restreindre de la sorte la portée générale de ces textes. Voir L. 4, D. XXII, 6, et L. 32, § 1, XLI, 3. Du reste, il y a une raison historique pour écarter l'idée que ces textes parleraient du titre et du titre putatif, c'est que l'on n'a commencé à admettre ce titre que fort tard, tout au plus tôt au début de l'époque impériale, tandis que ce passage nous donne une règle qui existait bien antérieurement, attendu que cette règle n'est autre chose que l'application de ce principe dont l'antiquité n'est pas contestée : *juris ignorantia, etc...* Voir L. 7 et 8, D. XXII, 6, et surtout L. 11 pro emptore : *vulgo traditum* (1). Wachter ne réussit pas à établir, au point de vue des textes, les trois points qui au fond sont toute sa théorie : que l'existence de la B. F. ne dépend pas de la nature de l'erreur, que la B. F. demeure intacte alors que la loi attache certains effets à la nature de cette er-

(1) Bruns, op. cit., p. 305.

reur, enfin que la règle *numquam in usucapionibus juris error possessori prodest* s'applique uniquement au titre.

7° Puchta(1) ne présente pas une théorie proprement dite sur la bonne foi, mais de la manière dont il en parle dans les différents passages où il est traité de cette matière, l'on peut conclure qu'il entend par cette expression la conviction qu'a l'*usucapiens* qu'il est propriétaire : « la *bona fides*, dit-il, doit avoir un fondement objectif qui puisse expliquer l'existence chez l'*usucapiens* de la conviction qu'il est propriétaire.» Il estime cependant qu'exceptionnellement l'usucapion peut avoir lieu sans le titre, qu'elle peut donc exister avec un titre putatif, lorsque d'ailleurs il existe une raison sérieuse de penser que le possesseur a pu raisonnablement se croire propriétaire et il cite à l'appui Loi 11, D. pro emptore, XLI, 41.

8° Ihering. Nous ne trouvons dans aucun de ses ouvrages une théorie sur la bonne foi. Son traité sur la possession n'en parle pas d'une manière dogmatique ; ses trois volumes de recueils : Gesammelte Aussatze traitent un grand nombre de questions relevant du droit romain, sans exposer sur cette matière un point de vue original (2).

De cette rapide revue nous pouvons conclure, soit au point de vue des principes, soit au point de vue des textes,

(1) Pandekten, p. 230-40, D. 157.
(2) V. Gesammelte Aussatze, 3 volumes, Iéna, 1886.

que la B. F. ne peut consister principalement dans une notion ou dans une idée *positive*. Vouloir lui donner pour fondement le titre, c'est reconnaître que la définition que l'on donne de la B. F. est insuffisante et se mettre dans l'impossibilité d'expliquer pourquoi et comment il existe des cas où le titre n'est point exigé. Voir Gaïus, II, § 52 à 62.

Prétendre avec Windcheid que la B. F. a besoin d'une preuve, c'est aller au-devant de nouvelles difficultés : le juge, ne pouvant accorder à tout possesseur qui prétend avoir la conviction positive dont on parle une confiance absolue, lui faire crédit de sa B. F., sera obligé d'imposer à ce possesseur l'obligation de la prouver et ne pourra l'en dispenser qu'en vertu d'une disposition ou d'une présomption légale que l'on n'indique pas et qui n'existe pas dans les textes.

Enfin, si, comme nous avons essayé de le montrer, la B. F. ne peut être identifiée ni avec la simple croyance que l'on est propriétaire, ni avec la conviction que le *tradens* possède la pleine capacité d'aliéner, ni avec la conviction qu'a l'*usucapiens* de ne rien commettre de matériellement contraire au droit, l'usucapion ne peut avoir lieu qu'en faveur de celui qui *ignore* les vices qui infestent son acquisition. C'est donc, nous semble-t-il, moins dans une croyance positive quelconque que dans l'ignorance de ces vices que réside la B. F. de l'*usucapiens*.

CHAPITRE II

Théories négatives

1° Parmi nos anciens jurisconsultes, Cujas, en parlant de l'usucapion (1), disait déjà de la bonne foi : « *Ut adquiratur usucapio omnino exigit bonam fidem... ideoque et scientiam exigit, quia bona fides nihil aliud est quam fides recta sincera. Nec definienda est simpliciter bona fides, ignoratio rei alienæ, sed potius injustæ possessionis, injusti tituli ignoratio* ». C'est déjà la théorie négative de la bonne foi, le fonds où viendront puiser les romanistes qui soutiennent cette thèse.

2° Maynz (2) voit dans la b. f. une erreur « qui nous fait croire que l'acte par lequel nous nous mettons en possession nous donne la propriété. » Cette erreur doit être excusable, car « pour que notre erreur puisse nous donner le droit d'usucaper, il faut qu'elle ne soit pas la suite d'une coupable négligence ». Et il ajoute : « considérée sous ce point de vue, la base de la b. f. est donc quelque chose de négatif, savoir l'erreur ou l'ignorance de l'obstacle qui nous a empêché de devenir propriétaire. Mais elle n'en contient pas moins un élément positif, savoir la conviction d'être propriétaire que nous devons avoir nécesairement ». A part la dernière phrase, cette définition montre bien quelle est ce qu'on peut appeler la « conception négative » de la b. f.

---

(1) *Opera*, tome IX, p. 946.

(2) *Cours de Droit romain*, tome I, p. 752.

3° Accarias (1) expose, au fond, la même opinion :
« La b. f., dit-il, n'est autre chose qu'une erreur de fait,
consistant à croire le *tradens* propriétaire ou tout au
moins investi du pouvoir d'aliéner ».

4° Appleton (2), à son tour, complète cette définition.
Partant de cette idée, dont nous avons essayé de montrer
le peu de solidité, à savoir que le texte de Modestin (L.
109, D. L, 16) contient une définition légale, il cherche à
établir que la b. f. est l'ignorance où se trouve l'acquéreur à l'égard du vendeur en ne sachant pas que celui-
ci n'était pas propriétaire. Bien plus, le possesseur pourra
usucaper s'il croit « *putavit* » que le vendeur pouvait
aliéner, alors même qu'il saurait que le tradens n'était
pas propriétaire de la chose livrée. Pour que cette conviction soit admissible, elle doit reposer sur une *erreur
de fait*, et non de droit, et il faut que cette erreur soit
excusable. Ainsi donc, d'après ce savant romaniste, la
b. f. est une idée négative ; elle « ne consiste pas à croire
que l'on devient propriétaire, » car, d'une part, l'on usu-
caperait alors même qu'on n'aurait pas cette croyance,
et d'autre part, la b. f. étant exigée, non seulement au
moment de la tradition mais encore au temps de la
vente, elle ne peut être à ce moment la croyance au droit
de propriété chez le vendeur, puisque la tradition n'a
pas encore eu lieu.

5° Savigny (3), qui est un illustre représentant des
théories négatives, voit dans la b. f. l'absence de toute
conscience malhonnête ou déloyale (Abwesenheit des

(1) *Précis*, etc., tome I. p. 562.
(2) *Propriété prétorienne*.
(3) Sytem. Des. h. R. R. Bd. 23, p. 371.

unredlichen Bewustseins), tandis que Stintzing (1), qui
adopte cette définition, l'exagère et finit par la fausser.
D'après ce dernier auteur, la b. f. c'est la double ignorance partant sur les droits du tradens et sur les vices
de l'acte d'acquisition. Il dit ailleurs : « la bonne foi n'est
jamais subordonnée à une appréciation quelconque,
c'est-à-dire qu'elle échappe par elle-même à toute critique, du moment que l'on constate l'absence de la mauvaise volonté. » Cette définition est évidemment trop incomplète, car elle n'irait à rien moins qu'à rendre plausible l'ignorance la plus impardonnable. L'ignorance, à
elle seule, et abstraction faite de toute autre considération, est impuissante à fonder la b. f., attendu que celle-
ci ne peut exister avec l'erreur non excusable, laquelle à
son tour implique la mauvaise foi. L'auteur a beau citer
à l'appui de sa thèse : L. 19, § 3, D. III, 5; L. 2, § 8,
D. XLI, 4; ces textes admettent l'usucapion dans le cas
où un tuteur achète une chose appartenant à son pupille,
ou le gérant d'affaires achète une chose appartenant au
dominus, peécisément parce que l'erreur ici est excusable, parce que la diligence du père de famille n'aurait
pas peut-être suffi.

Aussi bien Baron (2) dans son « Cours de Pandectes »
et Scheurl dans ses «Contributions au droit romain »
ont essayé d'apporter un correctif à la théorie négative et ont eu le mérite de signaler l'*excès de subjectivisme*, comme l'on dit de l'autre côté du Rhin, qui
règne dans toute cette théorie, Scheurel (3) part de cette

(1) Do? Wesen, etc., p. 58.
(2) Op. cit. § 141 à 216.
(3) Bel rage zu R. R. XV.

idée que l'usucapion a pour but de couvrir le vice matériel de l'acquisition au moyen de la B. F. Des deux conditions de l'usucapion, le titre et la bonne foi, celle-ci
est secondaire et doit être conçue négativement. Ce qui
constitue de préférence l'usucapion c'est, dit-il, le titre ;
la B. F. ne peut donc être chez l'usucapiens une conviction positive mais la simple ignorance des vices qui affectent l'acquisition. Il complète la théorie étroite de Stintsing en ajoutant à cette notion de la bonne foi une condition essentielle : il faut que *l'erreur soit excusable*,
attendu que la simple ignorance chez l'usucapiens ne
saurait jamais lui constituer un titre de propriété.

6° Baron accepte cette manière de voir et combat l'o-
pinion courante qui consiste à penser que la B. F. est
avant tout la croyance que l'on est propriétaire de la
chose que l'on usucape. La théorie positive, dit-il est
fausse, car le possesseur ne pourra jamais usucaper si
son erreur n'est pas excusable. Il faut donc définir la
B. F. en disant qu'elle est avant tout la droiture ou la
sincérité dans l'ignorance où l'on est des circonstances
qui m'empêchent d'acquérir la propriété.

Cette théorie est-elle d'accord avec les textes ? Il en
est qu'il faut examiner, c'est la L. 32 § 1. D. XLI de
usurpat... 3. *Si quis id.. procedat usucapio.* Ce texte
nous rappelle qu'une chose susceptible d'être usucapée
ne peut donner lieu à l'usucapion lorsque le possesseur
estime lui-même qu'il ne peut légalement l'usucaper
(*non per leges licere*), et la raison de cette impossibilité
c'est ou sa mauvaise foi ou l'erreur de droit qu'il commet. Ce passage qui semble donner raison à la théorie
ultra-subjectiviste est d'autant plus singulier qu'il est

de Pomponius, le même jurisconsulte qui à la loi 5. pro.
D. XLI. 7 nous dit, au sujet de l'époux donataire, que sa
B. F. subsiste et qu'il peut usucaper. Mais sans aller
jusqu'à supposer avec Baron que les compilateurs ont
laissé passer cette opinion dissidente de Pomponius par
pure inadvertance, il est permis d'admettre l'hypothèse
qu'a développée Windcheid et voir dans ce passage une
opinion tout à fait particulière à Ponponius. Cette supposition est d'autant plus plausible que la règle générale
posée par Sabinus insiste uniquement sur l'élément objectif de l'usucapion : « *Potius subtantiam intuetur
quam opinionem* », L. 2, § 2, D. *pro emptore* XLI, 4.
Les textes suivants militent en faveur de cette théorie :
L. 3, *pro donato* XLI, 6, et L. 25, D. XXIV. 1, que nous
avons déjà examinés. L'époux donateur ne s'est pas ap-
pauvri et l'usucapion peut avoir lieu. D'après Baron, le
passage relatif à la vente sous condition (L. 2, § 2, D.
XLI, 4) doit être interprété de la même manière. L'usucapion ne commence qu'au moment où la condition
s'accomplit, car c'est alors seulement que la vente est
réellement valable, et qu'on a ainsi pleinement satisfait
à la condition du titre. Peu importe ce que le possesseur
en pense, car le titre n'en existe pas moins. La b. f. consiste ici dans l'ignorance des obstacles qui empêchaient
l'acquisition, mais ces obstacles ont disparu, puisque le
titre existe. De n ême dans le passage L. 5, *pro.* D. XLI,
7 : l'acheteur, dira-t-on, devait savoir que la chose
vendue n'appartenait pas au vendeur; sans doute, mais
ne doit-on pas admettre que cet acheteur pouvait supposer que la femme avait la *voluntas donandi?* Cette

théorie, on le voit, est encore celle qui cadre le mieux avec les textes.

6° Bruns, en résumant tous ces travaux, nous semble représenter à la fois l'opinion la plus naturelle et celle qui a pour elle aussi bien le témoignage des sources écrites que celui du développement historique du droit romain ; aussi bien c'est elle qui semble devoir l'emporter chez tous les romanistes. Bruns a attaché son nom à la célèbre controverse qu'il a soutenue contre Wæchter, et qui a suscité en 1871-1872 les savants ouvrages de ces deux auteurs. Il soutient que la vraie notion de la b. f. en droit romain, c'est la probité (Redlichkeit), qui comprend aussi l'idée de croyance et de conviction, et qui exclue l'irréflexion, la légèreté. A ses yeux, la théorie de la b. f. s'est développée sur la base de l'équité naturelle, et il estime que sa définition suffit à expliquer tous les cas auxquels s'applique la b. f. Donc, les définitions qui prennent pour base l'idée de simple croyance n'expliquent rien, car l'adjectif *bona* est trop élastique et ne nous dit pas en quoi doit consister la *fides* pour qu'elle soit *bona*. Toutes ces définitions sont défectueuses, parce qu'elles sont ou trop étroites ou trop larges, parce qu'elles s'attachent à telle particularité ou à tel cas d'application de la b. f., sans embrasser celle-ci dans son ensemble. Ce qui caractérise cette théorie de Bruns c'est son caractère à la fois éthique et juridique, et, chemin faisant, nous avons déjà étudié les textes qui viennent à l'appui de cette opinion. Il est une dernière objection que l'auteur devait prévoir : en insistant de la sorte sur le *caractère moral* de la bonne foi, ne risque-t-on pas de verser dans la théorie du dol et ne faudra-t-il pas voir dans les effets de la b. f. sur le droit de propriété une sorte de récompense accordée à la moralité de l'usucapiens? Nullement, car il ne s'agit ni de morale ni de droit naturel, mais de droit positif; il s'agit simplement de donner de la sécurité aux contrats et de protéger les intérêts du possesseur sérieux : « Le principe sur lequel repose la b. f., dit-il, est donc un principe éthique, juridique et économique tout à la fois (1) ».

Ces résultats vont être corroborés par l'examen d'une dernière et capitale question : quels sont les rapports qui existent entre le titre et la b. f., entre celle-ci et l'erreur?

---

(1) Op Cit , p. 77.

CHAPITRE III

Du Titre et de l'Erreur dans leurs rapports avec la bonne foi

—

Il faut restreindre notre champ d'étude et nous demander seulement de quelle nature doit être l'erreur qui accompagne la b. f. et jusqu'à quel point elle peut en faire partie. Les effets de l'erreur, en général, ont été soigneusement étudiés par Savigny (1) qui, en distinguant l'erreur *légitime* et l'erreur *illégitime*, a fixé le point de vue auquel se sont placés tous les auteurs qui ont pris part à cette célèbre controverse. « L'erreur légitime (æcht) a pour effet de rendre valable un acte juridique nul dès l'origine. On peut regarder cette modification comme le complément d'un acte juridique imparfait, et c'est l'erreur qui fournit ce complément. » L'auteur cite le cas de l'*erroris causæ probatio*, et ajoute : « une application beaucoup plus importante de ce rapport complémentaire, c'est l'usucapion. Quand un acte de nature à transférer la propriété se trouve nul par un motif quelconque, l'acquéreur peut connaître ou ignorer cette nullité. Dans le premier cas, la nullité est irrévocable, son erreur ne lui profite pas ; dans le second, la propriété, qui d'abord n'existait pas, se trouve acquise par le temps de l'usucapion, si toutefois l'erreur présente les caractères voulus à cet effet, c'est-à-dire que l'erreur soit une erreur de fait et secondement une

(1) System. de R. R. Traduction Guenoux, tome III, Appendice.

erreur justifiée par les circonstances, c'est-à-dire difficile à éviter. Or, ces conditions forment les bases fondamentales de l'usucapion..... »

Pour l'usucapion, on n'admet que l'erreur qualifiée et
voilà ce qu'exprime la nécessité du titre. Quant à la relation de la b. f. avec le titre, j'ajoute que la b. f., non
seulement sanctionne la b. f., mais l'établit comme
fait (1) ». Bruns a adressé à ces idées de Savigny des
critiques dont on ne peut méconnaitre la justesse : c'est
manquer de logique et s'embarrasser dans un cercle vicieux que d'exiger que le titre serve à justifier l'erreur
que je commets sur l'absence de ce même titre. Le rapport entre le titre et la b. f. est plutôt celui-ci : toute acquisition d'un droit suppose un titre, elle suppose par
conséquent que l'on croit à l'existence de ce titre. En ce
sens seulement l'on peut dire que le titre, ou du moins
la croyance qu'il existe, est une condition essentielle de
l'existence de la b. f.

Qué prouve par lui-même un contrat de vente : que
l'on a acheté de bonne ou de mauvaise foi ? nullement.
Au point de vue de la logique, l'opinion de Savigny n'irait
à rien moins qu'à exiger un double titre, l'un pour la
possession et l'autre pour la b. f.! Celle-ci n'a nullement
besoin d'une *justa ignorantiæ causa* spéciale, mais elle
résulte de l'ensemble des circonstances qui ont précédé
l'acte d'acquisition, et, dès lors, toute la question se réduit à ceci : le possesseur a-t-il fait tout ce qu'il pouvait
pour s'éclairer sur ses droits ? La règle qu'il faut toujours
présumer la b. f. n'a pas d'autre signification.

(1) Op. Cit., p. 99.

Wæchter (1) se place à un autre point de vue pour établir une distinction entre l'erreur plausible et celle qui ne l'est pas. La première existe toutes les fois que cette erreur a été le motif déterminant du contrat ou de l'acte juridique en question, car ici la volonté de l'usucapiens ne tendait pas à commettre une injustice. Cette théorie sur l'erreur est d'une insuffisance évidente, elle ne fournit aucun critère un peu sûr. Lorsqu'un acheteur tient son vendeur pour propriétaire de la chose vendue, cette erreur est autant une erreur qui a déterminé sa volonté, et sans laquelle il n'aurait pas acheté qu'une erreur de simple ignorance, car il est clair qu'il n'a pas voulu commettre une fraude. Du reste, comme le fait remarquer Savigny, « si l'erreur en soi suffisait pour exclure l'existence de la volonté et par conséquent ses effets, tout contrat qui serait déterminé par l'erreur se trouverait nul et il deviendrait indifférent que cette erreur fût ou non le résultat de la fraude (2). »

Pour aboutir à des résultats plus précis. étudions dans les textes l'erreur de fait et l'erreur de droit.

I. — ERREUR DE FAIT

« C'est celle, dit Savigny, qui tombe sur les conditions exigées en fait pour l'application d'une règle de droit. » Cette erreur, pour servir à l'usucapion, doit être excusable, qu'elle suppose une certaine réflexion, « car s'il résultait des circonstances que l'erreur était

(1) Op. Cit., § 12 à 14.
(2) Op. cit., p. 349.

facile à éviter, cette négligence empêcherait l'usucapion (1) ». En matière de vente, qui est le mode d'acquérir le plus ordinaire, cette erreur peut se présenter sous deux formes : l'acheteur peut croire que le vendeur est propriétaire de la chose vendue ou que le vrai propriétaire l'a autorisé à l'aliéner. La loi, 119, D. I., 16, prévoit ces deux cas, et comme dans le dernier de ces deux cas l'erreur était plus facile à éviter, elle ne sera pas admise pour l'usucapion. Voici encore un texte qui nous paraît explicite : « *Et ideo eum, qui dicit, indebitas solvero... eum repetitionem habere.* » L. 25, *pro* D. XXII, 3. Ce texte nous dit que pour pouvoir exercer la répétition de l'indû, il faut que l'on ait payé par une erreur excusable ; *justa ignorantiæ causa.*

De même, à propos du maître qui a pu connaître la maladie dont doit être atteint l'esclave qu'il a acheté : L. 14, § 10, D. XXI, 1.

Nous avons mieux que de simples analogies : « *Idem dicendum erit et si ex patris hereditate ad se pervenisse rem emptam non levi præsumptione credat,* » L. 44, § 4, D. XLI, 3. L'ignorance du fils ou son erreur ne doit pas être une *levis præsumptio*, mais une erreur plausible, excusable.

II. — Erreur de droit

Cette erreur rend l'usucapion impossible (2), car pour cette erreur il existe une présomption de négligence.

(1) Op. cit., p. 371.
(2) Savigny, op. cit., p. 311 et 372.

Néanmoins cette règle n'est pas aussi absolue que sem-
blerait l'indiquer la lettre de certains textes. Dans les
temps anciens, l'erreur de droit n'était jamais admise, ce
qui s'explique par la simplicité et le petit nombre des
lois de cette époque reculée, mais plus tard, comme
cette erreur aurait été une iniquité, certains tempéra-
ments y furent apportés, et l'on décida que cette rigueur
devait cesser quand le point de droit en question était
l'objet d'une controverse ou qu'il portait sur le droit
coutumier (1). Du reste, on ne se montrait pas d'une
grande sévérité et il suffisait que la personne intéressée
eût fait ce qui était en son pouvoir pour s'instruire :
L. 10, D. XXVVII, 1 ; L. 2, § 5, D. XXXVIII, 15. Cette
garantie pouvait être illusoire, car la partie en cause
aurait vite fait de satisfaire à la loi en se renseignant
auprès du premier avocat venu ; aussi, les Romains, en
gens pratiques, posèrent une règle de bon sens aussi
bien fondée au point de vue de la b. f. que de la nature
de l'usucapion. Ce principe établit une différence : l'erreur de droit ne peut être invoquée que lorsqu'il s'agit
d'*éviter une perte*, tandis que l'erreur de fait peut être
invoquée même quand il s'agit de réaliser un bénéfice :
L. 7 et 8, D. XXII, 6 : « *Juris ignorantia non prodest
adquirere volentibus, suum vero petentibus non
nocet.* » Ce texte est d'accord avec : L. 31, *pro.* D. XLI,
3 ; L. 4, D. XXII, 6 ; L. 2, § 15, D. XLI, 4.

On a essayé de soutenir (2) que l'erreur de droit ne
s'appliquait pas à la bonne foi dans l'usucapion, ou du
moins qu'elle ne s'y appliquait pas d'une manière géné-

(1) Savigny, Op. Cit., p. 313
(2) Waechter, op. Cit., § 15.

rale et qu'elle s'appliquait au titre, mais les textes que nous avons étudiés ne rattachent nulle part cette règle : « *Juris ignorantia in usucapione negatur prodesse,* » exclusivement au titre, et il faut admettre dès lors que *la b. f. qui se fonderait sur une erreur de droit ne peut servir de base à l'usucapion.* Il est clair, par conséquent, que si la b. f. consistait dans une *simple croyance,* la question de savoir si elle repose sur une erreur de fait ou de droit perdrait toute son importance.

CONCLUSION

La théorie de Scheurl a le tort d'être trop abstraite, bien qu'elle nous semble se rapprocher de la vérité, et elle ne tient pas un compte suffisant de l'influence de l'erreur sur la b. f.; la théorie de Windscheid est trop défectueuse et ne nous donne pas une notion assez complète de la b. f.

La b. f. consiste donc dans une IGNORANCE QUI PEUT SE JUSTIFIER. Sans aller jusqu'à prétendre, comme Bruns, que l'erreur admissible ou que l'on peut excuser est de l'essence même de la b. f., nous croyons avoir montré que l'erreur, pour consolider la b. f., doit être toujours difficile à éviter.

Cette définition de la b. f. convient mieux que toute autre à notre conscience juridique, et nous croyons avoir prouvé qu'elle est aussi essentiellement romaine. Sans doute, cette notion juridique, pas plus que les autres, n'a échappé à la loi du développement historique, et le droit romain nous montre que l'on s'est montré toujours plus exigeant à l'égard de cette condition dans l'acquisition de la propriété. Cette tendance, déjà si sensible dans la jurisprudence romaine, devient évidente à une époque postérieure quand la b. f. se dépouille de tout élément formaliste pour devenir cette *parfaite droiture* que l'expression *Bona Fides* traduit (1) si imparfaitement.

(1) L. 10. C. VII. 32.

DROIT FRANÇAIS

L'Idée du Droit en Allemagne depuis Kant jusqu'à nos jours

INTRODUCTION

Qu'est-ce que le droit? Cette première et fondamentale question attend toujours une réponse, et il en est de la science du droit comme des autres sciences morales dont aucune n'est encore parvenue à donner d'elle-même une définition pleinement satisfaisante. Faut-il, comme le prétend une théorie assez répandue, n'appeler loi ou règle juridique que celle que sanctionne la puissance coercitive de l'Etat, de manière à bannir du domaine du droit proprement dit le droit international? Ou bien, suffit-il, pour donner à une règle le caractère juridique, que la volonté se sente obligée? L'Etat est-il

la seule et unique source du droit ou bien faut-il reconnaître à côté de lui d'autres sociétés possédant ce privilège et l'exerçant dans un certain domaine, comme
l'Eglise au moyen-âge? Jusqu'à quel point la coutume
doit-elle faire partie du droit existant? Y a-t-il à côté du
droit positif et formel un droit *matériel* et primitif propre à l'individu qui autoriserait celui-ci à résister à tout
empiétement exercé sur sa personne, ou bien dans ce
conflit ne peut-il être question que de la morale luttant
contre le droit?

Dans toutes ces questions, comme il ne s'agit encore
que des signes extérieurs du droit, l'on peut espérer
d'arriver à un certain accord en voyant dans ces problèmes une pure question de terminologie scientifique,
mais il n'en va pas de même lorsqu'on demande quelle
est l'origine du droit, quelle en est la nature et quel en
est le but. A ces questions l'on fait des réponses si di-
vergentes, voire même si contradictoires, qu'il devient
difficile de croire que l'harmonie puisse jamais s'établir
dans ce chœur de voix discordantes. Où faut-il placer la
source même du droit? en Dieu, dans la nature ou dans
l'esprit humain? Quelles sont les forces qui le font
éclore: la simple prudence cherchant à réprimer l'é-
goïsme, l'intérêt social ou l'intérêt moral? ou bien, y a-t-il
dans l'esprit humain une capacité particulière qui nous

pousse à créer le droit, une faculté juridique ? Qu'est-ce qui donne au droit sa forme : est-ce le génie de certains individus ou bien l'instinct des masses, sont-ce des collectivités réunies par un lien organique ou la simple puissance du nombre s'imposant à des minorités ?

Comment se fait son développement : croît-il, à la façon d'un beau chêne ou à la manière d'une œuvre d'art, est-ce nécessairement, fatalement ou peut-il recevoir des améliorations par une intervention de notre liberté ? Par quel moyen assure-t-il son progrès et son triomphe : par la force des éléments sociaux dominants, qui deviendraient des instruments de résistance à la poussée des masses, ou porte-t-il en lui même un idéal qu'il poursuit et auquel il gagne progressivement les esprits par le seul moyen de la persuasion ? Quel est au point de vue pratique le secret de sa force : son utilité ou la contrainte qui l'accompagne ? Quel est celui de ses éléments qui doit avoir le pas sur l'autre : l'ordre ou la liberté, la loi positive, dont tous les droits ne seraient que des reflets, ou bien la sphère de la conscience individuelle qui inspirerait la loi et lui servirait de garantie ? Enfin, quel est le but dernier du droit : servir d'appui à la morale, protéger des intérêts économiques ou est-il un but pour lui-même et par lui-même, pour autant du moins qu'il réaliserait l'idée de la justice comme l'art réalise l'idée de la beauté et la science l'idée de la vérité? Certes, il serait facile d'allonger ce catalogue tellement l'état actuel de la philosophie du droit est encore chaotique. La gravité de cette situation, non seulement pour le droit comme science mais pour l'avenir de nos sociétés, a été souvent signalée. « Les questions qui nous divisent le plus aujourd'hui, dit excellemment M. Beaussire, sont des questions de droit : famille, propriété, justice pénale. Bien plus, il n'y a que peu de chose de fixe dans toutes les lois, toutes les questions de droit sont reprises dans leur principe (1). » La tendance, plus particulière à notre époque, qui consiste à chercher un fondement à notre vie sociale en dehors de toute foi d'autorité ou de toute tradition et à laisser dominer les idées seules, qui même à l'état d'instinct ou de notions presque inconscientes entraînent les masses, cette tendance est de nature à aggraver le mal, en encourageant le scepticisme pratique du plus grand nombre. La nécessité de trancher des problèmes que l'on n'a pas le temps de résoudre aboutit au règne de la pratique sur la théorie et les solutions de l'empirisme, parfois le plus grossier, prennent la place des solutions inspirées par des principes. Dans ces discussions, les théories diverses qui se produisent ne sont que trop souvent dictées par l'attrait du paradoxe et l'esprit de

(1) « Principes du droit, » Introduction.

parti, quand ce n'est pas par la passion. Ce qui rend ce danger plus redoutable, c'est que, dans cette banqueroute de l'autorité, le scepticisme ne s'attaque plus seulement aux formes politiques, mais au droit lui-même, la méthode d'expédients et de compromis ayant habitué les esprits à confondre le droit avec la politique et à perdre de vue l'idée morale, racine de toute vie et de toute science sociale.

Il semble donc qu'il n'y ait qu'un remède à cette anarchie qui règne dans les idées : c'est l'étude raisonnée et comparée du droit considéré dans ses principes. L'on se récrie cependant contre tout essai de méthode *a priori* et l'on s'en va répétant : « Il est trop tôt ou trop tard pour écrire une philosophie du droit (1). »

Trop tôt, peut-être, trop tard, jamais, pour ceux du moins qui veulent voir dans le droit autre chose que la simple exégèse des textes. Mais cet éloignement que l'on éprouve pour toute philosophie du droit n'est que trop réel et se rattache à la même répugnance qu'inspirent aujourd'hui les principes et les idées générales, comme si la science pouvait jamais se passer de ces idées, comme si son rôle n'était pas de vérifier les principes avant d'en chercher l'application. « Le vice qui a abaissé

---

(1) Voir Bahnsen : « Ist eine Rechtsphilosophie uberhaupt moglich ? », Zeitschrift fur vergleichende Rechtswissenschaft, II, Heft, 1881.

le niveau des études de droit, dit un auteur, c'est l'absence de toute philosophie; de toute idée morale, de tout principe supérieur. » Et ailleurs : « Il en résulte que l'horizon du jurisconsulte se restreint, car il est fermé par le texte qui devient ainsi la plus haute conception du droit, l'expression du vrai et du juste. » (1) A quoi bon, dira-t-on, l'étude de ces hautes questions ? La connaissance des règles suffit et leur application est affaire de bon sens. La rudesse d'une objection n'est pas toujours une preuve de sa vérité, et qui ne voit au contraire que la pratique juridique exige plus que toute autre la connaissance des principes, que sans cette connaissance,qui doit l'animer, elle dégénère en routine aveugle et en pur mécanisme ? Nous ne croyons pas qu'il soit nécessaire d'insister sur une vérité que les faits démontrent tous les jours et nous renvoyons volontiers ceux qui seraient encore victimes de cette erreur aux réflexions si justes d'un maître de la science juridique (2).

Il faut savoir le reconnaître, la philosophie du droit porte la peine des excès qu'a semblé justifier le droit naturel, mais le droit naturel n'est pas toute la philosophie du droit et il serait souverainement injuste de rendre celle-ci responsable des fautes commises par celui-là.

(1) Durand, « Philosophie du droit » par D. Lloy, introduction.
(2) Accarias, Rapport adressé .. *Journal officiel*, 15 novembre 1883.

On a cru, sur les déclarations imprudentes de quelques
auteurs, que l'école historique n'admettait pas le concours du travail philosophique. C'est ainsi qu'Ahrens
attribue à cette école, et à titre de doctrine, l'exclusion
systématique de la philosophie, mais Stahl a montré le
contraire, il a prouvé que cette école n'excluait pas *ipso
facto* le contrôle de cette science (1). Au fond, la polémique que l'école historique a soutenue jusqu'ici a été
plutôt dirigée contre le droit naturel et le dogmatisme
superficiel qui en a été la conséquence (2). Cette polémique
portait avant tout sur une question de méthode et cherchait à substituer aux procédés stériles de la déduction,
auxquels les écoles dogmatiques ont accordé trop d'importance, la vraie méthode inductive qui s'appuie sur
tous les faits, qui prend pour point de départ, non plus
une entité métaphysique, mais l'individu dont elle s'efforce de connaître tous les ressorts pour remonter jusqu'à l'âme humaine dont le droit, comme l'art et la morale, est une production. En effet, deux tendances également funestes se partagent les esprits à cette heure. D'une
part, un positivisme étroit dont la conséquence inévitable sera d'éliminer tout idéal et d'exclure l'idée même du
droit. A la place de l'idée juridique, si profondément

(1) Stahl, « Histoire de la philosophie du droit, » introduction.
(2) Bluntschli, « Die Neuern Rechtschulen, etc., » p. 68 et 3.

enracinée dans notre conscience, l'on veut substituer le
règne de l'utilité immédiate, du fait et de la force, ce qui
aura nécessairement pour effet d'évider le droit, de l'ap-
pauvrir et d'en volatiliser la puissance. L'idée tend ainsi
à se répandre qu'il suffit de donner à une décision quelconque la forme légale et l'appui de la contrainte pour
qu'elle acquière droit de cité dans la science du droit. En
vérité, ces étranges prétentions vont à contre-fin, car le
matérialisme, dans ce domaine comme dans tous les autres, doit être condamné d'avance à cause même de son
incurable stérilité. En effet, qui dit progrès dit mouvement, et c'est frapper de mort une science que de lui
ravir son idéal, le but qui attire et sollicite l'effort. Et
d'autre part, il importe de combattre le faux idéalisme,
héritage compromettant de l'ancien droit naturel, qui
dédaigne les sages leçons de l'histoire et ne veut reconnaître d'autre véritable droit que celui qui sort tout
armé du cerveau d'un métaphysicien ou d'un législateur
de cabinet. Les illusions entretenues encore à cette heure
par les théoriciens du droit naturel sont plus répandues
dans les masses que ne le pourrait faire supposer le courant positiviste qui règne dans les sphères scientifiques.
Entre ces deux courants il s'établit sans cesse des afflux
et des échanges selon les besoins de l'opportunisme de
la politique, au grand détriment de la vérité. Tel hyper-

positiviste se trouve tout à coup affublé des oripeaux de
l'idéalisme, en attendant que l'acteur change et que
d'idéaliste incorrigible il se transforme en positiviste de
belle couleur. Et pourtant, ce rêve d'un droit universel
est aussi fantastique que celui de certains esthéticiens
s'imaginant que l'on pourrait faire une œuvre d'art
qui incarnerait dans les conditions si relatives de notre
existence l'idéal même de la beauté! Ces Platoniciens
d'un autre âge se doutent-ils de ce qu'il faudrait de sang
et de larmes pour contrefaire leur étrange rêve? Mais,
tout en condamnant cette tendance, il faut reconnaître
les services qu'elle a rendus, les réformes qu'elle a ac-
complies, les jougs qu'elle a brisés, les hideuses idoles
qu'elle a renversées. Sachons-lui gré de cette œuvre de
destruction si nécessaire à la culture de l'humanité.

La nécessité d'étudier les principes du droit une fois
reconnue, la question qui se pose est celle de savoir quelles
sont les sources où l'on ira puiser les éléments de cette
étude. Les partisans exclusifs du droit positif n'admettent d'autres moyens d'information que la législation d'un peuple telle qu'elle s'est développée dans l'ensemble de son histoire, et il faut avouer que, depuis le
triomphe éclatant du chef de l'école historique, toute
autre méthode d'investigation semble devoir être condamnée. Mais il est un fait qu'on ne saurait méconnaî-

tre : c'est que l'étude la plus sagace des textes ne pourra jamais nous donner cette idée compréhensive du droit qui doit répondre aux questions fondamentales que nous nous sommes posées, précisément parce que le droit n'est pas seulement une idée ou le résultat de la spéculation mais le résidu animé d'une conception particulière du monde et de la vie. Le législateur même le plus profond s'astreint difficilement à faire œuvre de philosophe, son œuvre est plutôt d'expérience et de patriotisme, et si la liberté et la réflexion y interviennent, c'est moins pour analyser des principes abstraits que pour discerner les intérêts qu'il doit servir, les passions qu'il doit concilier. En mettant les choses au mieux, on ne trouvera dans une législation positive que l'idée générale ou le principe qu'elle a adopté, mais jamais un critère qui nous aide à l'apprécier.

Rien de plus périlleux que le travail qui consisterait à solliciter des textes et des codes, où la pensée se noie souvent dans le détail des règles. Etudier principalement la notion du droit non seulement chez les grands jurisconsultes mais dans la philosophie d'un peuple, cette suprême expression de toute sa culture, nous paraît-être la seule méthode sûre pouvant nous faire connaître ses idées juridiques. Sans doute, chaque peuple se représente le droit ou l'ordre social d'une manière qui s'explique par son histoire et son caractère, mais les travaux philosophiques, pour si individuels qu'ils paraissent, sont des manifestations sociales et psychologiques au premier chef, car comment pourraient-ils se soustraire à l'influence de leur milieu? L'état idéal dont Platon traçait le tableau, qu'est-ce autre chose que le reflet de la civilisation grecque? Le régime constitutionnel rêvé par Montesquieu avait pour copie la monarchie anglaise, et les idées politiques de Rousseau se rattachent par une filiation lointaine mais réelle à certaines institutions de sa patrie (1).

Si nous avons porté exclusivement notre attention sur l'Allemagne moderne, ce choix s'explique par le grand intérêt qui s'attache à ce champ si fertile, quoique d'une utilité si inégale, en idées et en théories juridiques de toute espèce. Sa fécondité en ce qui concerne la philosophie du droit n'a pas été moindre que pour la métaphysique. Par leur nombre et leur valeur scientifique, les divers systèmes qui ont joui de la faveur publique ou qui dominent encore en Allemagne méritent une étude spéciale.

Quant on compare dans son ensemble ce mouvement de la pensée allemande à ce qui s'est fait en Angleterre ou en France, l'on découvre sans difficulté que chez

(1) Felter « Rousseau und die deutsche Geschichtsphilosophie p. 24. »

nous les théories politiques, chez nos voisins insulaires les préoccupations économiques, l'ont décidément emporté sur l'intérêt juridique proprement dit ; et s'il est vrai que la manière dont un peuple conçoit le droit marque sa direction actuelle et fasse pressentir son avenir, si, comme l'affirmait naguère une voix autorisée « le fond de la querelle entre la France et l'Allemagne ne soit qu'une question de droit, la première se prévalant d'un droit nouveau, la dernière d'un droit ancien », qui dira qu'un patriotisme éclairé ne soit pas intéressé à connaître ces tendances ? (1)

Ajoutons que cela est vrai de l'Allemagne plus que de tout autre pays, car aucune nation n'est aussi portée à chercher dans ses idées philosophiques le mobile et la justification de ses actes.

La tâche que nous nous sommes proposée n'est pas sans présenter de graves difficultés. Il s'agit non seulement de découvrir sous les apports venus du dehors les idées juridiques fondamentales propres à l'esprit germanique, mais de montrer comment telle idée particulière du droit se rattache à tel système de philosophie. Pour éviter d'établir ce lien d'une manière arbitraire, nous avons laissé à chaque auteur que nous étudions le soin

(1) Lavisse. Discours aux élèves de l'Université de Gand, voir *Journal des Débats*, 5 mars 1892.

de montrer cette filiation du droit avec sa conception particulière du monde et de la vie. Un écueil plus redoutable était l'abondance même de la matière, aussi, sans tomber dans la sécheresse de la simple bibliographie, nous nous sommes attaché à exposer parmi ces divers sytèmes ceux qui ont exercé une influence sensible sur l'opinion allemande.

Pour apporter quelque ordre dans cette multiplicité d'éléments, il fallait adopter un principe de division et de groupement. M. Carle (1), complétant la méthode suivie déjà par Stahl, et partant de cette observation que c'est une loi de notre activité intellectuelle que toute tendance de notre esprit devienne une méthode, laquelle à son tour donne naissance à un système, ramène toutes les conceptions juridiques à trois groupes ou à trois écoles. Selon que l'on s'attache de préférence à l'observation, à la comparaison ou à la réflexion, ou à l'une de ces trois catégories du bien qui y correspondent : l'utile, le juste et l'honnête, l'on aboutira à l'école utilitaire ou réaliste, à l'école historique et à l'école idéaliste. Il y a une large part de vérité dans cette observation, mais nous n'adoptons ces divisions, qu'avec cette réserve que leur valeur est très relative, et que cette terminologie ne

(1) La vita del Diritto, etc., 1800, chapitre XII, et le chapitre, Classification des systèmes.

s'applique pas toujours exactement à la réalité. Tout d'abord, entre les écoles exclusives il y a un nombre considérable de systèmes intermédiaires ou conciliateurs qui ont cherché à tenir un compte égal de l'observation et de la raison, de l'utilité et de la conscience. L'importance historique de cette tendance conciliatrice a été souvent méconnue, pourtant déjà elle se fait jour avec Leibnitz, qui s'efforce de concilier Hobbes et Grotius, et va donner la main par Krause aux théories les plus récentes. Remarquons, en outre, que si chacune de ces écoles a sa méthode et son principe qui lui sont propres, aucune ne s'est développée isolément mais sous l'action constante de toutes les autres.

Enfin, il n'est pas vrai de soutenir, comme le fait l'auteur de la *Vie du Droit*, que tout dépend ici de la méthode, car, si Aristote et Montesquieu ont suivi la méthode d'observation, Machiavel l'a aussi suivie, et si Rousseau et Fichte ont employé la méthode déductive, Hobbes l'a également pratiquée, et pourtant à quels résultats diamétralement opposés ne sont-ils pas arrivés?

Dans une première partie que nous intitulons l'*Histoire*, nous essayerons d'étudier ces diverses écoles dans leur ordre chronologique, en nous demandant à propos de chacune d'elles comment elle est née, et quels sont les principes qu'elle a développés et qui lui donnent une

physionomie particulière. Dans une seconde partie que
nous appelons l'*Idée* nous essayerons de résumer les résultats auxquels nous serons arrivés en nous demandant
comment s'explique chez le peuple a'lemand l'existence
de cette conception particulière du droit, ou en termes
d'école, quelle en est la genèse psychologique. Mais
pour bien saisir le sens de cette évolution, il importe de
chercher quelle a été l'idée germanique du droit à ses
origines et de svivre dans une rapide revue l'histoire de
son développement jusqu'au XVIII° siècle,

PREMIÈRE PARTIE

L'HISTOIRE

Section 1ʳᵉ, L'idée du droit jusqu'à Kant

———+———

CHAPITRE Iᵉʳ

Origine et développement de la philosophie du droit en Allemagne jusqu'au commencement du XVIIIᵉ siècle

Le développement d'une science obéit à un double principe : l'impulsion de ses propres tendances et du travail
intérieur qui s'accomplit en vertu des lois qui lui sont
propres, et le concours des évènements historiques qui
deviennent l'occasion d'un progrès et favorisent ce développement. Les origines de la philosophie du droit en
Allemagne furent des plus modestes, mais, grâce à cette
double impulsion, l'histoire du droit allemand et l'histoire de la science juridique allemande nous montrent sa

formation d'abord lente et laborieuse, sa croissance à partir du XVI⁰ siècle grâce au droit naturel, le développement de ce droit au XVII⁰ siècle et son triomphe au XVIII⁰ et au début de notre siècle (1).

L'introduction du droit romain en Allemagne, l'influence de la jurisprudence française, le mouvement de la Renaissance et de la Réforme tels sont les grands événements qui déterminent ce progrès et deviennent la cause d'une nouvelle évolution. Toutes ces causes concourent au même résultat : donner à l'étude du droit en Allemagne une méthode vraiment scientifique, préparer la constitution de systèmes juridiques importants et l'éclosion d'une philosophie du droit digne de ce nom, au XVIII⁰ siècle.

Il faut distinguer aujourd'hui le droit allemand d'avec le droit germanique en général. A l'origine le droit était à peu près le même chez toutes les tribus germaniques mais dans le cours des temps le droit allemand proprement dit se détacha de ce tronc commun et acquit une physionomie propre. Le droit apparaissait alors chez ces peuplades comme une création spontanée et presque inconsciente de l'esprit national, il ne consistait que dans

(1) Pour la partie philosophique proprement dite de ce travail nous avons mis à profit : Zeller « Geschichte der deutschen philosophie; Kuno Fischer, Geschichte der neuern philosophie; Haym, Hegel und seine Zeit; pour la partie historique nous avons profité largement des œuvres de Zœpfl, Deustche rechtsgechichte, I. Band. 1817 ; Barts Geschichte des deutschen notionalletterattur tome III; Schmid Geschichte der geistllichen lebens in Deutschlands, tome I . Siegel deutsche rechtsgeschichte 1883 ; Schulte, histoire du droit et des institutions en Allemagne traduit par Fournier et plus spécialement Trendelenburg. Naturecht 1860; Stintzing Geschichte der deutsc.e rechtswissenschaft, le I volume, et Bierling Zur Kritik der Juristischen Grundbegriffen 1684.

l'organisation d'un certain *état de paix* qui servait à
refréner les éclats de la vengeance personnelle et les
luttes incessantes entre les simples particuliers ou entre
ces tribus belliqueuses. Ce caractère de création inconsciente
et cette haute utilité du droit à ses origines nous
expliquent le lien profond qui l'unissait aux idées religieuses
et la vénération dont on l'entourait. Que faut-
il penser du tableau idéaliste que Tacite (1) nous trace
de ces peuplades? Évidemment, — et les auteurs allemands
(2) en conviennent facilement — c'est le souci littéraire
et la préoccupation politique qui ont inspiré le
grand historien et lui ont dicté ce procédé d'antithèse où
les ombres de Rome font contraste avec la lumière de la
Germanie. Le critique et le philosophe pessimiste ont déteint
sur l'historien impartial. Il y a cependant dans cette
peinture tout un ensemble de traits dont on ne peut
contester la valeur historique. Groupés en villages, en
petites communautés, ceux qui se réclament de la même
origine ne se réunissent que dans un but militaire, se
rangeant autour d'un chef courageux ou de quelque
individualité puissante, c'est le *comitatus*. C'est une
nation perpétuellement sur pied de guerre dont les
bourgs sont des camps ou de simples cantonnements militaires:
centena. La vie sociale organisée n'existe chez
eux qu'en temps de guerre, et c'est par la discipline des
armes qu'ils arriveront à la vie civile. Leur *dux, comites*
capitaine ou général d'armée, deviendra leur chef civil,
comme leurs assemblées, de simples rassemblements mi-

(1) Germanie liv. III et VII. Futel de Coulanges, compte rendu de
l'Académie 1885 p. 705.
(2) Zœpfl op. cit. Introduction, Schulte op. cit., etc.

litaires, deviendront des assemblées législatives dont
feront seulement partie ceux qui se distinguent par une
haute position dans l'armée. L'idée de la cité n'existe
encore que sous la forme du camp; alors qu'à Rome, de
très bonne heure, la cité prend un caractère civil et juridique (*municipium munera capere*), et que chez les
Grecs, la cité dès l'origine des temps historiques, est
un organisme éthique et politique. Une évolution bien
tardive s'accomplira au sein de ce camp en permanence
qui est la cité germanique et de simple organisation militaire, elle deviendra une organisation civile et admi-
nistrative ; mais, comme l'idée qu'un peuple se fait du
droit dépend toujours de la nature de son organisation
sociale, cet état politique rudimentaire sera chez les
Germains la cause d'une double infériorité.

Ils arriveront plus tôt que le Grec et le Romain, plus
civilisés qu'eux cependant, à la conception de la nation,
ils dépasseront l'idée classique de la patrie qui était souvent si étroite qu'elle se confondait avec celle de la cité,
mais l'idée germanique de la nation sera plutôt celle de
la horde guerrière que celle d'une nation proprement
dite et cette infériorité sera l'un des traits caractéristiques de l'Allemagne à travers toute son histoire. En
outre, l'idée germanique du droit à cette époque sera
avant tout celle que peut s'en faire l'homme primitif, et
Vico (1) en avait déjà fait la remarque. Tandis que le
Grec a toujours vu dans le droit un principe de raison,
tandis que le Romain y a vu volontiers un lien qui lie la
volonté, une volonté supérieure qui s'impose aux indivi-

(1) Cité par Carle, op. cit.

dus, le Germain a vu dans le droit une force, une faculté qui ne regarde que l'individu.

Pour le Grec le droit était un principe d'ordre et d'harmonie qui, n'étant qu'une face de la sagesse, s'adressait à l'intelligence ; pour le Romain le droit était une energie morale (*virtus*, c'est-à-dire la force civique), c'était la synthèse de la volonté et de la raison et s'adressait avant tout à la volonté *(Constans et perpetua voluntas unicuique suum tribuendi* (1); pour le Germain le droit c'est le déploiement de l'énergie physique, l'expension de la puissance musculaire, l'affirmation de la force sous toutes ses formes. La sphère du droit n'est autre que celle de l'individu qui a le sentiment de sa force et qui est seul à revendiquer son droit, car il ne peut compter que sur lui-même ou tout au plus sur ses proches pour obtenir réparation. Gœthe a tracé un tableau très vivant de cette phase de la vie du droit dans son *Gœtz de Berlichingem*. Aussi, le signe extérieur de la capacité juridique sera la puissance du bras et l'aptitude aux armes détermine ie droit de chacun, idée qui s'est conservée dans les coutumes de la chevalerie où n'a de droits véritablement que celui qui peut à l'occasion les défendre lui-même. Le droit se révèle donc à la conscience germanique comme une force ou un pouvoir appartenant à la personne humaine.

Au dire de certains auteurs, c'est à cette tendance individualiste de la race germanique que nous devrions l'avènement de la dignité humaine et de la personnalité ; depuis Herder les écrivains allemands classiques ou ro-

(1) Loi 10, D. de Justia, I, 1.

mantiques ont loué à l'envi cet individualisme que l'on
oppose à l'esprit socialiste latin. C'est là une étrange
erreur dont il faut débarrasser la science. Ce ne sont pas
les Germains, mais les Romains, comme l'a montré
Hegel lui-même (1), qui ont tracé au droit ses vraies
limites, qui lui ont assigné un domaine à part en lui donnant pour fondement la personne, la conscience individuelle. L'idée que le droit est une capacité inhérente à la
personne morale, à la liberté individuelle, n'existe pas
encore chez les Germains et leur individualisme n'est
autre chose que l'indépendance brutale de l'homme à
peine civilisé. C'est l'égoïsme de la force indisciplinée,
tandis que chez le Romain il est de bonne heure un système de discipline pour la volonté. Ihering ne voit dans
la conception du droit chez les Romains que l'égoïsme
étroit de leur caractère, mais, comme le fait observer le
professeur Carle (2), ce qui peut expliquer les grandes
destinées de Rome, c'est moins un vice ou un défaut
qu'une qualité.

L'erreur s'explique par le fait que ce que nous savons
du plus ancien état juridique de la Germanie nous montre une liberté individuelle des plus étendues, mais qui
est moins de l'autonomie que de l'anarchie. L'opinion
que nous essayons de combattre se heurte aux faits les
mieux constatés. Au contraire, l'un des traits de ce droit,
c'est l'énergie avec laquelle l'individu est rattaché à la
collectivité ; il est tellement lié aux usages de son milieu
que l'idée que le droit est une règle liant les membres de

(1) « Philosophie de l'Esprit et de l'Histoire, » Véra.
(2) Op. cit., p. 143.

l'association *(Die Sippe)* sera l'un des traits caractéristiques du droit allemand. La preuve, c'est que cette indépendance indisciplinée qui existait alors et que l'on
décore du nom d'individualisme était seulement le fait
des individus exclus de la société, des *Friedlosen* et des
Heimathlosen, des parias de ce corps social en formation, comme Brunner (1) l'a montré. Cet auteur dit caté-
goriquement : « Ce n'est pas la liberté ni l'indépendance
de l'individu qui caractérise le plus ancien état de notre
droit. » De bonne heure, la nécessité d'assurer la paix et
la sécurité publique et non pas le besoin de réaliser un
certain idéal politique et social, comme chez les Grecs et
les Romains, plièrent les Germains à de certaines coutumes et mirent un frein aux excès de la force brutale.
Le fait pour l'individu d'appartenir à la *centaine* ou au
pagus ou à la *gau*, c'est-à-dire à une communauté, as-
surait la paix, c'est-à-dire plaçait l'individu dans cet état
où le droit de chacun était protégé par l'assentiment général. Les familles concluent entr'elles des armistices,
des pactes de paix en vue d'un intérêt immédiat et réciproque. Ainsi, ce qui réprima chez l s Germains les manifestations de la vie instinctive ce fut moins une idée
morale que l'idée de l'utile qui donna naiss nce au système des compositions pécuniaires. Toutefois l'évolution
accomplissait son œuvre et le jour où le Germain s'arme
pour la défense de l'innocent, sans y être poussé par
l'unique considération de son intérêt égoïste, il s'élève à
l'idée du droit. Sous la double influence de la législation

(1) Brunner : « Deutsche Rechtsgeehichte, » erst. Bard., 1887. p. 133,
et J. Scherr : Deutsche Kultur und Sittensgeschichte, 1876, p. 76.

romaine et de l'Eglise, cette conscience violente et passionnée de sa propre force va prendre un caractère plus
civil et plus moral.

Contrairement à ce qui se passait à Rome, la connaissance du droit n'est pas l'apanage d'une classe privilé-
giée, mais c'est la création lente de tout un peuple qui
élabore son droit dans les assemblées publiques selon les
besoins du moment. Aussi, peu de termes abstraits, mais
des images aussi fréquentes que poétiques dans les documents qui nous ont été conservés (1). C'est encore un
des traits du droit germanique qu'il se forme, comme
Tacite (2) nous le laisse entrevoir, uniquement par la
coutume. En se développant et en embrassant un cercle
plus étendu, le droit transmis par la tribu est comme la
sphère dans laquelle peut se mouvoir chaque individu.
Celui qui n'appartenait pas à cette tribu ne pouvait avoir
des droits, à moins qu'il ne fût couvert par la personnalité d'un membre appartenant déjà à la même tribu. Le
droit n'est à cette époque que l'ensemble des rapports
que la communauté reconnaissait à chacun de ses membres et qu'elle prenait sous sa protection. Aussi, lorsque
plusieurs tribus se fondent en une seule et qu'à côté de
la coutume (herkommen), qui émane du peuple, naîtront
successivement la loi, qui émane de la nation, et l'ordonnance, qui émane de la royauté, le droit particulier de
la tribu ne se conservera que sur le territoire qu'elle
habite. Ce fait nous explique encore pourquoi le droit
était essentiellement héréditaire, attaché à la personne

(1) Lex Salica, titre XLI.2.1.
(2) Germanie, chap. II.

(stammesrecht) et comment il se fait que l'étendue des droits privés dont jouit un individu dépende de sa condition sociale, laquelle se fonde à son tour sur la naissance et la propriété.

L'égalité de naissance (Die Ebenburt) sert à déterminer principalement la valeur d'une personne, car les Germains, au dire de Tacite (1), attribuaient au sang une influence considérable, et croyaient que les qualités de l'âme se transmettent volontiers avec la génération.

Ces conditions se développant au moyen-âge, il y eut un droit impérial, féodal, provincial, etc., mais le droit privé ne deviendra la propriété de tous les habitants d'un pays que du jour où la conception moderne de l'État triomphera de la société féodale, et que la loi assurera à tous le droit de propriété foncière ; alors seulement la capacité juridique et privée de l'individu sera indépendante de sa condition publique.

Jusqu'à ce moment les destinées du droit allemand et de notre droit français sont confondues, car tous les deux empruntent leurs principes à l'élément germanique et s'inspirent du droit romain et du christianisme. Cet élément germanique laissa des traces sensibles dans notre pays par l'intermédiaire des lois barbares, mais l'influence de celles-ci fut beaucoup plus considérable en Allemagne, où ces lois conservèrent l'esprit national primitif et furent appelées *Volkesrechte*, ou lois des tribus. A partir de 887, l'union politique de la France et de l'Allemagne ayant cessé, chacune de ces deux nations suivra désormais ses propres inspirations dans la formation de ses institutions juridiques.

(1) Annales, XI, 17.

Le *Miroir de Saxe*, paru au moment même où la science des Glossateurs commence à fleurir en Italie et où le droit canon revêt sa forme définitive par le recueil des Décrétales de Grégoire IX (1234), reflète fidèlement l'esprit du droit allemand à cette période de son histoire. L'auteur a puisé directement dans sa longue expérience de juge (Schœffe) et dans les traditions nationales les plus pures, mais cet ouvrage marque la fin de l époque créatrice du droit national. Déjà, en effet, l'influence des droits romain et canonique envahissait l'Allemagne, grâce aux efforts combinés de l'empereur, qui était censé continuer l'ancienne tradition impériale (Saint-Empire romain), des légistes et de l'Eglise. L'intérêt de la maison des Hohenstaufen réclamait cette faveur accordée au droit romain, et le droit impérial puisa à pleines mains dans les lois de Justinien. La compétence ecclésiastique envahissait toujours plus le domaine laïque, car elle avait le double avantage de la rapidité et de l'efficacité, et contribuait à répandre le droit romain. Ce droit demeurait le droit civil de l'Eglise, attendu que le droit canon n'était que le droit romain modifié suivant l'ancienne maxime : *ecclesia romana vivit secundum legem romanam.* Ainsi naquit, à partir du treizième siècle, l'idée qu'au dessus des droits propres à chaque tribu il y avait une législation supérieure fondée sur ces deux grandes autorités : le pape et l'empereur. La lutte contre le droit national s'engagea. Le *Miroir de Souabe*, qui parut vers 1275, marque un grand progrès dans le sens du droit romain. L'auteur ne tire pas la matière de son livre des traditions orales et nationales, mais il puise uniquement à des sources écrites : les lois barbares et les

Capitulaires. Ce triomphe d'un droit étranger était inévitable, attendu que le droit national manquait d'unité,
était trop incohérent. Dès la fin du quinzième siècle, le
droit romain est mis sur un pied d'égalité avec le droit
canon dans les universités de l'Allemagne, mais l'union
de ces deux droits était purement extérieure, c'était
deux disciplines simplement juxtaposées, car la méthode
exégétique, pratiquée jusqu'à l'excès, excluait toute vue
systématique. Le phénomène que les Allemands appellent la *Réception* du droit romain eut des causes multiples, dont nous venons de signaler les principales,
mais ce triomphe d'un droit étranger a de quoi nous
étonner. En France le droit romain était un droit national et c'est lui qui fut envahi par le droit barbare;
en Allemagne l'on constate non seulement le phénomène
inverse mais encore le fait assez rare d'un peuple qui
reconnaît son incapacité juridique et accepte la législation d'un autre peuple et d'un autre âge. Cette particularité tient à un trait caractéristique du droit allemand :
à la manière dont le droit national s'était formé en l'absence des sources écrites. Il était, en effet, dans la nature de l'*échevinat* (Schoffenthum) (1) de considérer la
conviction personnelle comme la source primitive du
droit et de ne se sentir lié par aucune autorité extérieure.
Les indications fournies au juge ou *schœffe* ne sont pas
des lois, mais de simples conseils, des renseignements
qui doivent servir à former sa conviction. La coutume
elle-même, quand elle offrait des règles fixes, était pour

(1) Stintzing, « Erste Abtheilug, Geschichte der deutschen Rechtswissenschaft, » p. 1-20.

le juge un arsenal où il allait puiser des considérants ;
ces règles servaient d'appui à sa décision, mais leur autorité dépendait de la manière dont le recueil qui les contenait avait été formé, c'est-à-dire de la manière dont
la légende racontait ces origines. En résumé, on ne s'at-
tachait ni à l'autorité légale d'une règle juridique ni au
caractère obligatoire dont l'aurait revêtue une autorité
officielle. Le juge germanique jugeait selon ses propres
inspirations, sans puiser à des principes généraux ; il
était lui-même une source et la plus riche du droit. Ce
que l'Allemagne, avec sa diversité et sa composition
disparate, n'aurait pu faire, Rome avait pu le faire. Ici,
la production juridique se trouve endiguée de bonne
heure par une autorité extérieure, car les allures libres
du préteur n'empêchaient pas que l'édit ne dût se conformer aux *verba légis*. De là sa grande unité et sa valeur scientifique, car, dans l'effort même que l'on fait
pour mettre le droit usuel et vivant en harmonie avec le
droit écrit se montre la logique juridique. Cette différence essentielle entre le droit romain et le droit germanique est très sensible dans ces deux institutions si importantes : l'action romaine et la plainte (Klage)
germanique. L'*actio* est une arme dont on se sert pour
contraindre qui que ce soit au respect de nos droits ; elle
repose sur deux autorités : la loi et l'édit, et quand on a
obtenu la formule, au jugement il ne s'agit plus d'établir quel est le droit, de découvrir ce qui sera le droit,
mais de décider simplement si les faits supposés existent.

L'action germanique n'est au fond qu'une plainte portée devant le juge, et c'est à celui-ci qu'il appartient de

découvrir dans sa conscience ce qu'est le droit. Le moyen-âge ignorait cette différence, et l'on ne fit aucune difficulté à admettre l'action romaine qui devint ainsi *le droit* de la partie plaignante. Du reste, les praticiens allemands trouvèrent dans la formule de l'action une technique très commode pour l'usage des tribunaux.

Cette invasion de l'Allemagne par le droit romain n'alla pas sans résistance, mais ce serait une erreur de voir dans cette lutte le réveil de la conscience allemande contre l'invasion étrangère. Goethe (1) a dépeint avec de vives couleurs l'aversion que le droit romain inspirait au peuple et à la bourgeoisie, mais il est évident que le grand poète commet un anachronisme, car, d'une part, au moyen-âge il ne peut être encore question d'une conscience nationale allemande, et, d'autre part, les deux grandes autorités qui favorisaient l'introduction du droit romain, le Pape et l'Empereur, faisaient partie de la vie politique de la nation. N'oublions pas d'ailleurs que le droit envahisseur n'était que le droit de Justinien singulièrement défiguré par la pratique des glossateurs. Des griefs nombreux sont formulés contre les juristes ou les légistes de l'époque: Ulrich de Hutten leur reproche leur servilisme et Melanchton leur bavardage ; le le peuple ne comprend pas la nécessité d'un droit écrit, les paysans voient dans ce droit étranger qui les opprime, une législation païenne et profane (Weltliches Recht), et ils veulent déjà lui substituer le droit divin et *naturel*.

Si nous nous demandons quels ont été à la fin de cette

_____

(1) Goetz de Berlichingen, acte I, scène 4.

période les résultats obtenus au point de vue de la philosophie du droit, nous constatons un double résultat. Le droit romain assure définitivement le triomphe du droit écrit et de l'autorité formelle de la loi. De même que sous l'empire et à la décadence de la jurisprudence romaine toute différence s'efface entre le *jus dicere* et le *judicare*, et que, depuis Adrien, la voix du préteur est réduite au silence, de même en Allemagne le droit écrit l'emporte sur le droit oral, le juge et le préteur se trouvent réunis : le Richter et l'Urtheiler ne font plus qu'un. En outre, le droit romain eut pour effet de préparer les esprits aux spéculations juridiques pour la part qu'il y prit à l'affranchissement de la société laïque. Sous ce rapport le droit romain donne la main à la Réforme, en créant la science juridique laïque, celle du (Juristenstand), nouvelle classe sociale qui représente les intérêts et les idées de la société séculière. Depuis le XIV° siècle, la situation de cette classe s'accrut considérablement par l'intervention des Facultés dans la procédure courante, grâce aux demandes de consultation et à l'envoi du dossier (Actenversendung). Dans les cas difficiles ou embarrassants l'on s'adressait à une Faculté de droit et c'est ainsi que la législation écrite complétait le droit territorial (Landrecht). On ne saurait trop insister sur l'importance de cette institution qui mettait la théorie en contact avec la pratique; mais l'emploi exclusif de la méthode d'analyse et la prédominance du commentaire sur le texte qu'il étouffe s'opposent encore à l'éclosion de l'esprit philosophique dans la science du droit, et il faudra l'impulsion imprimée par la Renaissance et la Réforme et des influences françaises pour

arracher les esprits à l'étreinte stérile de la méthode
scolastique. La théologie et le droit étaient si intimément
unis au moyen-âge que la dialectique fut la forme
commune de leurs travaux : tous les deux puisent à
des sources écrites, et ce que la patristique fut pour la
théologie, la première époque des Glossateurs, avec ses
quatre docteurs (les quatre lys du droit) le fut pour la
science juridique. La *glossa ordinaria* des Accurse est
devenue une autorité, les sources ne sont plus étudiées,
l'impuissance à produire des idées nouvelles est radicale (1). La renaissance des études classiques eut pour
effet, ici comme ailleurs, de ramener l'attention sur l'é-
tude directe de ces sources : aussi Renaissance, Réforme
et régénération de la science du droit sont trois faits qui
vont ensemble. Les humanistes allemands menèrent
cette attaque avec belle humeur : *accursianum absyn-
tium bibere* était leur expression favorite pour désigner
l'étude de la jurisprudence ; et à côté des critiques se
place toute une catégorie d'humanistes qui apportent à
l'étude du droit le goût littéraire, et qui unissent dans
un même amour le culte de Thémis et celui des Muses.
Si la France se glorifie de son Budée, si l'Italie s'énor-
gueillit de son Alciat, l'Allemagne peut se vanter d'avoir
eu Ulrich Zasius qui représente ce mariage fécond du
droit et de la Renaissance. Quant à la Réforme, le droit,
méfiant par nature de toute innovation, n'éprouva pas
pour elle de bien grandes sympathies. Le point de contact entre elle et le droit se fit en Allemagne par la

(1) Savigny, Geschichte d R. R. in mittelatlr les Ecoles Italien-
nes.

Renaissance : tous les deux voulaient remonter aux sources, et en fait, la Réforme eut un immense retentissement chez les juristes qui y virent, sauf Erasme, l'aurore d'un jour nouveau. Mais le choc entre elle et le droit était inévitable, et la Dispute de Leipzik marque le moment où Luther, en rejetant en bloc le droit canon, suscita la résistance des juristes. En résumé la Réforme agit puissamment sur la matière du droit en reléguant au second plan l'étude du droit canonique sans le proscrire tout à fait.

Mais il ne suffisait pas d'ouvrir de nouvelles sources à la pensée philosophique il fallait encore trouver une nouvelle méthode. L'analyse juridique se fondait sur ce préjugé, alors admis comme un anxiome indiscutable, que toute vérité doit être fournie par la tradition : pour la théologie, l'Ecriture et les Pères ; pour la philosophie, Aristote ; pour le droit, les Glossateurs qui n'ont aucun sens pour la critique historique et appliquent les dispositions du Corpus comme s'il s'agissait d'un Code moderne. Tout se réduisait à un ensemble de règles indiquant le mécanisme de l'exégèse, que l'on désigne, à partir du XIII° siècle, par l'expression *more italico docere* et que résume ce distique :

Praemitto, scindo, summo casamque figuro
Perlego, do causas, connoto, objicio.

Décomposer la matière juridique, en montrer les conséquences et les effets, puis, quand il y a des contradictions, au lieu de les résoudre par une vérité supérieure, se tirer de la difficulté par une subtile distinction, telle était la méthode qui devait comprimer tout essor de l'esprit philosophique. La première impulsion et l'idée même d'une élaboration systématique du droit, l'Allemagne les dut à l'influence des grands jurisconsultes de notre pays où Doneau, le premier, se consacrait au « *jus in artem redigere,* » dont parlait déjà Cicéron.

Non seulement ils lui apprirent l'érudition exacte, mais encore l'ordre et la précision dans l'exposition des idées, et à côté du *mos italicus* l'Allemagne connut le *mos docendi gallicus.* L'influence de Doneau et de Pierre Ramus y devint prépondérante. La question que ce dernier avait agitée revenait au fond à ceci : faut-il se soumettre à l'autorité d'un système de règles scolastiques, ou bien faut-il que l'esprit suive librement ses propres lois ? Ce que le droit lui doit, par ses conseils à Cujas et à de l'Hospital, c'est la méthode de synthèse tandis qu'en même temps la clarté de sa méthode d'exposition mettait entre les mains du jurisconsulte un instrument désormais nécessaire pour toute construction scientifique. Ce n'est pas qu'en Allemagne le besoin de faire une œuvre de synthèse, de tirer le droit du chaos où il se mouvait et de rattacher à des principes tant de connaissances fragmentaires ne se fît pas sentir. L'on peut s'étonner au contraire que le génie allemand, qui par ses tendances métaphysiques devait éprouver plus que tout autre ce besoin, ait tant tardé d'entrer dans cette nouvelle voie, et qu'il n'y soit arrivé que par un chemin détourné : une question de pédagogie et le mouvement de la Réforme. L'on s'était en effet demandé comment l'on devait s'y prendre pour enseigner le droit d'une manière plus rationnelle, l'on sentait l'insuffisance du Corpus sous ce rapport, et l'on se demandait s'il n'y avait pas un principe auquel l'on pût ramener toutes ces vérités éparses, toutes ces *rationes* qui jusqu'ici n'étaient

que justaposées ; or de cette recherche à celle-ci : quel
est le dernier fondement du droit en général, il n'y avait
plus qu'un pas, et ce pas on le fit. Le premier qui, sous
l'influence de Budée, se soit essayé à ce travail de systé-
matisation, fut Sébastien Derrer, doyen de la Faculté de
droit à Fribourg en Brisgau. Dans l'épître dédicatoire à
Charles V et au roi Ferdinand, de son *Jurisprudentiæ
liber primus*, en 1540, il expose la nécessité qu'il y a à
ce que le *jus in artem coarctatum sit*.

Mais ce fut de la Réforme que vint l'impulsion décisive, car en Allemagne la réforme de la science juridique
devait accompagner la réforme de la religion. Luther,
qui avait attaqué le droit canonique, partageait l'erreur
fort répandue que le droit mosaïque devait se substituer
au droit canonique et même au droit romain (1), et
Mélanchton n'échappait pas tout à fait à cette erreur (2).
Sans l'intervention du principe Jean Frédéric il est même probable que le duc Jean-le-Constant aurait doté son
pays de cette nouvelle législation, mais les excès des
Anabaptistes rejetèrent les chefs de la réforme du côté
des conservateurs. La Réforme accepta le droit romain,
mais si elle lui reconnut une grande valeur intrinsèque,
elle repoussa la théorie traditionnelle de la continuité de
l'ancien empire dans le Saint-Empire romain ; toutefois
dans la lutte que les jurisconsultes de Wittemberg eurent
à soutenir, l'on put se convaincre que la Réforme con-
servait le droit romain comme devant former le droit
commun de l'Allemagne, et pour continuer le bien de la
tradition.

(1) Sendschreiben au die christlichen Adel etc. 1520.
(2) Loci theologici 1521, première édition.

L'œuvre de construction philosophique fut reprise par Mélanchton que l'on a appelé avec raison le *præceptor Germaniæ*. Il se demande en quoi consiste le droit, et les idées qu'il a exposées à ce sujet sont devenues les idées directrices de l'époque suivante. Sans doute, il opère encore sur un fonds de notions qui lui sont léguées par la tradition, mais il pose le principe que l'État est d'institution et d'origine divine au même titre que l'Église, et du même coup il dépasse les idées de la scolastique. Stahl commet une erreur qui a tout lieu de nous étonner quand il prétend que la théorie juridique chez Mélanchton n'a aucun caractère scientifique (1). L'origine de tout droit est, selon lui, dans la volonté de Dieu qui a mis dans notre esprit certaines notions fondamentales et dont l'ensemble forme la *lex naturæ*. Cette loi naturelle est universelle, et voilà pourquoi le *jus naturale* et le *jus gentium* sont un seul et même droit. Dieu a confirmé cette loi naturelle dans le Décalogue qui n'est que l'*Epitomæ et summa legum naturæ*. Le droit naturel et les notions morales sont identiques et de ce droit naturel procède le droit positif dont le rôle se borne à fournir des solutions précises pour les cas qui se présentent dans la pratique et qui doivent être toujours conformes à ce droit naturel. Le droit positif est établi et maintenu par la puissance publique, et comme cette puissance est l'effet de la volonté de Dieu, il en résulte que la force obligatoire que possède le droit positif se fonde en définitive sur la volonté divine, car la *Societas hominum* et les *Vincula societatis* sont également vou-

(1) M. Fouillée paraît partager cette erreur, voir L'Idée Moderne du Droit, p. 16.

lus de Dieu. La conséquence de cette théorie c'est que
l'on doit appliquer non pas le droit naturel mais le droit
positif, et voilà le correctif efficace qu'il oppose aux
rêves malsains de l'idéalisme anabaptiste.

Mélanchton forma un nombre considérable de disciples parmi lesquels Lagus ou Hase, qui se distingue par
la manière dont il sépare le droit d'avec la révélation,
mais dont le plus marquant fut Oldendop, qui jouissait
de toute la confiance du margrave Philippe, et qui représente, en les résumant, tous les éléments nouveaux qui
s'étaient fait jour à cette époque.

L'influence de la science française vint encore accé-
lérer ce mouvement. Des étudiants allemands en grand
nombre venaient s'asseoir au pied de la chaire de Duare,
à Bourges, et de Doneau, et de retour dans leur pays ils
y répandaient les principes de leurs maitres, en même
temps que la persécution religieuse chassait de notre
sol les Baudoin, les Molinier, les Hottmann pour le plus
grand profit de la science allemande. Les semences
apportées sur le sol étranger ne tardèrent pas à ger-
mer et l'on vit s'épanouir toute une floraison de disciples: les Valentin Forster, les Eisner, et surtout les
Epiphanius.

L'influence exercée par la Réforme sur la philosophie
du droit fut d'une portée incalculable, du moins en Allemagne, mais elle ne se fit sentir que peu à peu, à mesure
que la culture générale évoluait dans le sens moderne.
Ce que Descartes fit négativement en posant le principe
de l'indépendance de la science à l'égard de toute autorité,
la Réforme le fit positivement en affirmant le principe
de l'individualisme dans le domaine moral ; elle intro-

duisit ce principe dans la science, et donna à la pensée,
plus sûre d'elle-même, plus de concentration et partant
plus de certitude. Ce qui manqua à la Réforme, le déficit
que Stahl a signalé et que nous constatons, ce fut l'absence de sens historique, la préoccupation exclusive de
l'idée, de la doctrine et de la règle morale au détriment
de l'observation des faits.

Jusqu'à l'avènement de l'école historique, c'est cet
idéalisme qui triomphe avec Kant, le représentant le
plus authentique de la science protestante, et, de moral
cet idéalisme devient métaphysique avec les successeurs
du grand philosophe. Ce défaut n'était que l'exagération
d'une grande qualité, et la Réforme rendit un service
incomparable à la science du droit en proclamant que
l'idée morale doit y être l'élément décisif, et qu'il ne saurait nous être fourni par le courant de l'histoire ou de la
tradition aux flots souvent si troubles, mais par la conscience individuelle. C'est croyons-nous, la mission de la
science actuelle de compléter ce point de vue en cherchant à saisir ce principe, non plus dans l'individu seul,
mais dans sa solidarité avec le corps social et dans la
succession historique.

Le XVII⁰ siècle fut pour la pensée allemande une période de marasme et de stérilité. La réaction catholique
et l'orthodoxie protestante cherchent à arrêter l'élan
donné par la Réforme ; les temps d'ailleurs ne sont pas
favorables au travail de la réflexion : la guerre de
Trente ans désole l'Allemagne et menace de la ramener
à la barbarie, dont elle ne sortira qu'exténuée matériellement et intellectuellement parlant. Un besoin intense de
paix et de sécurité se fait universellement sentir : toute

pensée un peu originale devient une témérité et partout
la pratique routinière domine la théorie, étouffe tout
esprit de critique. L'autorité du *Corpus juris*, sous une
forme définitivement fixée, règne sans contestation possible, et à toute tentative de recherche et d'investigation
des sources, l'on oppose l'axiome de l'école : *Quidqnid
non agnoscit glossa nec agnoscit curia.* Les Carp-
zow et les Mevius écrasent sous le poids de lourds commentaires toute recherche indépendante, le beau temps
des Barthole et des Accurse semble être revenu. La méthode ramiste, si suggestive pourtant, dégénère en pur
formalisme et devient une nouvelle chaîne pour l'esprit
scientifique. C'est le règne incontesté du pédantisme et
de la platitude ; mais sous cette épaisse couche hivernale
germait déjà un printemps plein de promesses. L'opinion
courante veut que Grotius ait créé la science du
droit naturel et qu'il suffise de remonter à ses œuvres
pour trouver la formule de la philosophie du droit ; en
réalité c'est pas les travaux aujourd'hui oubliés des
Oldendorp et des Winckler, dans la partie dogmat'que,
et par ceux de Conring dans la partie historique, que le
droit naturel se dégage peu à peu des liens de la scolastique et que se prépare le grand mouvement du XVIII°
siècle (1). La confusion était incontestablement le trait
le plus saillant de la science au XVI° siècle, et encore
au XVII° la morale se distingue à peine du droit et de
la politique. A partir de cette époque chacune des branches maîtresses du droit, histoire, jurisprudence et
philosophie, commence à vivre d'une vie propre et indé-

(1) Stintsing, op. cit. et Revue critique de Législation, année 1895.

pendante. Oldendorp distingue déjà le droit naturel
d'avec la morale, et, contrairement au droit romain qui
les confond, il sépare le droit des gens d'avec le droit
naturel. Winckler, dans un ouvrage paru dès 1615, établit, avec autant de logique que de goût, que le droit
diffère de la loi naturelle *lex rationis ou natura* comme
l'effet diffère de sa cause, et donne cette définition, qui
rappelle celle des jurisconsultes romains : *est dictamen
rationis pro conservatione juris naturalis*. En général tous ces auteurs se rattachent aux idées générales
auxquelles était arrivée l'antiquité, et tandis que le *jus
naturale* devient la philosophie du droit, le *jus gentium*
devient le fondement du droit international. La *ratio
naturalis*, concéption qui avait marqué le point culminant de la jurisprudence romaine, devient ainsi le point
de départ de la science moderne du droit.

CHAPITRE II

Les Précurseurs de Kant et le Droit naturel

La victoire du droit naturel, préparée lentement et d'une manière presque inconsciente pendant tout le XVII° siècle, devient décisive au XVIII° siècle. Par une attaque habilement dirigée il investit à la fois toutes les branches de la jurisprudence. Ce triomphe fut surtout sensible dans le droit public, dans le droit pénal et ecclésiastique. Le droit naturel abandonne ses formules scolastiques et le domaine, des froides abstractions, pour emprunter à Rousseau sa langue passionnée, et au *Contrat social* l'accent de la conviction et le feu de l'éloquence. La poésie elle-même s'arme pour le droit nouveau et prête aux théories en vogue le concours de ses plus nobles accents. Dans les Brigands et dans son Don Carlos Schiller met en conflit le droit ancien et le droit nouveau et se prononce pour ce dernier. Gœthe dans son Faust met dans la bouche de l'esprit qui nie sans cesse (der stets verneint) une comparaison entre le droit traditionnel et le droit qui naît avec nous, *das mit uns geborne Recht*, toute à l'avantage de ce dernier.

Si sur le terrain politique et social le droit naturel en Allemagne ne put, comme chez nous, se traduire dans les faits avec une logique rigoureuse, son influence se fit

sentir dans le travail de la législation, soit en particulier
dans le droit prussien, soit dans l'œuvre de codification
qui se poursuit encore à cette heure. Les hostilités contre l'ancien droit s'ouvrirent dès la première année du
XVIII° siècle, par la mordante satire de Thomasius dont
la fine raillerie montre l'odieux et le ridicule de la procédure criminelle et proclame la nécessité de réformer le
Code pénal. Il insiste sur l'insuffisance de la science de
son temps qu'il nomme une *pedantische Gelehrtheit*, et
appelle de ses vœux une régénération du droit par des
études philosophiques approfondies. Toutefois le triomphe du droit naturel en Allemagne a des causes plus
profondes, et qu'il importe d'élucider.

Tout d'abord une impulsion venue de l'étranger, et
l'influence exercée par le Hollandais Grotius, dont l'ouvrage, le *Traité de la Paix et de la Guerre*, a pu être
considéré comme le premier produit scientifique du droit
naturel. Ce n'est pas, comme le prétend Stahl, que Grotius soit le créateur du système comme sous ce nom, car
il est certain qu'il avait eu de nombreux prédécesseurs,
mais il s'est montré créateur en ramenant la jurisprudence à des principes philosophiques (1). Son livre avait
pour but immédiat d'exposer le droit international, et
de prouver que les relations entre les États ne sont pas
uniquement régies par l'intérêt ou par la force. Dans
l'introduction de son livre il établit contre Hobbes que
l'utilité n'est pas le fondement du droit, bien que l'utilité
soit un puissant appui pour lui et qu'elle ait été l'*occa-*

(1) Carle, op. Cit., Grotius et Janet « Histoire de la Science politique »,
ibidem.

sion de l'établissement du droit positif. Le droit est donc antérieur à toute convention, et il a sa source dans la nature humaine qui est éminemment sociable: *Naturalis juris mater ipsa humana natura.* Le mérite de Grotius consiste à avoir distingué plus nettement qu'on ne l'avait fait avant lui le droit d'avec la morale et la politique. En introduisant dans l'étude du droit une méthode exclusivement rationaliste, il est devenu le fondateur du droit naturel. Le mouvement imprimé par Grotius trouva dans la répugnance que l'on éprouvait pour l'étude patiente des sources et dans l'ignorance de l'histoire, un terrain favorable à son développement. L'on regardait volontiers les jurisconsultes qui possédaient quelque érudition comme des dilettantes, on les appelait les juristes courtois (die galanten Rechtgelehrten), et Samuil Coccejus déclarait ne rien vouloir savoir de l'ancien droit allemand, prétendant que l'on devait tirer le droit tout entier de la raison humaine. Par une étrange ironie des choses, c'est le droit positif qui contribua le plus au développement du droit naturel en Allemagne. Le droit naturel ne put naître ici qu'en prenant pour point d'appui et pour matière le droit romain et l'ancien droit germanique. Tous les deux étaient profondément pénétrés d'éléments chrétiens, mais le droit romain, par son caractère d'universalité, semblait se rapprocher le plus de l'idéal du droit naturel. Appliqué à peu près dans tout le monde civilisé, il remplissait chez les peuples modernes la place qu'occupait jadis le *jus gentium* en face du droit civil, et, moins formaliste que le droit germanique, il était comme le droit de l'avenir. L'on comprend maintenant comment il se fit que l'Allemagne devint à partir de cette époque la terre classique du droit naturel (1).

Les idées de Grotius furent reprises et coordonnées par Puffendorf. Sans grande originalité, il s'efforce de donner à tous les matériaux, dout l'ensemble incohérent formait alors le droit naturel, un cachet d'exactitude et une apparence de méthode. Tandis que pour Grotius « le droit serait encore le droit alors même que Dieu n'existerait pas : *etiam daretur Deum non esse* », Puffendorf fait deriver le droit naturel de la volonté de Dieu. Il cherche à mettre le droit en rapport avec le cartésianisme de son temps, et dans la préface de son livre *De officio hominis et civis*, il distingue nettement le droit naturel qui n'est, dit-il, que ce qui est ordonné par la droite raison d'avec la théologie, d'où il tire cette conséquence importante : que le droit a seulement pour mission de régler nos actes extérieurs, idée qui sera plus tard reprise et approfondie par Kant. Malheureusement il ne donne aucune définition du droit qui puisse prétendre à une valeur scientifique ; ce qu'il définit n'est pas le droit mais le devoir, et en fait il confond toujours la morale et le droit puisqu'il définit celui-ci : l'action conforme à la loi (2).

Ce fut au contraire le mérite de Thomasius d'avoir su démontrer si bien que le droit avait une sphère qui lui était propre, qu'à partir de lui cette distinction devient une vérité généralement acceptée. Une doctrine qui lui est particulière est celle des *droits innés* que nous pos-

(1) Schmidt, op. cit., p. 130, 159.
(2) Op. cit., L. I, chap. I, § 9.

séderions dans l'état de nature, doctrine que Kant repro-
duira plus tard.

Leibnitz a laissé de nombreux écrits sur la jurisprudence, et, en réunissant les idées éparses que l'on trouve
dans ses œuvres, l'on peut arriver à se former une idée
assez exacte de son système juridique. Aussi bien son
importance dans l'histoire de la philosophie du droit ne
doit pas être méconnue, bien que la grande réputation
du philosophe ait éclipsé celle du jurisconsulte (1). De
bonne heure, il soutint une thèse, où il chercha à réagir
contre l'absence de méthode. Pour faciliter l'étude du
droit à la jeunesse, il publie, dès 1769, son « *de Nova
Methodo,* » etc., où il essaie de ramener le droit à quelques propositions fondamentales ; mais l'ouvrage où il
aborde de plus près le problème de la nature du droit,
c'est « *Observationes de principio juris,* » où il critique
Puffendorf et lui reproche de renfermer le droit naturel
dans les limites de cette vie et de le réduire au seul domaine des actes extérieurs. « La jurisprudence, dit-il
dans les *Nouveaux essais,* est la science des actions en
tant qu'elles sont justes ou injustes, et est juste ou injuste ce qui est nuisible ou utile *publice,* c'est-à-dire au
genre humain en général, à la République et à Dieu ; de
telle sorte qu'en cas de conflit, l'utilité de l'Etat soit pré-
férée à notre propre utilité, et celle de Dieu à celle de
l'Etat. Dans son *Codex juris gentium,* il reprend la
question de la nature du droit, et il le définit : « *Est autem jus quædam potentia moralis et obligatio necessi-*

(1) Voir Thèse de Legrand, 1863 : « Lebnitii de nova Methodo, » qui
donne un résumé très substantiel des œuvres juridiques de Leibnitz.

tas moralis ». Mais que faut-il entendre par *morale?*
« *Moralem autem intelligo quæ apud virum bonum
æquipollet naturali. Vir bonus autem est qui amat
omnes quantum ratio permittit* (1) ». Il reproche à
Puffendorf d'avoir placé la cause officiente du droit dans
la volonté de Dieu, car c'est faire dépendre la justice de
l'arbitraire, serait-ce même l'arbitraire divin. La justice
dépend au contraire des vérités éternelles et elle a des
lois aussi immuables que la géométrie. Ailleurs, il fonde
le droit de succession sur l'immortalité de l'âme, mais
cette opinion leibnitzienne ne sera pas accueillie avec
faveur par les rédacteurs du Code, et Tronchet soutien-
dra la doctrine contraire. Troplong seul reprendra cette
idée et il dira : « Le testament est le triomphe de la volonté librement émanée d'une âme immortelle (2) ».

Leibnitz, ramassant ses idées sur le droit, dira dans
une formule compréhensive : « *Justitiam igitur quæ
virtus est turpis affectus rectrix quam philanthropiam
Græci vocant* ». En résumant toutes ces données, l'on
peut ainsi formuler les idées de Leibnitz sur le droit :
le droit découle de la nature des êtres, il n'est pas l'expression de la volonté du souverain, car alors ce ne serait que le règne de la force, tandis que le droit a par
lui-même une efficacité morale : « *est autem justicia
potentia moralis* ». Cette vue est un éclair de génie.
Mais au-dessous de ce droit vient se placer le droit positif qui procède de la volonté humaine et qu'il appelie

(1) Voir « Opera, » par Erdmann, 1840, « Nova Methodus, » pars. II,
§ 20, et « Nouveaux Essais, » III et IV, 20.

(2) Histoire parlementaire de la Révolution, tome IX ; et Troplong :
De la Propriété, p. 35.

droit arbitraire. Ce droit existe, grâce à cette convention, à ce contrat social, comme dira plus tard Rousseau,
par lequel le sujet se soumet, par anticipation, aux lois
de la République : « *Promisit enim quilibet subditus
reipublicæ se decreta vel ejus vel universalia ut leges
vel singularia ut sententias rata habiturum* (1) ».

On le voit, c'est déjà l'idée du Contrat social, en germe
tout au moins. Il donne pour démontré que le droit positif doit se conformer au droit naturel, mais il ne nous
dit rien ni des rapports qui lient ces deux droits, ni de
la nature du droit positif. L'on peut dire que Leibnitz a
eu d'admirables intuitions, mais il est à regretter qu'un
génie comme le sien ne nous ait laissé sur le droit que
des notions vagues et générales. Il veut que le droit se
fonde sur des convictions religieuses, et il confond de
nouveau la morale et le droit naturel, distinction si longtemps essayée, plus souvent encore méconnue, et que
Kant, le premier, établira par de nouvelles preuves (2).

Sans doute, sa théorie sur l'harmonie préétablie ne lui
permettait pas d'admettre ce divorce entre le droit et la
morale. Leibnitz est incontestablement un précurseur de
Kant en ce sens qu'il a montré, contre la théorie régnante
depuis Hobbes jusqu'à Puffendorf, que l'origine du droit
n'est nullement dans la force, quelle qu'elle soit, mais
dans la raison et dans la nature morale de l'homme.

Wolff n'apporte à cette théorie aucun élément nouveau, et son influence ne s'est exercée que sur la partie
formelle du droit, sur la méthode qu'il préconise et qui

(1) Dutens, tome IV, p. 272-287
(2) Zeller, Op Cit , p. 122.

n'est autre chose que le syllogisme dont il fait un abus déplorable. C'est surtout dans les *Institutiones juris naturœ* qu'il a résumé ses idées sur le droit naturel dont nous allons donner un aperçu.

Partant du principe de la finalité, il établit que le caractère moral de nos actions dépend de leur rapport avec notre nature parce que Dieu veut le meilleurs et que la nature tend toujours à notre plus grand perfectionnement. La connaissance de la nature humaine suffit à fonder la loi morale, qui peut se résumer ainsi : « Fais ce qui peut te rendre plus parfait (Thue was dich und deinen Zustand vollkommener macht). Or, tout ce qui favorise notre développement est conforme à la nature, et reconnaître cette loi fondamentale, c'est motiver moralement sa conduite. Le droit n'est pas seulement rattaché à la morale, il se confond avec elle. Tout droit repose sur un devoir, ou plus simplement dit, nous avons un droit chaque fois que l'accomplissement de notre devoir l'exige, et comme les devoirs naturels sont les mêmes pour tous les hommes, il en résulte qu'ils ont tous les mêmes droits. Nos droits naturels sont donc aussi absolus que les devoirs sur lesquels ils se fondent, et de là vient que nous pouvons forcer les autres à les respecter, mais que nous n'avons pas le droit de contraindre les autres à l'observation de devoirs dont l'omission n'empêche point la pratique de nos propres devoirs. Dans le premier cas, nous avons le *droit parfait* au sens strict, dans le second cas le *droit imparfait,* car la contrainte n'y est pas permise, et que tout est ici affaire d'équité. Ainsi Wolff avait fait avant Kant cette grande distinction, mais il n'a pas su en tirer le même parti. La

théorie qu'il expose sur la propriété n'est qu'une analyse des idées du droit romain sur la même matière. Il
affirme sans preuve l'existence d'une communauté de
biens primitive, dont le droit d'user de la chose d'autrui
en cas de nécessité absolue serait un dernier vestige. Le
contrat est la condition implicite de toute vie sociale, car
l'égalité de tous les citoyens étant l'état de nature, la
subordination des uns aux autres, la soumission de l'individu aux lois, soppose toujours un contrat. Il va si
loin dans cette théorie, qu'il explique la puissance paternelle par un contrat tacite entre l'enfant et ses auteurs
naturels. Ses idées sur la famille méritent d'être relevées : il fonde l'indissolubilité des liens du mariage sur
la nécessité d'éduquer les enfants, et il en déduit le principe de la monogamie, ne permettant le divorce qu'aux
époux privés d'enfants. Il défend la cause des enfants
naturels, qu'il veut placer sur le même rang que les enfants légitimes. Les empêchements au mariage ne doivent exister qu'en ligne directe, et il semble admettre le
mariage entre frère et sœur! il admet l'esclavage pourvu
qu'il le soit devenu volontairement ou dans le cas de
dette insolvable (1).

Le but de l'Etat c'est la sécurité et le bien être de la
collectivité, et la source de la puissance publique se
trouve dans l'accord des citoyens ou du moins dans les
décisions de la majorité. L'Etat doit faire le bonheur du
peuple, et l'absolutisme personnel de l'Etat se justifie :
« Les Gouvernants, dit-il, doivent se conduire à l'égard
des sujets comme un père à l'égard de ses enfants (wie

(1) Zeller, p. 207.

Vater zu den Kindern). L'Etat doit mettre la main sur
tout et pourvoir à tout, c'est l'idéal de l'Etat-Providence.
Il est curieux de voir ce raisonneur ne pas dédaigner de
s'occuper des détails les plus infimes: il a une théorie
sur les cafés, sur les fumoirs, et l'Etat doit régler combien de personnes doivent se consacrer à une profession. Il préconise les lois somptuaires et est d'avis que
l'Etat doit régler le prix des marchandises. (Jus naturale VIII, 383). Vu l'importance de la religion pour la
morale, l'Etat doit considérer comme un délit toute attaque contre elle, aussi pourra-t-il bannir les déistes et
les athées et leur refuser une sépulture honorable. En
droit pénal il est partisan de la théorie de l'intimidation
et se plaçant à ce point de vue, il justifie toute la procédure barbare de l'époque.

Au fond il n'a aucune originalité et se borne à développer, avec une apparence de logique, qui peut faire
illusion, les idées de Leibnitz. C'est un indice curieux de
l'état de la culture allemande à cette époque que l'enthousiasme qu'il inspirait à ses lecteurs. Frédéric l'appelait son «Grand Maître» (gros Lehrer) quoiqu'il trouvât
bien qu'il aurait put être plus bref dans son *Droit naturel*. Il faut reconnaître qu'il a rendu un grand service à
l'Allemagne et à la science du droit en particulier en
cherchant une explication naturelle des choses en disci-
plinant l'esprit, et grâce à lui, les idées de Leibnitz purent pénétrer dans la conscience de la nation. A ce point
de vue il a mérité l'éloge qu'en faisait Kant dans la
« Critique de la Raison pure (1) »

(1) Vorrede ; der Urheber des Geistes des Grundlichkeit.

La période kantienne coïncide avec le mouvement de la Révolution en France, et en Allemagne, comme chez nous, on attendait la régénération de la société moins du progrès moral et intellectuel du peuple que des institutions. Le droit naturel semblait être tout indiqué pour hâter cette renaissance et produire ce résultat. Du reste l'on n'était que trop porté à confondre, comme l'avaient fait Loke, Montesquieu et Rousseau, les questions politiques avec les questions de droit. D'après Schmid (1) c'est la science de ce qui est pratiquement possible, et son but c'est de réaliser par la force l'idée du droit parfait. Le droit est extérieur ou intérieur, et le droit extérieur ou strict n'est autre chose que l'exercice de notre liberté dans de telles conditions que la liberté de chacun puisse s'accorde avec celle des autres selon une loi générale (§ 1 à 9). Pour que le droit ne se mette pas en contradiction avec lui même, la loi ne doit pas permettre que ma liberté empêche l'exercice de la liberté d'un autre et de là le droit de contrainte.

Hufeland raisonne de la même manière. Les devoirs de chacun lui donnent la faculté juridique, et ces devoirs sont purement négatifs : *Ne pas* entraver la liberté d'autrui, *ne pas* empêcher un acte, *ne pas* affaiblir un droit (2). L'objet propre du droit c'est donc l'esprit de contrainte. Les droits innés (Urrechte) se fondent sur notre force et sur nos facultés, c'est-à-dire sur ce qui fait notre personne, car, « la personne, dit-il, n'est que la faculté de faire de nous-mêmes le but de nos actions ».

(1) Natruvecht, § 1 et 9.
(2) Naturrecht, § 92-102.

Le droit de poursuivre un but suppose le droit d'employer des moyens, voilà pourquoi je suis armé d'un droit de contrainte qui est le moyen de conserver la condition même de tout exercice du droit : la vie, l'habitation, la nourriture, etc. Bien plus, j'ai un droit à l'instruction, à la culture, et même un droit de contrainte pour forcer les autres à l'amitié, car, dit-il, « j'ai le droit de m'opposer à tout ce qui peut affaiblir les biens des autres, » j'ai, enfin le droit de m'opposer au suicide de mon prochain, et même, comme le silence pourrait diminuer certains biens moraux qui m'appartiennent, j'ai le droit de l'obliger à parler !

Hufeland pose encore en principe qu'en droit naturel il n'y a pas de juge, mais que chacun est son propre juge *(Sein eigner Richter)* (1). Les droits innés sont égaux, imprescriptibles et en partie inaliénables. L'égalité est poussée à l'absurde : les enfants et les fous ont les mêmes droits que ceux qui sont parvenus à la majorité, car ce qui leur manque, ce n'est pas la raison, mais l'exercice de cette faculté. Aux droits innés s'oppose le droit acquis, comme au droit absolu le droit hypothétique. Quant aux contrats, ils englobent tous les droits et ils se réduisent au simple contrat de société : non seulement le mariage, mais la puissance paternelle, les relations de la famille sont des contrats de société !

Pendant toute cette période, les Seldenus et les Coccejus avaient essayé de réagir contre ces excès du droit naturel, mais les principes sur lesquels ils se fondaient pour battre en brèche le droit régnant étaient usés ; ils

(1) Naturrscht, § 170.

étaient presque entièrement empruntés à l'arsenal de la théologie scolastique, et au lieu de constituer un progrès, marquaient un recul sur Grotius et même sur la Renaissance. Pour qu'une réaction efficace et salutaire contre le droit naturel puisse se produire, il ne faudra rien moins que la rigueur scientifique d'un Kant et le souffle puissant de sa morale.

CHAPITRE III

Kant

§ 1⁰. — SON INFLUENCE SUR LA CULTURE ALLEMANDE
ET EN PARTICULIER SUR LE DROIT NATUREL

Gœthe aimait à dire « aucun savant ne pourra jamais
ignorer impunément la grande réforme accomplie par
Kant » (1), et il est certain que le philosophe de Kœnig-
berg n'a pas été seulement le père de la philosophie
contemporaine, d'une manière générale, mais qu'il est
le fondateur d'une nouvelle philosophie du droit. En
créant en Allemagne un nouveau courant d'idées, il a
régénéré cette science et a imprimé une impulsion puissante à ce genre d'étude.

« L'influence du Kantisme, dit Zeller (2), se fit sentir
particulièrement sur les doctrines *juridiques* ». Cette
influence s'est exercée directement ou indirectement sur
les deux grandes écoles qui se partagent la philosophie du
droit : l'école idéaliste et l'école historique. Son influence
sur Fichte est évidente, mais elle n'est pas moins réelle
sur l'école historique qui apprit de lui une fois pour

(1) Winckelmann, Bd. 28, p. 270.
(2) Op. Cit., p. 409-12.

toutes la méthode qui doit présider aux recherches du droit positif. Parmi les grands jurisconsultes qui ont subi cette influence il faut nommer Savigny. Non seulement il consacra à l'étude de la philosophie de Kant une partie de sa grande activité, mais il déclare avoir trouvé dans ce système le fondement de sa propre philosophie, et il avoue qu'il a été pour lui comme une révélation (1). Le jurisconsulte Thibaut, l'adversaire de Savigny dans la grande joute juridique qui donna le branle au mouvement de l'école historique, avait étudié auprès de Kant et demeura jusqu'à la fin un disciple fidèle du philosophe. C'est à lui qu'il doit, dit-il, d'avoir compris que sans des principes philosophiques, il n'y a ni vraie histoire ni jurisprudence complète, et que Montesquieu s'est trompé, qu'il est tombé dans un cercle vicieux, en prétendant expliquer les lois par les lois et l'histoire par l'histoire; « il n'ambitionne qu'une seule chose: c'est d'être appelé un disciple intelligent de ce grand homme » (2). Hugo (3) déclare, à son tour, que la doctrine de Kant contient une fois pour toutes la vérité, et le rénovateur de la science du droit pénal, en Allemagne, A. Feuerbach (4), se déclare également fidèle disciple de Kant, en soutenant que tout progrès dans le domaine du droit positif est une révélation des lois de la raison. Il demeure fidèle à la pensée du maître, lorsqu'il montre que les principes qui justifient ce progrès ne sauraient être déduits de la législation qu'il s'agit d'améliorer. Le

(1) Dans une, lettre à *Fries,* voir Henke 1867, p. 296.
(2) Juristicher Nachlass, édités par Guyet, Bd. I, 18.
(3) Hugo, Civilistisches Magazin, Bd. III, p. 93
(4) Révision der Grundsatse, etc., p. 35.

législateur qui veut opérer des réformes, auprès de qui pourra-t-il s'éclairer ? Le jurisconsulte et le légiste avec leur empirisme ne connaissent que ce qui est, et il ne savent rien de ce qui doit être. le métaphysicien érige en loi ses propres utopies : le vrai maître du législateur sera le jurisconsulte philosophe. Le sérieux moral qui inspire toutes les réformes proposées par Feuerbach se ressent de cette influence de Kant. Enfin, Zachariœ, dont le nom est si avantageusement connu parmis nous, se rattache à la même tendance. Cette importance exceptionnelle de Kant pour la science du droit a été méconnue par Stahl, qui fait partir de Schelling une nouvelle période et a le tort grave de rattacher Kant et Fichte à la période précédente, celle du droit naturel au XVIIIme siècle. Schelling représente sans doute une tendance nouvelle, mais sa conception générale du droit procède incontestablement des doctrines de Kant et de Fichte. C'est donc de Kant qu'il faut dater la nouvelle période qui s'ouvre pour la philosophie du droit en Allemagne.

Mais pour comprendre la portée de cette réforme, il faut rappeler ce qu'était le droit naturel au moment où parurent les premiers essais juridiques de Kant. Essayons de caractériser cette théorie qui a tenu une place si considérable dans les idées et les préoccupations du XVIIIme siècle.

Une chose nous frappe tout d'abord, c'est la diversité des principes qui prétendent servir de fondement au droit naturel. Chaque auteur prend son point de départ dans une idée différente : Grotius déduit le droit naturel de l'instinct de sociabilité ; Hobbes fonde le droit sur l'égoïsme ; Spinoza sur la force ; Locke fait dériver le droit de l'indépendance naturelle de l'individu ; Puffendorff le fonde en partie sur l'intérêt et en partie sur l'instinct de sociabilité ; Leibnitz tire l'idée du droit du besoin de bonheur ou de perfectionnement ; Hume le tire de l'utilité générale pour laquelle la justice et le droit ne seraient que de simples moyens. Tantôt on considère le droit comme la *condition* nécessaire de tout état social, tantôt comme un *moyen* de conservation pour l'individu, tantôt comme une émanation de la force individuelle, tantôt encore comme un moyen d'atteindre au plus grand bien-être possible. Malgré cette multiplicité de vues, un principe général les embrasse toutes et les domine : c'est que le droit repose sur une loi naturelle, sur les tendances de l'homme, et qu'il a pour mission avant tout de donner satisfaction à ces tendances de notre nature. C'est le point de vue diamétralement opposé à celui de l'antiquité.

Platon et Aristote voyaient dans la justice le but suprême de l'État ; ici, au contraire, on rabaisse le droit jusqu'à n'être plus qu'un moyen de satisfaire un besoin de bien-être, d'utilité générale ou de propre conservation. Un autre trait caractéristique du droit naturel, c'est de supposer un *état de nature* qui aurait précédé l'état social. L'idéal du droit se trouverait atteint du premier coup sans aucun effort de la part de l'homme, sans le concours de son activité. Ce droit appartiendrait à l'homme par le fait seul qu'il est homme, et il serait immuable, puisque ni la volonté de l'homme, ni celle de Dieu ne peuvent changer la nature.

Il est évident que l'idée que l'on se fait du droit natu-

rel dépend de la manière dont on conçoit la nature
humaine, selon que l'on voit dans l'homme un animal
égoïste et malfaisant ou un être sociable et bienveillant.
Chez Hobbes, l'état de nature n'étant qu'un état de
guerre en permanence, la mesure du droit sera celle de
l'utilité et de l'avantage qu'en retire l'individu : *Origi-
nem magnarum et diuturnarum societatum non a mu-
tua hominum benevolentia, sed a mutuo metu extitisse.*
L'utilité commune, l'adage *salus populi supremæ lex
esto,* servira de critère au droit et toute doctrine qui
cherchera à restreindre la puissance de l'Etat sera considérée comme séditieuse. Une affirmation qui est encore
commune à tous les systèmes du droit naturel, c'est que
les droits que nous possédons dans l'état civil et politique reposent uniquement sur des contrats, mais c'est
une profonde erreur de dire, comme on le fait souvent,
que le droit naturel fonde *tous nos droits* sur le contrat,
alors qu'il ne le fait que pour les seuls droits positifs.
Dans l'état de nature, le droit a pour base une inclination, une simple tendance ; dans l'état social, au contraire, c'est l'accord des volontés. L'état de nature ne
peut durer et il doit être remplacé par l'état social, mais
les raisons que l'on avance pour légitimer le droit positif
varient également : Grotius et Hobbes diront que ce qui
motive l'établissement du droit positif, c'est la perver-
sité de l'homme ; Spinoza dira que, nous laissant guider
moins par la raison que par les passions, nous avons
besoin d'un frein ; Locke, parce que dans l'état de nature c'est le désordre qui règne, et que chacun, s'éri-
geant en juge et en exécuteur, la sécurité des personnes
et des propriétés devient impossible. Ainsi donc, cet état

de nature que l'on disait être l'idéal est singulièrement
défectueux et en réalité c'est le contrat et la puissance
de l'État qui créent le droit. Cette remarque nous conduit à parler des contradictions choquantes que l'on découvre au sein même de ce système et qui ont tant contribué à son discrédit. D'une part, en effet, le droit naturel ne prétend à rien moins qu'à nous donner un droit
indépendant de la volonté de l'homme, de l'histoire et
même de la volonté de Dieu, et ce système croit l'avoir
découvert dans les tendances de notre nature, tendances
qui, soit par l'effet de notre faiblesse, soit par elles-
mêmes, sont impuissantes à fonder le vrai droit, le droit
armé d'une sanction, et voilà pourquoi c'est la volonté
de l'homme et l'arbitraire qui à leur tour sont appelées
à fonder le droit ; et d'autre part, le droit positif doit
avoir pour mesure et pour idéal ce droit naturel que l'on
reconnaît être si impuissant et si défectueux !

Le droit naturel aurait donc un double fondement :
d'un côté, les tendances permanentes et naturelles de
l'homme, et de l'autre, la volonté accidentelle des masses
et des individus telle qu'elle s'exprime dans le contrat.
Cette incohérence n'est aussi sensible chez aucun autre
auteur que chez Hobbes qui a poussé le principe jusqu'à
ses dernières conséquences et qui, parti de cette affirmation que tout droit découle de la nature, arrrive à
cette affirmation, absolument contraire, que le droit a
pour unique mesure la volonté du souverain.

Le droit naturel plongeait ses racines dans les systèmes philosophiques du temps, il se rattachait à une
certaine conception du monde et de la vie. Au fond des
systèmes juridiques de Hobbes, Spinoza, Locke, Leibnitz,

Wolff, l'on découvre le même courant et le même capital d'idées. Hobbes et Locke appartiennent à la tendance empirique et sensualiste et appliquent à l'étude du droit tantôt la méthode d'observation, tantôt la méthode de raisonnement, mais ils n'observent jamais l'homme d'une manière assez complète, et voilà pourquoi ils ne voient dans le droit que l'intérêt personnel ou l'individualisme égoïste. Spinoza et Leibnitz appartiennent à une autre tendance, au rationalisme inauguré par Descartes, et aboutissent à des systèmes de métaphysique bien différents, mais tous, malgré ces divergences, ont une philosophie du droit qui est au fond identique, parce qu'ils ont en commun ce double principe qui domine tout le droit naturel avant Kant : la méthode rationaliste et une conception naturaliste des choses. La direction exclusivement rationnelle donnée par Descartes à la métaphysique fut appliquée bientôt aux sciences morales et envahit le domaine du droit. Les controverses qui eurent lieu en Allemagne, à l'occasion de la théorie de Grotius, montrèrent la nécessité de découvrir une nouvelle méthode pour l'étude du droit. Cette révolution dans la méthode s'opéra au profit du rationalisme et elle eut pour effet, comme toujours, la naissance d'un nouveau système. C'est de cette méthode que procéda l'intérêt exclusif que l'on attache à la liberté individuelle, à l'indépendance de la raison, préoccupation qui sera l'un des traits dominants de toute cette période. L'homme au point de vue de ses droits, ne dépend plus ni de l'Eglise, comme au moyen-âge, ni de l'Etat, comme dans l'antiquité, il ne dépend que de lui-même, de sa raison, de sa volonté.

A côté de cette méthode, nous trouvons une conception naturaliste des choses qui embrasse toutes les sciences : la physique par la théorie mécaniste, la théologie par la religion naturelle, etc. Tout était aux explications naturalistes et l'on parlait couramment de religion naturelle, de pédagogie naturelle, de droit naturel, c'est-à-dire que l'on cherchait à expliquer tous les phénomènes par leur nature, comme des effets nécessaires et inévitables. Le droit naturel, tel qu'il se constitue alors, n'est que l'expression de cette tendance qui devient de plus en plus générale. L'on prétend expliquer la vie morale mécaniquement comme la vie physique. Voilà pourquoi l'on tient la volonté pour un élément purement arbitraire, accidentel, à côté de nos tendances naturelles et de nos inclinations que l'on considère comme les seuls éléments réels et permanents. Le naturalisme était une vue étroite et défectueuse des choses, comme toute réaction, mais il eut le mérite d'avoir compris qu'il existe des lois universelles dont le droit, comme tout le reste, doit faire partie. Le naturalisme du dix-huitième siècle se distingue du droit antique qui était pénétré d'une conception téléologique du monde, en ce sens que les anciens voyaient partout des buts à atteindre, et que c'est à ce point de vue qu'ils se plaçaient pour expliquer la nature de l'Etat et celle du droit. Depuis Descartes jusqu'à Kant exclusivement, c'est, au contraire, le point de vue mécaniste qui domine, et par conséquent, quand il est encore question d'un but dans le droit, on se représente cette finalité comme quelque chose d'arbitraire et dépendant de la seule volonté, sans aucun lien avec la nature des choses. De là vient ce dualisme, cette antinomie que nous avons déjà signalée entre la liberté d'un côté et nos tendances naturelles de l'autre. Si ces tendances forment le fond du droit, c'est la volonté et l'arbitraire qui en fournissent la forme sous le nom de droit positif. Eh bien, ce fut la grande innovation introduite par Kant de réagir contre ce naturalisme comme on ne l'avait jamais fait avant lui, et d'affirmer le point de vue moral. A la conception eudémoniste qui régnait dans le droit comme dans tout le reste, il oppose une conception foncièrement éthique. Kant, en effet, donne à la pratique, à la volonté, une préférence marquée sur la connaissance et pour lui la raison pratique l'emporte en dignité sur la raison théorique. L'homme a pour mission d'agir et non pas tant de savoir, d'où il suit que l'homme n'est pas destiné à connaître le sens et le dernier mot des choses. Le fait déjà que nous ne pouvons pas atteindre à cette connaissance intime des choses nous montre que nous sommes appelés à l'action et que toute science doit avoir pour but la pratique de la vie morale. Notre raison, insuffisante pour la pure connaissance, suffit à notre activité. La connaissance qui s'impose, c'est que l'homme doit penser comme l'exige son devoir, et que notre raison doit s'orienter du côté de cette activité morale. Bien plus, de cette nécessité de régler ma pensée sur la moralité, il résulte que je dois me considérer comme un être libre, que je puisse comprendre ou non ma liberté, car la liberté est le premier postulat de la raison pratique et la première et grande vérité que Kant oppose au naturalisme, la pierre fondamentale sur laquelle il va asseoir le droit. L'homme n'est un être juridique qu'autant qu'il

est libre et moral. En replaçant ainsi le droit sur son
véritable fondement, le sentiment moral, il donne au
droit une dignité, une valeur qu'il n'avait jamais connues. Aussi, Kant a-t-il commencé sa grande réforme
juridique par une attaque en règle contre les systèmes
de morale qui se partageaient les esprits à cette époque :
le sensualisme de Condillac et d'Helvétius, le rationalisme et la morale à la façon de Wolff, la doctrine du
sentiment de A. Smith, aussi bien que la morale de
l'intérêt de Bentham. La morale et le droit découlent
de la même source et ont pour principe la volonté libre,
et la volonté est libre en ce sens qu'elle se donne à elle-
même sa propre loi.

La liberté n'est point l'absence de toute loi, mais
l'autonomie, c'est-à-dire la volonté qui se détermine
par elle-même à mesure qu'elle s'affranchit de la pression des appétits sensibles et des impulsions inférieures
de notre nature. Quant au fond, le droit et la morale
sont la même chose, et ils ne diffèrent que par la forme,
car le droit est tout à la fois volonté et raison : volonté
parce qu'il plonge ses racines dans la vie morale, et
raison, parce qu'une volonté sans raison serait une force
aveugle. A Kant revient l'honneur d'avoir montré dans
le droit cette union indissoluble de l'élément moral et de
l'élément idéaliste. Comment va-t-il faire cette démons-
tration ?

De l'enquête à laquelle il s'est livré sur la possibilité et
les moyens des connaissances, des fines analyses de la
« Critique de la Raison Pure » se dégage cette vérité
que nous ne pouvons rien connaître qui dépasse le domaine de l'expérience, et que la banqueroute de la raison

spéculative est certaine dès qu'elle essaye de parler du monde suprasensible. Mais quoi, ajoute Kant, s'ensuit-il que nous devions renoncer à nous demander ce qu'est ce monde qui échappe à notre expérience sensible ? Faut-il nous enfermer avec notre pensée et les besoins de notre conscience dans le monde des phénomènes ? Nullement, car ce que la raison spéculative nous refuse, la raison pratique peut nous le donner. Cette porte sur le monde spirituel que notre pensée cherche en vain à forcer, c'est notre volonté morale qui l'ouvrira. *La Raison pratique* corrige ainsi la *Critique de la Raison pure*. L'in-*conditionné* ou l'*absolu* (Unbedingt) ne peut pas nous être *donné* (gegeben), mais seulement *proposé* (aufge-geben) et non point à notre intelligence, mais à notre volonté, car l'analyse la plus pénétrante d'un phénomène ne nous fera jamais connaître le pourquoi d'une chose, c'est-à-dire son essence intime. De ce mode supérieur, nous ne pouvons pas dire par notre raison ce qu'il est, mais par notre volonté nous pouvons dire ce qu'il doit être (was sein soll).

Le droit qui, aux yeux de Kant se fonde sur la nature morale de l'homme, sur la volonté réglée par la cons-cience, a donc pour première assise, non point ce qui est mais ce qui doit être, un postulat de notre vie mo-rale. Ce n'est pas ainsi que l'on comprend d'ordinaire l'œuvre de Kant dans la philosophie du droit, et depuis Stahl, qui a mis cette erreur en circulation, on n'a pas cessé d'accuser Kant de rationalisme et de relever le formalisme vide de son système juridique. Stahl adresse à Kant le grave reproche d'avoir conçu la morale et par-tant le droit comme un système de règles de logique, où

le devoir consisterait dans l'absence de toute contradiction, et où tout se réduirait aux rapports logiques de la
pensée. Cet auteur se trompe étrangement et Kant
pourrait lui répondre que la haute portée de sa doctrine
consiste précisément dans la rigueur logique, dans l'évidence presque mathématique avec laquelle il démontre
la vérité morale. Dans l'introduction à son traité sur
les « *Fondements de la métaphysique des mœurs* » (1),
il dit admirablement pourquoi l'on doit faire abstraction
de la matière et du contenu d'une action quand on veut
faire de la philosophie morale. Pour établir les vrais
principes de la morale, on doit les puiser dans la raison
et non pas dans les données fournies par l'expérience,
parce que si ce qui détermine notre volonté c'est son
objet, c'est alors le plaisir, le bonheur, le besoin qui
deviennent le principe de notre volonté; or, tous ces
motifs relèvent de la constitution physiologique de chacun, de sa sensibilité, tandis que le propre des lois morales c'est de s'imposer à nous et d'être universelles
quels que soient nos goûts, nos préférences ou nos pen-
chants. Par raison (Vernumft) Kant n'entend pas du
reste une faculté purement intellectuelle, un principe
formel et vide qui forcerait notre conviction par sa
seule évidence logique ; au contraire, la raison est pour
lui, et il le dit assez souvent, la faculté de concevoir les
principes et les idées, et, en faisant de la morale selon
la raison pratique, il a voulu couper court à toute recherche creuse, à ces hinterlauter Begriffen. C'est ainsi,
comme il le dit, qu'il a épuré la morale de tout les motifs

(1) Baral, p. 22, et Picavet. *Critique de la Raison pratique*, théorèmes
I à III.

autres que ceux tirés de la conscience. Le principe du devoir, et partant du droit, se trouve donc dans une idée et nullement dans une sensation, mais cette idée nous est fournie par une exacte observation de notre vie intérieure, car, ce que Kant étudie, ce n'est pas l'homme transcendant, chimérique mais l'homme moral qu'il fouille jusque dans ses profondeurs, jusqu'à la conscience et la volonté. Si l'accusation que Staël dirige contre Kant était fondée, celui-ci aurait dù commencer par poser certains principes abstraits, et s'efforcer de faire entrer de vive force dans ce cadre logique les phénomènes de la conscience morale au préjudice de ce qu'elle a d'original et de vivant. Mais c'est le contraire qui a lieu et il procède par voie d'observation.

Après avoir découvert par l'analyse et l'observation le caractère fondamental de la volonté morale, de ce qu'il appelle la raison pratique, Kant s'efforce d'établir la preuve de sa réalité et de son universalité, afin de démontrer que ses observations ne portent pas sur un seul individu et que le caractère de cette volonté n'est pas un phénomène isolé mais universel. C'est ce qu'il fait dans la « *Critique de la Raison pratique* », dont nous ne pouvons rappeler ici que les principaux résultats. La loi morale a ceci de particulier, qu'au lieu d'être, comme les lois de la nature, qui sont exécutées nécessairement et par elles-mêmes, ne veut être exécutée que par nous, c'est-à-dire qu'elle est un devoir, un impératif, et qu'en outre ce qu'elle exige de nous elle ne l'exige pas à titre de simple moyen pour atteindre tel ou tel but, mais qu'elle veut être obéie pour elle-même. Aussi bien, Kant n'appartient ni à l'optimisme ni au pessimisme, car, à supposer que l'optimisme eût raison, la vie n'aurait pas pour cela une valeur morale, attendu qu'elle ne donnerait aucune satisfaction au besoin le plus vraiment humain qui soit en nous, au développement de notre vie morale. Tout cela suppose que la loi morale ne dépend de rien autre que d'elle-même et qu'elle est universelle. L'est-elle réellement? La réponse à cette question est d'une importance souveraine pour la morale kantienne, car si elle est réellement universelle, tous les hommes doivent être en état de lui obéir et la volonté doit être libre. Donc, le caractère absolu de la loi morale est la preuve et la garantie de la liberté de notre volonté, car, comme l'a dit Schiller: « tu peux, donc tu dois (Du Kannst denn du solst) ». Cette notion de la liberté purement négative, consistant uniquement à n'être déterminé à une action par aucun mobile sensible, est caractéristique pour toute l'époque qui va de Kant jusqu'à Fichte. Le mécanisme des lois naturelles exclut toute liberté, et voilà pourquoi nous ne pouvons être libres que dans et par notre volonté. Kant soulève ici une grande difficulté que d'ailleurs il ne pouvait pas éluder : comment concilier cette liberté avec la nécessité des lois naturelles? Il y a dans le système de Kant un dualisme que toute sa dialectique n'a pu résoudre. Pour sortir de cette impasse il a recours à une distinction subtile, en nous parlant des *phénomènes* et des *noumènes*, de sorte que tous nos actes considérés comme phénomènes ne seraient que des effets produits par l'enchaînement des causes naturelles, et que ces mêmes actes, qui sont nécessaires, seraient en même temps parfaitement libres. C'est, comme le dit Zeller, donner à chacun de

nos actes une double cause diamétralement opposées
l'une à l'autre. Ainsi, nous nous trouvons au début de
l'idée de la morale et du droit en présence de la même
difficulté qui se fait sentir aujourd'hui avec tant d'a-
cuité : le contraste entre la science et la conscience,
l'antithèse du savoir et du vouloir, de la raison et de la
volonté, problème que M. Darmesteter posait récem-·
ment dans les termes les plus émouvants (1). Ce conflit
qui se retrouve sous toutes les agitations et les impuis-
sances de notre siècle doit nous conduire à nous demander s'il n'existerait pas une troisième forme d'activité
morale et intellectuelle qui pourrait réunir les deux termes
du problème et les ramener à une unité supérieure.
Mais si Kant n'a pas tranché la difficulté il a essayé de
montrer dans sa « *Critique du Jugement* » quelle était
la voie dans laquelle il fallait s'engager pour se rapprocher de la vérité. La liberté ne peut se réaliser comme
facteur de notre développement moral que dans la vie
sociale, mais elle veut être recherchée par elle-même, et
non pas seulement à cause de tous les autres avantages
qu'elle peut assurer à la société. La véritable *Epoque
des lumières* (das Zeitalter der Aufklarung) a pour unique but de préparer ces temps où cette liberté existera
pleinement pénétrée par des convictions morales. C'est
une erreur grossière de croire que le progrès matériel
ou même le développement de la culture et des relations
sociales marche de pair avec le progrès moral. Au contraire, plus la Société se développe, plus ses rapports
deviennent multiples et complexes, plus se développe
l'inégalité des conditions, et plus aussi croissent les ten-

(1) « Les Prophètes d'Israël », Introduction.

dances égoïstes et les appétits de l'animalité impatiente
de toute loi (brutgesetzwidriger Gesinnungen) (1). Pour
conserver à la société l'élément de vie morale nécessaire à son développement normal, pour lui assurer la
possibilité d'une régénération incessante, il faut non
seulement le concours du droit positif, mais le concours
de la moralité ; « c'est là, dit Kant, la question des questions, celle du salut même de l'humanité (Heilfrage) et
voilà ce qui fait l'importance de la culture religieuse et
du christianisme ».

Voilà à quelle hauteur Kant place l'origine du droit,
tels sont les principes dont le droit découle. Voyons
comment de cette morale va naître le droit, comment
Kant en a déduit une théorie juridique.

§ II. — SYSTÈME JURIDIQUE DE KANT

Ses idées juridiques se trouvent exposées dans un ouvrage capital intitulé : *Eléments métaphysiques de la
doctrine du droit* (die Rechtslehre), première partie de
son grand système de la *Métaphysique des mœurs*,
dont la seconde partie est intitulée : *Eléments métaphysiques de la doctrine et de la vertu* (die Tugendlehre) (2).

Cet ouvrage exerça dès son apparition une énorme
influence, malgré la publication dès 1795, du livre de
Hufeland et bien que la forme en soit très défec-

(1) Kuno Fischer, Op. Cit., Kant, p. 80.
(2) Nous suivons la traduction de Barni que nous contrôlons par le
texte de l'édition des œuvres de Kant par Hartenst, t. I. Crusg.

tueuse (1). Fichte (2) disait que ce livre avait été tiré des
cahiers de classe d'un élève, tellemen! il était incohérent,
et Schopenhoer le déclare indigne de son auteur (3).
Herbart, tout en rendant justice à la valeur scientifique
de cet ouvrage, en signale les nombreuses lacunes (4).
Le fait est que l'on est frappé du peu d'unité et du caractère informe de ce livre. Cette absence d'unité est
surtout sensible dans l'introduction où l'on ne retrouve
ni la sobriété ni la rigueur de la méthode kantienne.
Après avoir résumé les principaux résultats auxquels il
était arrivé dans la *Critique de la raison pratique*,
l'auteur se perd dans une série de définitions, sorte de
rhapsodie et de digression philosophique sur le droit positif. Malgré ces lacunes l'on admire encore la profondeur de la pensée et ce coup d'œil qui embrasse à la fois
tant de perspectives et que les Allemands appellent la
Vielseitigkeit.

Tout devoir, par cela seul qu'il est un devoir, appartient à la morale, mais ce devoir peut nous être prescrit
par une législation intérieure ou extérieure. Une législation peut différer d'une autre au point de vue des mo-
biles, et lorsque le mobile, c'est-à-dire le principe capable de pousser la volonté à faire l'action que la loi prescrit, est le devoir même d'accomplir cette action, la législation est dite éthique ou *intérieure* ; la législation
au contraire qui fait appel à un autre mobile que le devoir est dite *juridique.* Il y a donc dans la morale en

(1) Grundriss des Naturechts.
(2) System der Rechtslehre. 1812.1.
(3) Le Monde comme volonté, etc., I, p. 200.
(4) Saunntliche Werke, VIII, 1851, p. 215 et 377.

général (Sittlichkeit) deux espèces de devoirs : les *devoirs de vertu* qu'embrasse la législation intérieure, et la doctrine qui les enseigne est la *doctrine de la vertu*, et les devoirs qui peuvent être l'objet d'une législation extérieure et qui, à ce titre, ne relèvent pas seulement de la conscience.

Ces derniers devoirs sont les *devoirs de droit* et la théorie qui les enseigne c'est la *doctrine du droit*. Parmi les définitions qui terminent cette introduction, nous devons signaler la manière dont il définit la personnalité : *La personne est le sujet dont les actions sont susceptibles de lui être imputables*. Kant distingue très bien la personnalité morale, et partant juridique, de la personnalité psychologique qui consiste simplement à avoir conscience de soi-même ; la personnalité se réduit à ses deux vrais termes : autonomie et volonté libre, et il ajoute : « D'où il suit qu'une personne ne peut être soumise à d'*autres lois* que celles qu'elle se donne à elle-même, soit seule, soit du moins de concert avec les autres. » Cette dernière phrase a conduit à des erreurs dangereuses, en dépit des bonnes intentions de son auteur : elle a servi de thème à ce qu'on a appelé en Allemagne « l'autonomie de la passion, » elle a défrayé les théories subversives qui mettent l'arbitraire individuel à la place de la loi positive, et, en outre, elle a servi d'aliment aux idées courantes sur un contrat social que chacun serait libre de respecter ou de rompre. En vérité, l'homme ne devient libre que pour mieux se soumettre à des lois supérieures qu'il reconnaît et qu'il approuve, et, tout en conservant son autonomie, sa liberté ne devient jamais législatrice à proprement parler.

Qu'est-ce que le droit? Kant estime qu'au-dessus de tous les Codes, il y a des principes qui doivent servir de fondement à toute législation extérieure, c'est le droit naturel. Ce que les lois prescrivent à telle époque ou dans tel pays nous apprend ce qui est de droit, *quid sit juris*, mais ce que ces lois prescrivent, est-il juste (Was Recht sey auch Rechtens sey) et quel est le criterium au moyen duquel on peut reconnaître en général le juste et l'in-juste, telle est la question. Kant pose ici les principes de sa méthode: il s'adressera pour trouver la réponse, non à la législation, mais à ce qu'il suppose être la source unique de toute législation, à la raison. Pour déter-miner le concept du droit, il en fera l'analyse, en le com-parant à une obligation correspondante, c'est-à-dire au devoir. Par cette comparaison l'on arrive à découvrir:

1° Que la sphère du droit n'est pas la sphère indivi-duelle seule, celle de ma personne ou de mes actes, mais que « le droit ne s'applique qu'aux relations extérieures d'une personne avec une autre, en tant que leurs actions peuvent avoir, directement ou indirecte-ment, et comme *faits* (alo facta), de l'influence les unes sur les autres. L'idée du droit est une *idée de rapport* entre les personnes » ; 2° Que le droit ne consiste pas dans le rapport qui s'établirait entre mon libre arbitre (1) et les désirs ou les besoins des autres, comme quand il s'agit de la bienfaisance, mais entre ma volonté et celle des autres. Il ne suffira donc pas, pour que j'aie un droit ou pour que le droit existe, que je désire une chose

(1) Willkühr que Barni traduit à tort par volonté (Wille) ; la volonté (Wille) est chez Kant la Raison Pratique ; Willkühr est cette volonté mais considérée comme une force, activement.

ou que j'en aie besoin. *Le droit de nécessité*, Kant le repousse, attendu, « dit-il, qu'aucune nécessité ne peut rendre légitime ce qui est injuste ». Une personne peut me refuser ce qui m'est absolument nécessaire sans manquer au droit, mais seulement à la morale. L'on voit combien la pensée de notre auteur est éloignée des théories socialistes courantes qui font reposer le droit sur le besoin. En tout cela, Kant est parfaitement logique, car si le droit n'a pas pour principe l'utile ou l'agréable, il ne peut avoir pour principe le besoin, qui n'est après tout que l'idée de la nécessité ajoutée à celle de l'utilité.

Dans ce rapport réciproque de la volonté de l'un avec la volonté de l'autre, l'on doit laisser de côté la *matière* de ce rapport, le but que chacun peut se proposer, et ne s'attacher qu'à la *forme,* ce qui veut dire qu'il faut considérer avant tout la *liberté* de l'un comme de l'autre, et se demander uniquement si l'action de l'un peut s'accorder avec la liberté de l'autre. De ces prémisses, il tire cette définition générale : « *Le droit est donc l'ensemble des conditions au moyen desquelles le libre arbitre de l'un peut s'accorder avec celui de l'autre, suivant une loi générale de liberté.* » De là, cette conséquence, que l'on ne peut exiger de moi autre chose que le respect extérieur de la règle, et que quel que soit le mobile qui nous pousse à agir, ce qui importe, c'est de ne pas porter atteinte à la liberté d'autrui. Voilà la condamnation des procès de tendances et des lois de suspects.

Comme il n'est pas question ici de morale mais de droit, on ne peut exiger de moi que la liberté des autres

me tienne à cœur, elle pourrait m'être indifférente,
pourvu que je ne gênasse nullement leur liberté par mes
actes extérieurs. La morale seule peut exiger de moi
que je me fasse une *maxime* (1) d'agir conformément
au droit. Kant ne tient pas assez compte de l'intention
et il semble oublier que le droit positif attache une influence considérable à l'intention sur les effets des
droits, telle, par exemple, la bonne foi. Fichte s'empa-
rera de cette idée et lui donnera une importance démesurée, en établissant un divorce entre le droit et la morale qui sera funeste à tous les deux. Donc, aux yeux de
notre auteur, le droit possède un principe qui lui est
propre, et ce principe n'est pas l'égalité, comme on l'a
pensé (2), attendu que l'égalité ne peut être que l'une
des conditions du droit et que le droit en lui-même peut
être inégal selon les conditions, comme dans les droits
des parents sur leurs enfants, mais sur la *liberté*. A part
les écoles utilitaires, toutes les autres ont accepté, en
principe du moins, cette définition qui a pour effet d'assurer la dignité de la personne humaine, mais est-elle
assez compréhensive, peut-elle nous expliquer tous les
caractères du droit et embrasser tous les phénomènes
juridiques ? Elle a paru si défectueuse que l'on a été jusqu'à supposer que Kant plaçait le fondement du droit
non dans la liberté, mais dans le devoir, ce qui aurait
pour résultat de n'admettre que la liberté du bien, théorie que Kant repousse de toutes ses forces (3). Prétendre

(1) Au sens kantien, la *maxime* c'est la règle que l'agent se fait à lui-
même en prenant pour principe certains motifs.

(2) Aristote, Morale à Nicomaque, V. 2 et Littré.

(3) Voir Essai de G. Hufeland, p. 267, Barni.

que cette définition est trop étroite parce que le droit
contient autre chose que des rapports concernant notre
liberté, comme la propriété, la succession, c'est oublier
la manière remarquable dont l'auteur ramène tous ces
droits particuliers au droit personnel. Il est pourtant
exact de dire que l'exercice de la liberté, quel qu'il soit,
n'est pas le droit, car par liberté Kant entend, comme le
prouve la pensée générale de son système, non point
l'arbitraire ou une volonté capricieuse, passionnée, *pa-
thologiquement déterminée*, comme il le dit, mais la volonté raisonnable, autonome. Or, comme souvent il n'en
est rien dans la réalité tangible, le droit implique nécessairement la faculté de contraindre (Befugnis), et c'est
par ce trait qu'il se distingue le plus nettement de la morale. La contrainte, empêchant l'usage illégitime de la
liberté, écartant ainsi l'obstacle que la liberté d'autrui
met à la mienne, s'accorde avec la liberté en général et
en procède. Kant repousse formellement la théorie qui
fonde le droit de contrainte sur un devoir antérieur, devoir qui ne serait autre que celui de travailler au perfectionnement de nos semblables, car, s'il en était ainsi,
nous ne pourrions rien abandonner de nos droits, toute
transaction serait illégitime, et le *summum jus* serait le
premier de nos devoirs. Mais a-t-il réussi à déduire le
droit de contrainte de sa définition du droit? Il ne le
semble pas, et il ne le peut sans tomber dans une choquante contradiction, car dire, comme il le fait, que la
contrainte se fonde sur la liberté parce qu'elle sert à en
faciliter l'exercice (Verhinderung eines Hindernisses der
Freiheit), c'est dire simplement que l'on empêche les
suites de la liberté, que l'on en gêne l'exercice. Pour

échapper à la contradiction, il faudrait chercher le principe de cette contrainte dans une autre idée que celle de
la liberté, dans le devoir de l'Etat, par exemple, ce qui
aurait pour effet d'empêcher cette autre erreur, qui est
aussi la conséquence de cette idée défectueuse, à savoir
que chacun de nous doit être juge et exécuteur de la
sentence. Ainsi deux disciples de Kant, Schmid et Hufeland (1), ont soutenu que le droit de contrainte appartenait à tout être raisonnable, tant il est vrai que l'idée du
droit exige comme complément l'idée de l'Etat, et cette
nécessité sera plus tard mise en lumière par Fichte et
ses successeurs.

Après avoir établi ces principes, l'auteur entreprend
d'énumérer les *devoirs de droit* que l'on peut assigner à
i'homme, mais il se contente de reproduire la division et
la formule d'Ulpien : *honeste vivere,* qu'il traduit par
l'obligation de ne pas abdiquer notre dignité d'homme ;
nominem læde et suum cuique tribue, qu'il explique :
*entre dans une société où chacun puisse conserver ce
qui lui appartient.*

A cette division correspond la division suivante de
droits naturels qui ont leur source dans la seule raison :
droits innés et *droits acquis.* Il n'y a qu'un seul droit
inné, « droit unique, originel, que chacun possède, par
cela seul qu'il est homme, c'est la liberté qui consiste
dans l'indépendance de toute contrainte imposée par la
volonté d'autrui en tant qu'elle peut s'accorder, suivant
une loi générale, avec la liberté de chacun. »

Cette notion de la liberté deviendra un des traits carac-

(1) Naturrechts, p. 416.

téristiques de la philosophie du droit en Allemagne, et les systèmes qui verront le jour, et que nous aurons à étudier, tendront tous à compléter ce que cette notion fondamentale avait d'étroit ou de défectueux. Il est à regretter que Kant n'ait pas accordé plus d'attention à cette idée si féconde et que cette partie de son système soit particulièrement obscure. En effet, si les autres droits existent juxtaposés avec le droit de la liberté, comment se fait-il que la liberté soit la source de tout droit? Si la liberté est un droit, est-il permis de dire que le droit soit fondé sur la liberté? comment éviter le cercle vicieux? Il est inexact, par conséquent, de parler d'un prétendu droit de l'homme à la liberté, car autant voudrait dire qu'être homme, c'est avoir des droits ou que le droit équivaut à être homme, ce qui est faux, même au point de vue du système de Kant, puisque, d'après ses propres déclarations, le droit ne considère pas l'homme en lui-même, mais uniquement *en rapport* avec ses semblables.

De la liberté découle l'égalité et non point celle-là de celle-ci, comme le veulent les écoles socialistes ; mais si cela est vrai au point de vue rationnel, au point de vue historique ou pratique, la liberté suppose une certaine égalité. Il définit l'égalité : « Cette indépendance qui fait qu'on ne peut être obligé par les autres à rien de plus que ce à quoi on peut les obliger soi-même à son tour. » C'est la propriété qu'a l'homme d'être son propre maître, le *mien* et le *tien* intérieurs, comme il dit.

Une autre source de graves erreurs, c'est l'opposition qu'il établit entre le droit naturel, qui a pour expression le droit privé, et le droit civil qui répond au droit public.

En opposant ainsi le droit naturel au droit civil, comme il le fait souvent, l'expression droit naturel devient équivoque. Le vice de cette locution n'est nulle part plus sensible que dans la théorie qu'il développe sur la possession et la propriété. Il montre que la possession se forme et qu'elle existe avant toute organisation civile, mais quand il s'agit de répondre à cette question : comment le *droit*, et non plus le fait de la possession, est né, et comment il a pu se faire reconnaître, notre philosophe est obligé de recourir à des subtilités métaphysiques, et il a beau distinguer entre la possession *nouménale* et *phénoménale*, il ne réussit pas à nous montrer comment il se fait que je puisse avoir la possession *juridique* d'une chose dont je n'ai que la détention, la possession matérielle. Au bout de toutes ces abstractions, Kant est obligé d'avouer que cette possession intelligible ou de raison n'existe que sous la garantie de la puissance publique, ce qui peut conduire à penser que le rôle de l'Etat consiste à protéger ceux qui possèdent et qu'il n'est en somme que l'organe exclusif des intérêts des propriétaires. C'est la conséquence qu'en ont tirée certaines écoles socialistes et même des disciples de Kant comme Schmaltz (1).

Une autre conséquence de la même erreur, c'est la manière étroite dont il conçoit l'Etat. Il est vrai qu'il n'a pas donné à cette partie de sa doctrine l'attention qu'elle méritait, mais dans ce qu'il en a dit l'on voit qu'il s'élève difficilement au-dessus d'une conception purement juridique et qu'il connaît seulement ce que l'on ap-

(1) Lehrbuch der Rechtsphilosophie, 1807, p. 203.

pelle l'*Etat de droit* (Rechtsstaat). Voilà pourquoi il n'aborde que très rarement les grandes questions que soulève ce problème ; toutefois il a montré que, les lois garanties par l'Etat étant nécessaires *a priori*, découlant de l'idée même du droit, il existe une notion de l'Etat qui est celle de l'*Etat idéal*, qui doit servir de modèle à tout groupement politique.

De ce principe découlait aussi cette grande vérité que Kant apprit le premier à l'Allemagne, à savoir que la science n'a pas seulement pour mission de dire ce qu'est le droit, mais qu'elle doit montrer que tout droit positif doit être en harmonie avec le droit universel. En lançant cette idée, à son époque, que l'Etat doit se proposer un but de liberté et d'humanité, il s'inspirait de Rousseau. C'est donc ici le moment de rappeler ce que Kant doit à Rousseau et par Rousseau à la France.

§ III. — CRITIQUE DES IDÉES JURIDIQUES DE KANT

L'anecdote que Rousseau nous raconte dans ses Confessions (1) sur la princesse de Talmont qui, captivée par la lecture d'Héloïse, passa toute une nuit le roman à la main, pourrait s'appliquer à l'Emile et à l'influence que ce livre exerça sur l'Allemagne : la patrie de Kant s'oublia à la lecture des œuvres de Rousseau. L'étendue et la profondeur de cette influence ont été mises en lumière par les études consciencieuses que Felter (2) con-

(1) Confession, XVI, 7.
(2) Rousseau und die Deutsche Geschichtephilosophie, 1890, p. 80.

sacrait récemment à l'idéalisme de Rousseau et à la part qui lui revient dans l'histoire de la philosophie allemande. Ce n'est pas seulement dans la littérature proprement dite que Rousseau jouit d'une immense faveur, ce ne sont pas seulement les Lessing, les Herder, les Gœthe qui le citent avec des exclamations enthousiastes, ce n'est pas seulement Schiller qui dans ses « Brigands » se fait l'écho des audaces passionnées de l'auteur de l'Émile, toute l'Allemagne qui pense subit l'*attraction diabolique du Génevois,* comme dit un auteur allemand, et Kant lui-même subit l'ascendant de son idéalisme. Ce que l'Allemagne aimait en Rousseau, ce qu'elle y retrouvait d'elle-même, c'était sa haine contre l'athéisme élégant d'Helvétius et cet évangile de la nature prêché avec tant d'éloquence. Depuis 1760, Kant, qui avait subi l'influence de Rousseau, voit ses idées se modifier et se décide à consacrer toute son activité à la science de l'homme et aux problèmes de la vie morale.

Dans ses « Fragments sur le Beau et le Sublime », il va jusqu'à reproduire quelques-unes des boutades de l'auteur de l'Émile sur la bonté naturelle de l'homme, mais sur ce point Kant se reprend bientôt, et à la thèse de Rousseau que l'homme est bon par nature, il oppose l'antithèse que l'homme est mauvais et sa théorie sur le mal radical. Son sens critique lui fait comprendre que Rousseau n'a étudié l'homme qu'en écrivain passionné et non point en observateur impartial. Ce fut le Contrat social qui agit puissamment sur Kant, et si l'on a quelque peine à découvrir, sous le formalisme rigide du métaphysicien et sous les dehors de l'Allemand qui vivait au sein d'une société pénétrée des préjugés du moyen-

âge, les sentiments démocratiques et les aspirations
humanitaires de l'auteur de l'Emile, l'influence de ce
dernier sur Kant fut aussi décisive qu'elle est incontestable. Sa conception de la morale en fut profondément
modifiée: c'est toujours le stoïcien doublé d'un chrétien
qui par sa morale sévère ne veut pas d'un bonheur
dont la vertu ne le rendrait pas digne, mais très sensi-
blement adoucie par le commerce de Rousseau qui lui
apprit à voir dans la vertu un sentiment puissant de la
dignité de l'individu et du caractère inviolable de la
personne humaine. C'est Rousseau qui, avant Kant,
établit le droit sur la base de la liberté morale par la
manière dont il insista sur le caractère inaliénable, indépendant de toute convention, de la personne humaine (1).
C'est Rousseau qui, résumant sur le terrain politique et
social l'esprit de la France au XVIIIe siècle, imprimait
sur la pensée de Kant l'empreinte de son idéalisme sen-
timental et quelque peu piétiste, idéalisme qui le fit
mieux comprendre de l'Allemagne et servit de trait intermédiaire entre les deux pays. C'est lui qui apprit à
Kant la valeur de la liberté politique et sociale. Les origines de la volonté autonome et du règne des fins se
trouvent manifestement dans le contrat social, comme
Hegel l'a montré (2). Du reste, c'est Kant lui-même qui
en fait l'aveu : « Il fut un temps où je croyais que la
science et la curiosité de savoir faisaient tout l'honneur
de l'humanité et où je méprisais le peuple (und ich ve-
rachtete den Pöbel) qui ne sait rien. C'est Rousseau qui

(1) Contrat social, I, chap. 3.
(2) Hegel, « Histoire de la Philosophie, » où il cite le livre V, 18, et II,
3 du Contrat social.

m'a ramené à la vérité (hat mich zu recht gebracht). Ma
présomption aveugle s'évanouit alors ; j'appris à hono_
rer les hommes et je me trouverais bien plus inutile que
je dernier des artisans si je ne croyais pas que travailler
comme je le fais à restituer à l'humanité ses droits puisse
donner une valeur à nos travaux (1). » Sans partager
l'optimisme que l'on attribue d'ordinaire à Rousseau, il
croit que l'entendement le plus ordinaire peut distinguer
sans instruction préalable la forme de la maxime capable de s'adapter à une loi universelle, et il invoque la voix
de la raison pratique avec la même confiance que Rousseau mettait à invoquer la voix de la conscience. L'autonomie, c'est-à-dire la liberté se donnant à elle-même
sa propre loi, l'idée que l'homme ne doit jamais devenir
un instrument mais qu'il doit être une fin en soi, cette
liberté elle-même dont Kant a fait le principe et la fin de
la morale, tout cela c'est la traduction à l'allemande des
idées de Rousseau. Chez ce dernier, l'idée de droit est
identique à la notion de liberté, parce que pour lui la
liberté civile et politique est sa fin en elle-même, et l'auteur de la « Critique de la Raison pratique » s'est borné
à transporter dans le domaine de la morale les idées fondamentales qui ont fait l'âme de la Révolution. La cause
que Rousseau plaide avec le langage passionné et confus du sentiment, Kant, sous son inspiration, la plaide
avec tout l'appareil d'une méthode scientifique. Ce n'est
que vers 1784 que, dans son *Anthropologie,* Kant réagit
contre l'optimisme de Rousseau. Tandis que pour ce dernier la conscience est l'organe de notre liberté et de no-

(1) Fragments, Werke, II, p. 240.

tre indépendance plutôt que la conscience de notre devoir
et qu'il ne consent à faire entrer l'homme dans la vie
civile que dans l'intérêt de sa sécurité, Kant lui en fait
un devoir, et il dit : « Tu dois entrer dans l'état juridique
non seulement à cause de ta sécurité, mais à cause de
la moralité. » Pourquoi cette différence ? Parce que le
droit pour Rousseau se rattache à la morale du sentiment, parce que sa morale n'est au fond que celle
d'Adam Smith avec moins d'observation et infiniment
plus de talent. Rousseau est à ce point de vue le représentant le plus fidèle des hommes de la Révolution qui,
mêlant facilement Platon à Sieyès, n'étaient, comme on
l'a dit, que des Platoniciens fortement teintés de sensualisme. Contre cette morale du XVIIIe siècle, qui ne voit
l'affranchissement de l'homme que dans l'abandon à la
nature et aux sentiments du cœur, Kant réagit puissamment en lui opposant l'impératif catégorique. Ainsi,
mieux que Rousseau, Kant a eu le mérite d'avoir cherché
à concilier la loi et la liberté entre lesquelles la philosophie du XVIIIe siècle avait établi une sorte de divorce.
La loi était considérée, malgré l'influence exercée par
Montesquieu, comme une contrainte extérieure imposée
par le droit positif, l'arbitraire de l'État ou l'idée religieuse ; Kant voit dans la loi, comme dans le devoir, une
règle essentiellement conforme à la nature de l'être raisonnable, et au lieu de concevoir la liberté en lutte avec
la loi, il fait de l'observation de la loi la garantie la plus
solide de la loi.

Après avoir rendu justice à la révolution si féconde
opérée par Kant dans le domaine du droit, nous devons
signaler les principales lacunes qui déparent sa théorie

et les contradictions qu'elle renferme ; cette enquête contribuera à nous mieux faire connaître l'idée qu'il se faisait du droit. Dans l'introduction générale à la « *Métaphysique des Mœurs* », il est dit que tous les devoirs internes et externes relèvent de la morale parce qu'ils sont des devoirs. Les devoirs de droit, appartenant à la législation extérieure, ne peuvent nous obliger que de la manière qui est propre au droit, et, choisissant un exemple, Kant nous dit en rappelant la règle : « *pacta sunt servanda* » qur ces devoirs ne relèvent pas de la morale. Mais si l'obligation de tenir mes engagements n'a rien à faire avec la morale, comment pouvoir dire que la loi morale exige que j'accomplisse un devoir juridique à cause de mon devoir ? Comment puis-je me proposer pour but d'exécuter un devoir juridique s'il n'est pas pour moi un devoir moral ? Sans doute, on ne peut exiger de moi que de simples actes et pas des intentions, mais si l'ordre juridique ne peut produire aucun devoir de morale, c'est ue cet ordre ne peut être considéré comme émanant de la morale. La doctrine de Kant renferme donc une grave contradiction. La raison me dit : Agis selon un mobile moral, et la même raison semble me dire au sujet du même acte : Tu peux agir sans te préoccuper du devoir, tu peux agir contre la raison et la morale !

La légalité est la sphère propre du droit lequel consiste à respecter la liberté des autres, dans la coexistence de ma liberté avec celle d'autrui. L'essentiel est donc de ne pas troubler cette harmonie, cette coexistence ; peu importent nos sentiments personnels, peu importe que je me propose pour but le maintien de cette harmonie, attendu que se proposer un but à soi-même est un fait intérieur de mon esprit et qu'aucune loi ne peut atteindre. Tout cela est bien déduit, mais alors comment le droit pourra-t-il conserver un caractère de moralité dans le sens où Kant entend la morale ? Il y a chez notre auteur deux courants d'idées qui ne peuvent jamais mêler leurs flots : celui du droit et celui de la moralité. Kant cherche à les réunir dans la notion qui leur est commune d'ordre et de devoir, mais il n'y réussit pas, car le commandement moral est un impératif *immédiat* de la raison. C'est toujours le même dilemme : ou le droit est indépendant de la morale ou il en fait partie, et alors la morale finit par l'absorber. Aussi, puisque la seule possibilité de recevoir une législation extérieure distingue le droit naturel d'avec le droit positif, l'on peut dire que le premier se confond avec la morale et que le droit positif est seul le droit.

Dans l'introduction spéciale il est dit qu'il y a des lois qui obligent et qui sont susceptibles d'une législation extérieure, que parmi celles-ci il y en a dont le caractère obligatoire existe à priori, en vertu de la raison et sans le concours d'une loi extérieure. Donc, une loi relevant du droit naturel a son autorité en elle-même ; au contraire, la loi positive ne s'appuie sur la raison qu'indirectement. Mais s'il en est ainsi, tout le droit se réduit à la morale, car le sujet ne se sentira obligé que par sa raison, c'est-à-dire, moralement ; mais du même coup, le droit perd toute indépendance et Kant aboutit forcément à la théorie du Contrat social, l'individu ne pouvant obéir qu'aux injonctions de sa raison.

Mais que devient dès lors le caractère moral que Kant

donne à sa théorie du droit? Ce caractère résultera moins de sa théorie juridique que de l'ensemble de toute sa philosophie.

Dans toute l'introduction générale il n'est parlé de droit qu'à propos de la distinction entre la légalité et la moralité, mais dans l'introduction spéciale se trouve la célèbre définition que nous avons déjà mentionnée : « le droit est l'ensemble des conditions etc. » Cette définition n'a qu'un grave défaut, c'est qu'elle n'est pas assez préparée par ce qui précède de manière à être la conclusion des prémisses posées. Au contraire, la distinction entre la légalité et la moralité d'une action découle de cette définition du droit, et c'est si vrai que l'idée d'un ordre extérieur qui assurerait la coexistence des libertés individuelles est pour Kant un postulat de la raison, et comme tel n'a nullement besoin d'être déduit d'un autre principe.

Par législation extérieure Kant entend toute législation où le législateur se distingue du sujet sur lequel porte la loi ; il n'entend pas par là des lois qui auraient pour objet de régler nos actes, car il est de l'essence de la morale de procéder de l'individu lui-même, de ne pas nous être imposée, pas même par la volonté de Dieu. Les devoirs aussi peuvent être extérieurs ou intérieurs, relever du droit ou de la vertu, de la moralité ou de la légalité. La légalité, c'est-à-dire la simple conformité de nos actes à la loi juridique sans tenir compte de l'intention, suffit en tant que loi juridique et nombre de passages de la « Métaphysique des Mœurs » montre que cette simple légalité suffit au droit. Mais comment admettre cette conséquence quand il s'agit non plus du droit positif, mais du droit naturel? Le droit naturel est un impératif de la raison, et pourrait-il perdre ce caractère parce qu'il est susceptible d'une législation extérieure ? Pourrait-il se contenter de la simple légalité ? Un impératif de la raison, qu'il s'applique au droit ou à autre chose, exige d'après son idée même la moralité de l'exécution, et cette affirmation est fréquente chez notre auteur, c'est là même le trait distinctif de cette moralité qui embrasse à la fois l'éthique et le droit. Donc, la légalité ne suffit pas ou bien le lien qui unit le droit naturel au droit positif disparaît, car de deux choses l'une : ou le droit positif perd tout caractère moral, ou bien il va se fondre dans l'éthique.

Kant a mis fin à l'empirisme dans le domaine du droit, en insistant sur le caractère rationnel de la conscience juridique, mais il est tombé dans un excès contraire qui nous explique les lacunes de sa théorie et qu'il faut signaler. Évidemment il pèche par un excès de *formalisme intellectualiste* en paraissant soutenir que parce que le droit procède principalement de la raison il y a uniquement ses origines. Aux yeux de Kant, le droit ne doit subir aucune influence de la nature sensible de l'homme, il voudrait un droit affranchi de toutes les impressions du dehors, et il semble voir dans l'homme un être de pure raison. De ce que le droit et le devoir ont leurs origines dans la raison, il ne s'ensuit pas qu'il y ait en réalité des droits purs, pas plus que des devoirs purs, mais des actes juridiques et moraux ayant une forme précise, déterminés d'une certaine manière par la nature complexe de l'homme et les formes multiples de la vie sociale. Kant se montre inconséquent avec ses propres principes scientifiques qui tiennent toujours compte de la réalité des choses. Cette manière de concevoir l'homme comme une sorte d'abstraction tient à la méthode qu'il a suivie dans sa morale et dans sa théorie du droit. En général, sa morale est formaliste en ce sens qu'il ne s'inquiète jamais ni du but ni des suites d'une action et qu'il tend à la rendre indépendante en excluant toute considération d'utilité, de bonheur ou de satisfaction personnelle : « Le principe du bonheur personnel, dit-il, quel que soit l'emploi qu'en fasse l'entendement, ne comprend pour la volonté d'autres principes que ceux qui sont conformes à notre faculté de désirer. Par conséquent, la raison pure doit être pratique par elle-même sans supposer aucun sentiment (Gefühl). (1) »

La volonté n'est donc libre que si elle est conforme aux lois universelles de la raison indépendamment des phénomènes de la vie sensible ! Si la volonté est déterminée par un autre mobile que celui de la raison, par l'amour, le plaisir, le besoin par exemple, elle ne serait plus ni morale ni libre, et le droit, qui s'appuie sur cette liberté, disparaîtrait du même coup ! L'on sait de quelle façon Schiller se moquait de cette morale hautaine et chimérique : « Je fais du bien à mes amis, mais je le fais *malheureusement* par inclination naturelle. »

L'erreur fondamentale de Kant c'est de méconnaître la nature propre de la volonté qu'il confond avec la raison, et cette erreur à son tour le conduit à en commettre une autre : il attribue à des propositions, qui ne peuvent avoir d'autre valeur que celle que l'induction *des faits*

(1) Voir Scholie I, Théorème II, Raison Pratique.

leur donne, un caractère absolu en les employant en dehors et au delà de ces faits.

Où Kant a-t-il jamais vu cet homme chimérique dont il rêve ? Pour comprendre le droit, il étudie la nature humaine, pour posséder le secret de la vie sociale, il étudie l'individu, mais son étude de l'homme est trop incomplète et celle de l'individu trop exclusive. Voilà pourquoi la définition qu'il donne du droit est foncièrement formelle, car en nous disant que le droit est le résultat de l'accord de deux volontés, il ne nous dit pas pourquoi cet accord doit avoir lieu. C'est encore du pur formalisme que de définir le droit par un ensemble de *conditions* sans nous indiquer la nature interne du droit, au lieu de le définir comme étant une qualité inhérente à notre nature morale, comme un pouvoir de la nature humaine. Il ne nous dit pas non plus comment il faut fixer la limite des droits, car dire qu'ils doivent se limiter réciproquement c'est faire une pétition de principe. Qui ne voit qu'en laissant à chacun le soin de fixer cette limite il abandonne le droit à l'arbitraire individuel ? Ce formalisme nous explique encore d'autres graves erreurs. En droit pénal, il conduit Kant à exiger l'application du talion et à pousser jusqu'à l'absurde le principe : « *per quod quis peccat per idem punitur et idem* ». Il ne veut pas que l'on considère la peine comme un moyen d'amé liorer le coupable, parce que ce serait contraire à la dignité de l'homme ! En droit public, il condamne au nom de l'égalité l'aristocratie nobiliaire, tout en soutenant que l'inégalité naturelle est compatible avec l'égalité civile, mais alors pourquoi défend-il avec tant d'ardeur le droit à l'assistance, et pourquoi fait-il de la charité un devoir de droit ?

En résumé, cette méthode qui consiste à ne pas partir des faits pour s'élever aux principes est un procédé illégitime et qui peut devenir funeste quand on l'applique à la complexité de la science juridique. Cette méthode foncièrement rationaliste sera poussée jusqu'à ses dernières conséquences par Fichte, qui sépare définitivement le raisonnement de l'expérience et pose ce paradoxe : que l'on peut élaborer tout le droit sans connaître l'histoire, sans tenir compte de l'observation des faits! La raison et l'expérience, qui chez Kant cœxistent encore sans arriver à l'unité, qui juxtaposées donnent naissance à ce dualisme si souvent signalé, vont aboutir à un divorce définitif. Avant le travail de conciliation, qui ne manquera pas de se faire, nous allons assister à l'éclosion d'écoles juridiques qui, inspirées par des systèmes philosophiques extrêmes, iront jusqu'à la négation les unes des autres. Chacune d'elles exagèrera ses propres tendances, et tandis que l'une aboutira à la conception d'un droit idéal, absolu, l'autre, suivant un mouvement de réaction et obéissant aussi aux tendances propres à la pensée allemande, finira par nier l'idée immanente à tout droit positif, l'idée de la moralité, de la liberté, pour ne s'attacher qu'à l'affirmation du règne de la force et à l'empire exclusif des faits.

Section 2⁻ᵉ, Ecole Idéaliste

———+———

CHAPITRE Iᵉʳ

Fichte

L'auteur des *Considérations sur la Révolution
française* disait un jour en parlant de Rousseau : « Il a
de la force, mais plutôt la force de la souffrance que
celle de l'action ; il a senti fortement la misère de l'homme, mais il a beaucoup moins senti sa propre force et il
a jugé les autres d'après lui-même ». En jugeant de la
sorte l'auteur de l'Emile, Fichte faisait par contraste son
propre portrait, car de cette énergie qui manquait à
Rousseau, Fichte a donné des preuves toute sa vie. « Il
se distingue, dit Zeller, de tous les autres philosophes
allemands par une grande puissance de pensée unie à
une noblesse de caractère peu commune ; à l'école de
la vie et de ses difficultés sa volonté devint d'acier, et
cette volonté il la mettait toujours au service d'une
idée..... Son esprit éminemment logique ne se laissait

détourner de la ligne qu'il s'était tracée par aucune raison de sentiment..... Il n'a jamais sacrifié aux grâces, et il n'a jamais reconnu au sentiment le droit de s'insurger contre les arrêts de la raison ». On ne peut mieux caractériser l'homme et le penseur. Mais cette médaille avait aussi son revers, et celui qui dès l'âge de douze ans prenait pour devise cette fière parole d'Horace : *Si fractus illabitur orbis*..... devait apporter à l'étude de la philosophie pratique la violence de l'idéaliste et l'obstination du doctrinaire, l'amour du paradoxe, ce dédain pour l'expérience qu'il tenait pour moralement nécessaire, un fanatisme fait de logique et d'enthousiasme, d'étroitesse d'esprit et de parti pris.

Kant fut, pour la philosophie du droit comme pour la philosophie en général, son maître et son inspirateur. Son enthousiasme pour lui allait si loin qu'il comparait volontiers son apparition à l'envoi du Saint-Esprit, ce qui ne l'empêcha pas de se séparer de son maître en niant l'existence de la chose en soi. Que nous apprend l'expérience : la chose en soi ? Nullement, mais seulement des phénomènes ; la vraie réalité se trouve dans notre propre pensée, dans notre moi. En affirmant l'existence indépendante de notre esprit de la chose en soi, Kant s'est proposé de concilier deux tendances incompatibles : le dogmatisme, qui part de ce principe que l'être ou l'objet est la seule réalité d'où procède la conscience, et l'idéalisme, qui affirme au contraire que toute réalité procède de moi et de la conscience. Entre ces deux tendances il faut choisir, et Fichte va dire la raison qui a déterminé son choix : ce que choisit un philosophe dépend de ce qu'il est comme homme, car un système de philosophie n'est pas une matière morte, mais il est toujours animé par l'âme de celui qui l'a conçu. Cette différence devait en produire une autre: la méthode de Fichte n'est plus celle de son maître. Chez celui-ci c'est l'analyse qui domine, les concepts, comme il disait, ou les notions, lui sont fournies immédiatement par l'induction, et c'est ainsi qu'il procède pour la détermination de l'idée du droit; chez Fichte c'est la méthode déductive et de synthèse qui règne d'un bout à l'autre. Chaque déduction synthétique se déroule avec sa nécessité logique et avec la même rigueur que l'on admire chez Spinoza. Aussi, au lieu d'affirmer simplement, comme le faisait Kant, l'union de l'élément intellectuel et de l'élément moral, Fichte a la prétention de ramener à l'unité le droit et la morale qui sont à ses yeux les deux sphères d'un même monde. Or, ce principe d'où découlent le droit et la morale, c'est le moi. Nous allons essayer d'exposer aussi brièvement que possible cette déduction du droit dans la philosophie de Fichte, estimant que cette partie de son système est encore la moins connue; d'ailleurs, cette manière de faire sortir le droit de l'idée de l'*activité pure* ne manque ni de hardiesse ni de grandeur, et c'est l'un des plus grands efforts auxquels se soit livré l'idéalisme moderne.

Le fait fondamental, le point initial, c'est l'activité, car lorsque j'agis l'objet de cette activité se règle sur moi, sur le sujet, la matière est façonnée par l'esprit, tandis que lorsque je me borne à connaître une chose, c'est le contraire qui a lieu : le sujet doit s'accommoder à l'objet. Je suis moi, voilà le point inébranlable de toute connais-

sance et qui n'admet aucun doute possible ; la conscience
de ma liberté, voilà le principe de ma certitude, car je
suis moi-même et ce que je suis je le suis par moi. Le
droit est ainsi fondé sur la volonté qu'il appelle « la
racine la plus profonde du moi » (1). L'on peut dire
dans ce sens seulement, et non point, comme on semble
le croire, en mettant sur le compte de Fichte une
véritable absurdité, que le monde et tout ce qui n'est
pas moi procède de ma pensée. Ce n'est pas que j'existe
seul au monde, car cette charade philosophique dont le
ridicule est par trop sensible n'a jamais été soutenue
par notre auteur, mais ce qu'il soutient c'est que la
liberté consciente d'elle-même est le fonds de tout être
qui peut dire moi. Par cette affirmation de la liberté il
se place dès le début sur le terrain de la morale : tout
existe pour et par cette liberté, la nature n'est que le
théâtre où doit se déployer notre activité, la science et la
nature ne sont que de simples moyens pour nous aider
à remplir notre véritable destination qni n'est autre que
la vie morale elle-même (2).

Nous obtenons ainsi par déduction le principe commun
au droit et à la morale, et dans les développements qui
suivent Fichte se rapproche visiblement de Kant. Il est
de l'essence du moi, de ma conscience, de me limiter,
d'avoir un objet hors de moi, et du sentiment même de
la résistance que je rencontre naît ma croyance à la
réalité de cet objet. L'être raisonnable ne peut donc se
saisir ou se comprendre autrement que comme individu.

(1) Kuno Fischer, op, cit. 5ᵉ⁰ naud, p. 387.
(2) « Das einige Wahre ist meine Selbstandigkeit » voir Système des
Sittenlehre, dans l'Introduction I, 17.

comme une unité parmi plusieurs autres unités, « en se
posant il pose les autres », comme dit notre auteur.
En affirmant ma liberté j'affirme celle des autres et de
ce fait découle une conséquence importante, c'est que
l'idée de ma liberté implique l'idée d'une société, d'une
communauté, car je ne puis penser à ma propre liberté
sans penser à celle des autres et sans concevoir ma
liberté autrement que limitée par la liberté d'autrui.
C'est une nécessité de ma pensée que d'agir ainsi : je
me sens obligé à restreindre ma liberté de par le sentiment même que j'ai de ma propre personne. Aux yeux
de Fichte, c'est ici le point où le droit se rencontre avec
la morale, nous dirions plutôt avec la plus simple
psychologie. Voilà le principe et aussi la limite du droit.
Dans la morale je me sens lié absolument par ma
conscience, dans le droit je ne me sens pas tenu absolument mais *hypothétiquement*, c'est-à-dire en supposant que je vive dans la société de mes semblables, et le
droit n'existerait pas pour moi si, nouvel Alceste, je me
décidais à vivre dans l'isolement.

L'idée du droit découle ainsi de l'idée d'individualité,
idée qui, à son tour, suppose celle de société ; le droit
est une sorte d'aveu, car en disant le *mien* je dis le
tien, d'où cette règle : « Je dois restreindre ma liberté
afin que celle des autres soit possible et sous la condition que ceux-ci fassent de même ». C'est là le rapport
ou la *relation juridique fondamentale* qui s'exprime
par le moyen de la loi. « Ainsi, dit Fichte résumant ce
qui précède, l'idée du droit nous est donnée *à priori*,
elle est déduite du moi, c'est-à-dire de la pure forme de
ma raison ». De ce fait découle cette grave conséquence

que le droit commande à tous les hommes, qu'il s'impose à tous d'une manière aussi catégorique que la conscience. De cette règle générale Fichte tire le principe du droit de contrainte : celui qui empiète sur ma liberté en court une peine qui doit être assez forte pour faire rentrer le coupable dans les limites de son droit. C'est ce que Fichte appelle « *la force pratique du syllogisme* » (die praktische Macht des syllogismus) :

Il y a donc en nous une conscience juridique (ein Rechtsbenwustssein), originelle, primitive, elle ne peut s'exercer que dans nos rapports avec des êtres raisonnables et pourvu que ces rapports existent réellement, d'où il résulte qu'il faut exclure de la sphère du droit les choses, les animaux et les morts, attendu que le droit se fonde sur un rapport de réciprocité.

De cette loi universelle il déduit le droit primitif ou inné (Urrech) (1), droit absolu de la personne humaine et qui consiste à être cause et jamais effet (in der sinnenwelt nur Ursache zu sein, niemals Bewirktes). A ce titre le droit inné est le fondement de tous les autres droits propres à la personne humaine, et qui le rend capable d'avoir des droits (Rechtfahig). Mais il ne faut pas se faire illusion : ce droit n'a jamais existé, il n'est qu'une fiction scientifiquement nécessaire. Ce droit se décompose en deux éléments : liberté et inviolabilité de notre corps et de notre propriété.

Chacun de nous possédant par nature une liberté illimitée, il serait absurde de parler d'un droit à la liberté ; en fait de droits nous n'en avons que de *relatifs* et

(1) Naturrecht, p. 7-12, 50-53.

toujours soumis à la condition que nous reconnaissions aux autres les mêmes droits. Or, comme l'on ne peut avoir des droits positifs qu'au sein d'une société, tout droit positif repose sur un contrat. Le droit, grâce au contrat, devient une puissance indépendante de la liberté de l'individu et au-dessus de son arbitraire. Aussi le problème fondamental de la science juridique est de savoir comment la loi pourra acquérir assez de force pour s'imposer à l'individu : « toute sa doctrine, dit-il, n'a d'autre but que de trouver la solution de ce problème ». Pour former ce contrat il n'est pas nécessaire que chacun exprime sa volonté d'une manière formelle, le fait seul de l'union des individus en un corps social, suppose leur consentement tacite ; de même, la valeur d'une loi ne dépend pas de la volonté ou de l'arbitraire du législateur. La volonté générale, c'est-à-dire conforme au droit, suffit à fonder le contrat social, car elle ne peut se proposer que le respect de tous les droits dans l'intérêt de tous.

A cette période du développement de sa pensée, Fichte ne voit dans l'Etat qu'une institution de droit dont la mission consiste à protéger la propriété, en prenant ce mot dans son acception la plus large, et la formule de sa théorie est la même que celle de Kant : limitation réciproque de la liberté de chacun. Il combat l'opinion d'après laquelle chaque homme aurait un droit de propriété qui porterait sur le sol, et il dit en propres termes : « Le droit naturel ou inné de propriété n'existe pas, il y a seulement un droit d'*appropriation* (zueignungsrecht). » Cependant, comme la propriété est la sphère propre de l'activité d'une personne, ce qui lui assure son indépen-

dance à l'égard des autres, elle devient le dernier fondement du droit de contrainte, droit qui ne pourra s'exercer que dans la sphère de la propriété. Fichte ne s'est
point mépris sur la gravité de cette conséquence, et il
ajoute : « On n'a un droit de contrainte que contre celui
qui s'attaque à mon corps, mais nullement contre celui
qui me scandalise par ses propos ou qui trouble mes
opinions (1). » S'il en est ainsi, il faut en conclure que la
force publique ne pourra jamais poursuivre les obscéni-
tés qui se produisent dans la rue ou telle autre manifestation de l'immoralité, précisément parce que la morale
ne peut jamais devenir une matière à contrainte ou un
objet de propriété, or, l'Etat a exclusivement pour mission de protéger les contrats ! L'on voit combien cette
théorie est insuffisante car elle ne peut pas même expliquer pourquoi l'Etat interviendrait dans l'institution
du mariage, aussi éprouve-t-il le besoin de la compléter
dans la seconde partie de son Droit naturel.

Dans son livre : *Considérations sur la Révolution
française*, etc., il essaie de faire l'application de ces
principes en se rattachant à la pensée de Kant et encore
plus à celle de Rousseau. Il avoue du reste l'immense
influence que Jean-Jacques (2) avait exercée sur lui et il
demeure fidèle à ce maître, non seulement quand il met
en relief la nature morale de l'Etat mais encore quand il
insiste sur cette idée que l'Etat est un organisme naturel
où chaque partie est déterminée par l'ensemble et réciproquement, car Rousseau expose au fond la même idée

(1) Naturrecht, p. 112.
(2) « Durch Rousseau geweckt hat..., » voir Sämmtliche Werke, VI,
p. 71.

lorsqu'il demande pour son contrat social l'unanimité des suffrages. Comme Rousseau, Fichte prend beaucoup de peine pour empêcher que la volonté générale, qui est à ses yeux la véritable souveraineté populaire, ne dégénère en une majorité accidentelle. A ce mal Rousseau cherchait un remède dans les consultations fréquentes du peuple, dans une sorte de *referendum* ; Fichte croit l'avoir trouvé dans l'institution de l'*Ephorat* (1). La justice, et non pas l'égoïsme des individus ou de l'Etat, voilà la volonté générale qui doit dominer. Par cette idée Fichte substitue, au risque de se contredire, une idée nouvelle du droit à celle qu'il avait soutenue jusqu'ici, puisqu'il exige la subordination des intérêts privés à l'intérêt général et que parler des droits du peuple c'est parler d'intérêts qui dépassent la simple sphère de la propriété. Parti de cette idée exposée par Kant et qui était alors si répandue, à savoir que l'Etat ne sert qu'à protéger les intérêts privés, il s'est élevé à une conception plus large.

Telles sont les idées de Fichte sur le droit sous leur première forme, mais à partir du commencement de ce siècle une transformation se fait dans son système philosophique et elle aboutit à une nouvelle théorie du droit. Cette tendance, sensible déjà dans ses derniers écrits, s'accentue dans son « *Système de Morale d'après les principes de la science* » (2). Le moi individuel ne peut être le principe unique et dernier de toutes choses mais bien une volonté immuable, éternelle, réalité suprême

(1) Naturrecht, p. 172.
(2) System der Sittenlehre nach den Princïpïen der Wissepschaftlehre. 1798, voir Sammtliche IV, 208 et 741.

qui relie tous les mois individuels et leur sert de fondement. Cette unité se brise en une multiplicité d'indivi-
dualités ; mais la vraie science comme la vraie morale
ne consiste-t-elle pas dans l'effort que nous faisons pour
retrouver cette unité ? Fichte réédite ici à sa manière les
vieilles idées du néoplatonisme. Maintenant, ce n'est plus
le seul intérêt mais le devoir, la conscience, qui nous
oblige à entrer dans la société constituée et la notion de
l'État change ; ce n'est plus l'*État de nécessité* (Nothstaat)
mais l'*État de raison et de droit* (Vernunft und-recht-
massig Staat). Il dira maintenant : « On ne peut comprendre qu'un être puisse être compréhensible dans l'état
d'isolement ». L'État n'a plus pour mission, comme le
pensait Kant, de mettre en harmonie les libertés individuelles mais de réaliser une abstraction : la liberté
rationnelle. Fichte donne déjà la main à Hegel ou le fait
pressentir, car si la fin dernière de l'homme est d'atteindre
à cette liberté, toute sa dignité consistera dans sa qualité de citoyen.

Son traité « le Commerce fermé (1), etc. », nous
montre cette évolution de ses idées dans le domaine
économique. Rousseau avait déjà soutenu dans son
fameux article de l'Encyclopédie que le devoir de l'État
c'est non-seulement de protéger la propriété mais de
fournir à chacun de ses sujets les moyens de vivre
d'une manière digne d'un homme et d'empêcher la
formation de trop grandes inégalités (2). C'est sur
cette base que Fichte bâtit sa théorie socialiste. Il soutient que le pouvoir exécutif est responsable de cette

(1) Geschlossene Handelstaat, 1800.
(2) Œuvres I, 8.

partie de sa tâche comme de tout le reste (1). Bien plus,
tous les citoyens ont un droit sur l'Etat, le droit de vivre
agréablement (gleich angenehm zu leben). Il va jusqu'à
dire qu'il n'est pas tolérable que dans un Etat, dont le
principe est la saine raison, celui qui a le superflu le
considère comme lui appartenant alors que d'autres
manquent du nécessaire. L'auteur confond ici la sphère
du droit, qui ne peut admettre d'autres revendications
que celles qui s'appuient sur un titre de propriété, et la
sphère de la solidarité ou de l'équité, comme dira plus
tard Herbart.

Dans son dernier ouvrage publié en 1812: « *Leçons
sur la Doctrine du Droit* » (2), il reproduit les idées
que nous avons déjà exposées, en y introduisant un
élément nouveau : *l'union indissoluble du droit avec la
morale*. Le droit se confond maintenant avec la morale,
et l'Etat doit se proposer comme fin dernière de ses
institutions de travailler à la haute culture morale du
peuple. En agissant ainsi il ne tombera pas dans les
écarts du despotisme, car celui-ci ne se propose que le
dressage de la nation pour mieux l'asservir. Ces nou-
veautés vraiment ne sont pas heureuses, car, soutenir,
comme il le fait, que le droit doit précéder la morale,
c'est se mettre en contradiction avec tout son système
où il s'efforce d'établir que droit et morale sont deux
principes également *à priori*, et c'est en outre méconnaître l'histoire, laquelle nous montre que même en
plein despotisme oriental la conscience morale a toujours

(1) Naturrecht, p. 212.
(2) Das System der Rechtslehre in Vorlesuugen.

existé. Mais c'est en particulier sa théorie sur la propriété qui renchérit sur les idées qu'il avait déjà émises.
Il a sur ce point des aperçus intéressants et sugges-
tifs. On a dit qu'il continuerait Rousseau, il serait plus
vrai de dire qu'à partir de cette époque il est devenu
son contradicteur, car, tandis que Rousseau parle toujours d'un droit inné et naturel, Fichte déclare que ce
droit-là est une fiction et que tout droit provient de
l'Etat (alles Recht ist Staatsrecht (1). La mission propre
de l'Etat c'est la répartition du travail, et du moment
que je ne puis pas vivre de mon travail, c'est-à-dire du
moment que ce qui m'appartient ne m'est plus garanti,
le contrat social n'a pas été exécuté à mon égard et je
vis sous un régime de contrainte et nullement de justice
(2). L'Etat n'est plus l'Etat s'il n'assure à chacun des
citoyens un certain temps de repos, de loisir. Ce qu'il y
a d'intéressant dans l'énumération des réformes économiques qu'il propose c'est qu'il cherche toujours à les
justifier au point de vue du droit, confondant sans cesse
la science juridique avec la science économique. Le
républicain « *des Considérations sur la Révolution
française* » est devenu un monarchiste convaincu. Ce
qui le préoccupe maintenant c'est l'unité de l'Etat :
« la démocratie, dit-il, ne peut garantir le respect du
droit, car il lui manque cette volonté qui sait décider et
qui sait attendre en même temps..... Les révolutions ne
peuvent changer ni l'esprit d'un peuple ni les maximes
de son gouvernement » (3). Aussi bien la vraie solution

(1) Rechtslehre, p. 490.
(2) Zwangsanstalt, ps s 6, op. cit.
(3) Op. cit. p. 628.

c'est le progrès de l'esprit public pour la culture morale.
L'Etat antique avait pour fondement de toutes ses institutions le droit de succession ; l'Etat moderne doit en
finir avec tous ces vestiges du passé. L'Etat est le seul
propriétaire du sol qu'il loue à long terme, ce qui rendra
possible la culture intensive. Evidemment, il confond le
droit d'hérédité, qui est une institution civile, avec le
droit de transmission qu'il retranche du nombre des
droits naturels. Dans cet état idéal où chaque citoyen
sera soldat on ne devra jamais faire des conquêtes, car
l'esprit de conquête est contraire même à l'idée de l'Etat
(Seinem Begriff nach !)

A travers le mouvement incessant de ses idées,
essayons d'indiquer les éléments nouveaux que Fichte a
introduits dans la philosophie du droit. L'originalité du
système consiste dans cette espèce de généralisation
qu'il fait de l'idée du droit ; il élargit tellement le droit,
qu'elle devient un principe universel. Jusqu'à lui l'on
s'était appliqué à assigner au droit un domaine qui lui
fût propre en le séparant de la religion et de la morale.
Cette évolution était naturelle et nécessaire, mais l'on
alla trop loin dans cette voie en arrachant le droit d'une
manière par trop radicale du domaine de la vie morale.
Fichte comprit le premier qu'il fallait réagir contre ce
courant d'idées et saisir la notion juridique dans ses
rapports avec les autres sciences morales. A ses yeux le
droit n'est plus un produit de l'histoire, un simple fait,
mais l'une des étapes de la vie universelle, une des
phases du développement de l'humanité, au même titre
que la morale ou la religion. Mais ce processus n'est
qu'un moment dans le développement de la conscience

individuelle, il n'a rien d'objectif, il se passe uniquement dans l'individu sans qu'il soit question de l'histoire. Fichte dans son dédain des faits va plus loin que Rousseau (1). Il ne prend intérêt qu'à la vie intellectuelle et c'est même par ce trait qu'il se distingue de Kant. Il accorde à la culture de l'esprit une importance exagérée, et tandis que ses deux prédécesseurs ne voyaient dans l'instruction qu'un moyen de favoriser le progrès de la moralité, il voudrait, comme Renan, remettre le gouvernement du monde à un cénacle de savants.

Avec Fichte, nous sommes à la source de tant de théories sur le droit et la morale qui ont exercé sur l'Allemagne une influence si décisive et nous y pouvons surprendre le péché capital de tous ces systèmes : une abstraction mise à la base de la morale, un principe étroit et exclusivement logique développé jusqu'à l'épuisement, vrai fil d'araignée d'un interminable syllogisme. Chez Kant le subjectivisme n'était que formel, chez Fichte il devient le fond même de la pensée, de manière à exclure, logiquement du moins, toute moralité. La liberté telle qu'il la conçoit n'est plus un moyen, mais un but, elle n'est pas de nécessité morale, mais de nécessité métaphysique. Mais si le moi est érigé en principe absolu du droit, comment et pourquoi devra-t-il se limiter ? Toute manifestation de son activité ne sera-t-elle pas également légitime ?

La loi, résultat du contrat auquel j'ai bien voulu consentir, n'aura pour moi aucun caractère obligatoire, elle ne peut rien sur moi, être absolument libre, elle ne

(1) Considérations etc., p. 8.

peut me limiter, car la liberté seule limite la liberté. Qu'est-ce qui pourra donner à la loi son caractère obligatoire en dehors de la morale ? L'Etat ? Mais fondé sur le contrat, l'Etat repose sur ma libre volonté, et il en résulte que la force deviendra fatalement la seule mesure du droit. Le défaut de toute cette théorie c'est de n'indiquer aucun but moral et précis à ma liberté, car me dire que je dois agir simplement par enthousiasme c'est supposer que toute la moralité se réduit à un élément négatif : l'indépendance. Fichte a beau parler d'efforts, d'aspirations, tout cela est insuffisant et n'a aucune signification morale. Cet affranchissement *in abstracto* de l'individu rappelle l'apathie des Stoïciens et ne saurait servir de point d'appui à l'idée juridique. Aussi la conséquence logique et pleine d'ironie de cette tendance sera d'évider jusqu'à la supprimer l'idée même de la personnalité. Hegel poussera cette tendance jusqu'à ses extrêmes limites, et le droit, au lieu d'être l'expression de la personnalité, ne sera plus que la formule de cette vague volonté générale, de cette raison universelle (allgemeine Willé, Vernunft), dont le système juridique de Fichte renfermait déjà les premiers éléments.

CHAPITRE II

Schelling

Kant a dit dans ses Observations sur le Sentiment du Beau (1) : « Les Allemands s'occupent trop des idées des autres pour avoir une réelle originalité, bien qu'ils aient tous les talents nécessaires pour cela. » A aucun penseur d'outre Rhin cette parole ne pourrait s'appliquer aussi bien qu'à Schelling.

Enthousiaste des œuvres de Kant, non moins épris des idées de Fichte, il rend un culte à Spinoza, dont le panthéisme exerce sur lui un attrait irrésistible. L'extrême mobilité de sa pensée, l'absence de toute logique rigoureuse dans l'exposé de ses doctrines rendent l'intelligence de celles-ci particulièrement difficile, au dire de Zeller lui-même. Heureusement, nous n'avons pas à exposer ici ce système nébuleux de l' « Identité », et il doit nous suffire de dire en quoi consiste l'originalité de la conception juridique de Schelling et de montrer comment cette notion du droit se rattache à l'ensemble de ses théories.

Sa pensée a traversé plusieurs phases : tout d'abord il

(1) Voir Werke, IV, p. 453.

chercha à compléter l'idéalisme abstrait de Fichte, à
remplir l'idée par trop vide qu'il s'était faite du droit, à
animer ce formalisme par des études sur l'histoire et les
sciences naturelles. Cette période prépare la seconde,
celle de la philosophie de l'*Identité*, dont l'élaboration
va remplir la plus grande partie de son activité philosophique.

Arrêté par la difficulté de résoudre de grands problèmes de métaphysique, il se jette dans un courant théo-
sophique où il s'inspire de Jacques Bœhme et de la mystique allemande.

Sa méthode présente cette étrange originalité de n'ê-
tre ni inductive ni déductive, c'est la méthode des anciens Éléates, mais façonnée par un romantique allemand. Sa méthode favorite c'est le procédé de l'intuition,
l'inspiration mystique qui transporte l'intelligence hors
des régions de la pensée ordinaire où nous pouvons enfin saisir l'absolu qui nous frappe d'une subite lueur
« comme la balle, dit-il, qui sort d'un pistolet. » A cette
méthode, qui exagère la tendance propre à tous les
idéalistes allemands, Schelling ajoute la forme d'exposition mathématique qu'il emprunte à Spinoza et la forme
dialoguée qu'il imite de Platon et de G. Bruno.

La grande originalité de cet auteur en matière de
science juridique c'est d'avoir inauguré en Allemagne
une nouvelle conception du droit, en prenant pour point
de départ, non plus la volonté individuelle, mais la volonté d'une collectivité : société, peuple ou État. Chez
Fichte la déduction du droit, en partant de l'idée du
moi, se fait subjectivement, toute cette évolution se passe
dans l'intérieur de notre conscience ; pour Schelling, au

contraire, le droit est quelque chose d'extérieur ; chez
Kant et chez son successeur immédiat la cause primor-
diale du droit c'est la coexistence des volontés individuelles qui doivent se limiter mutuellement. Fixer ces
limites c'est le domaine propre du droit, mais ces volontés individuelles demeurent toujours séparées, chacune vit dans son cercle particulier, car le lien du droit
n'est pas assez fort pour les ramener à une unité harmonique, unité qui est l'œuvre plutôt de la morale que
du droit. Eh bien ! cette unité, qui est le couronnement
du droit, d'après les théories de Kant et de Fichte, devient le point de départ du système de Schelling. La
volonté est pour lui cette union universelle de toutes les
volontés particulières, c'est une volonté absolue, c'est un
principe métaphysique et non plus moral, comme chez
Kant ou psychologique, comme chez Fichte. Cette manière de comprendre le fondement du droit s'explique
par la nature du principe qu'il met à la base de sa philosophie. Ce principe n'est plus le moi mais l'absolu, il
n'est pas seulement conscience et connaissance mais
vie, une création incessante. Le droit est un principe
vivant et *organique*, comme dira plus tard Ihering, c'est
l'organisme extérieur de la liberté humaine. Schelling a
eu l'honneur d'avoir introduit dans la philosophie du
droit moderne cette idée d'organisme qu'il devait à ses
études des sciences naturelles et qui aura une destinée
si brillante.

Dès 1793, dans sa *Déduction nouvelle du Droit naturel* et dans un article de philosophie morale, dans son
Idéalisme transcendental, 1800 (1), cette évolution de

(1) Neuer Deduktion des Naturrechts, 1800.

sa pensée dans un sens métaphysique est très sensible,
mais la personnalité humaine est encore affirmée et
l'idée de la nécessité ne joue pas encore le rôle absor-
bant qu'elle aura plus tard. D'accord avec Fichte, il dira
que la mission de l'homme consiste à être le plus possible soi-même : « Cesse d'être un simple phénomène, de-
viens un être » (Sei in hochsten sinn des worts ; sei ein
wesen an sich), voilà la formule commune à la morale
et au droit. Mais dès ses premiers écrits la tendance
contraire s'accuse de plus en plus et le commandement
moral par excellence c'est maintenant : « Agis de telle
sorte que ta volonté devienne toujours plus absolue »
(Dass dein wille absoluter sein) (1). Chacun de nous doit
travailler à réaliser cette liberté générale (uberhaupt), ce
qui n'est possible qu'en mourant à notre liberté individuelle. C'est là même le principe de distinction entre la
morale et le droit : la morale cherche à faire prédominer
la volonté générale sur la volonté individuelle; le droit
fait exactement le contraire. Mais cette opposition n'est
qu'apparente et l'idéal c'est l'union de la plus haute individualité de la volonté avec l'universalité la plus élevée, car au fond, l'unité de toutes les volontés serait à la
fois la liberté la plus illimitée et la plus étroite légalité.
La science du droit résout ce problème en montrant que
la volonté universelle doit s'accommoder à la liberté individuelle (sich ausgleich), tandis que la morale accomplit la même tâche, en montrant que la volonté individuelle doit être identique à l'universelle. Du jour donc où
ces deux sciences auraient atteint leur but, le droit et la

(1) Neuer Deduktion, I, p. 215 et 291.

morale auraient cessé d'exister séparément et iraient se
fondre dans une science supérieure. Le droit naturel
doit avoir pour fondement non point la force, mais la
moralité, car c'est un besoin de notre raison que de voir
la force matérielle liée à la force morale. De cette nécessité de notre constitution morale naît cet autre problème:
comment faire coïncider ces deux éléments, c'est-à-dire
comment faire pour mettre toujours la force du côté du
droit? (1) Malheureusement, arrivé à cet endroit de son
ouvrage, Schelling nous renvoie à plus tard et ne donne
aucune solution de la difficulté qu'il a lui-même soulevée,
il nous renvoie à la philosophie de l'histoire, laquelle
doit montrer comment cet accord de la nécessité de la
liberté, de la force et du droit a pu se traduire dans les
faits.

C'est dans son *Système de l'idéalisme transcendan-
tal* qu'il a essayé de résoudre ce problème de deux manières : soit en montrant que l'histoire universelle n'est
autre chose que le *processus* à la fois nécessaire et libre
(nothwendig-frei!) de l'humanité poursuivant l'idéal
d'une organisation juridique universelle, soit par une
théorie de l'Etat qu'il développe dans ses *Leçons sur la
méthode des Etudes*, livre qui a exercé une grande influence sur la pensée de Hegel (2).

Le principe de la morale c'est le moi, mais non plus le
moi passif, intuitif, mais le moi conscient et créateur. La
liberté, qui est le caractère propre de cette activité, ne
peut se concilier directement avec la nature aveugle dont

(1) Op. cit., p. 277.
(2) Vorlesungen über die Methode, etc., etc., 1803, Werke, I, p. 207.

le mécanisme brutal est la seule loi. Il faut donc chercher un intermédiaire, un moyen terme entre la liberté
et la nature, et ce moyen terme c'est notre conscience
qui est tout à la fois le but suprême que poursuit la nature et la condition première de toute liberté et de toute
moralité. Cette conscience se traduit pour moi sous la
forme de l'*idéal*, de ce qui doit être, de la vie morale qui
est pour ma volonté ce qu'est le symbole pour mes
idées. Jusqu'ici notre auteur répète Fichte avec des formules plus abstraites, mais arrivé là il avance une idée
qui va l'aider à surmonter cette opposition de la nécessité et de la liberté. Cette idée c'est l'*Identité absolue*,
sorte d'harmonie préétablie qu'il définit en poète plutôt
qu'en philosophe (1) et qui est le point d'appui de la volonté individuelle : la volonté universelle ou l'Identité
étant le fondement de ma volonté individuelle, le *micro-
cosme* étant gouverné par le *macrocosme* (l'homme
étant gouverné par l'univers). C'est en vertu de cette
volonté universelle que l'histoire peut évoluer et produire successivement la famille, la société, la nation,
l'État, en attendant la République universelle, comme
dans la nature elle produit parallèlement les espèces, les
genres, les règnes et y maintient une hiérarchie de forces. L'ordre juridique fait plutôt partie de l'ordre naturel
que de l'ordre moral proprement dit : « Au-dessus, dit-il,
de la nature sensible doit s'élever une autre nature où
domine la loi naturelle, mais qui diffère de celle qui gouverne le monde sensible, parce que cette loi, quoique
étant naturelle, gouverne des êtres doués de liberté. »

(1) Idéalismus, p. 207.

C'est l'État qui organise le droit, mais l'élaboration du droit ne doit pas être laissée pour cela au caprice de l'État mais au jeu des forces que nous constatons dans l'histoire. Ce n'est donc pas à l'initiative d'un individu ou d'un législateur quelconque que le droit doit ses origines mais aux effets combinés de l'espèce, car l'harmonie, qui est l'essence même du droit, est l'effet de l'activité réciproque des individus. Le droit est donc pour la liberté des individus ce que le mécanique est pour le mouvement : il ne crée pas ce mouvement mais il détermine la direction des forces en vertu de laquelle le mouvement peut être dirigé et utilisé.

Dans la dixième de ses Leçons, il développe cette idée que l'État est *organisme* dans lequel s'incarne l'harmonie de la liberté et de la nécessité, qui est la clef de toute l'histoire. A ce point de vue, l'État est comme l'image même de l'absolu (1), et il le définit ailleurs : « L'ordre rationnel armé de la puissance coercitive ».

L'importance de Schelling au point de vue de la philosophie du droit est assez considérable si l'on s'attache moins aux résultats auxquels il serait arrivé dans le domaine du droit proprement dit qu'aux aperçus nouveau, aux vues fécondes dont il peut réclamer la paternité. C'est de sa pensée que procèdent les idées juridiques de Hégel, et c'est en grande partie de cette pensée que va s'inspirer l'École historique. Cette volonté universelle, sorte de monstre métaphysique embrassant jusqu'à les étouffer les volontés individuelles, c'est déjà la raison universelle de Hégel. Les conséquences de l'in-

(1) Op. cit., p. 213.

troduction de ce panthéisme dans le domaine du droit
sont faciles à signaler. La première c'est la prédominance de l'esthétique sur la morale : le droit n'a plus
pour but, comme dans la période précédente, la légitime
satisfaction de l'homme, de ses besoins naturels, de ses
tendances, mais il devient un type idéal qui veut être
réalisé pour lui-même. L'Etat et le droit sont maintenant conçus comme une œuvre d'art, c'est-à-dire que
l'Etat n'a en dehors de lui aucun but à poursuivre, qu'il
est à lui-même son propre but. Une autre conséquence,
c'est qu'au rigorisme logique et formel, qui avait régné
avec Kant et Fichte, vont succéder le vague et le symbolisme du langage romantique. Schelling marque le
moment où l'abus des images empruntées aux sciences
naturelles pénètre dans la langue du droit. Il emploie
sans cesse l'expression « croissance naturelle » (Na-
turwuchsichkeit) et conçoit l'Etat sur le modèle de la vie
végétative. C'est là une erreur, même à son point de
vue, comme le remarque Flint (1), puisqu'il fait consister
le progrès dans l'accroissement de la conscience et de
la raison.

(1) Philosophie de l'histoire en Allemagne, p. 203.

CHAPITRE III

Hegel

§ Iᵉʳ. — LE FONDEMENT DE SA THÉORIE JURIDIQUE

Hegel a bâti son système avec des matériaux empruntés à Kant, Fichte et surtout à Schelling ; son ambition a été de faire pénétrer l'esprit scientifique dans la philosophie de l'identité et de couler les idées, souvent si fécondes de Schelling, dans un moule rigoureusement logique. De cet effort de dialectique, le plus puissant peut-être de nos temps modernes, est sorti un système qui représente l'idéalisme allemand dans sa forme la plus achevée. Il semble avoir pris pour maxime cette parole du Faust de Goethe : « Celui qui tient le monde pour quelque chose de raisonnable, le monde à son tour lui rend la pareille », et il voulait retrouver à tout prix dans la vie et dans l'histoire cette haute raison des choses. L'absolu lui apparaît sous la forme d'une raison divine qui se développe dans l'univers, mais il n'y voit pas une révélation progressive à la façon mystique de Schelling, accessible aux seuls croyants; au contraire, il conçoit ce développement sous la forme logique de la thèse, de l'antithèse et de la synthèse, à la manière des chœurs des tragédies antiques, où la série des strophes et des antistrophes se termine dans un chant final.

L'absolu n'est pas quelque chose d'arrêté, de mort, mais quelque chose qui devient et se développe ; ce n'est pas la morne et stérile *Identité* de Schelling, c'est l'esprit, car dire que l'absolu c'est l'esprit c'est en donner, pense-t-il, la meilleure définition (1). Aussi, la « *Philosophie de l'Esprit* » est parmi ses écrits l'œuvre capitale, celle qui a valu à Hegel son incroyable célébrité et dans cette partie de ses œuvres c'est, à côté de la science de la morale et de la religion, la science du droit qui a le plus contribué à faire connaître l'auteur et à répandre son influence. C'est ici en effet qu'il pose et résout à sa manière les plus hautes questions de la vie pratique.

Déjà en 1802, dans un article qu'il écrivit sur les *Méthodes scientifiques du Droit naturel* (2), Hegel indique les points sur lesquels il diffère de ses devanciers et déclare vouloir suivre désormais une voie indépendante : en s'éloignant de Kant, il se rapproche de Spinoza. Il y montre que la morale de Kant est insuffisante, qu'elle est purement négative puisqu'elle se borne à réprimer nos passions, et il va jusqu'à l'accuser d'immoralité. Sans doute, la raison pratique n'ayant point à sa disposition la matière ou le contenu de la loi morale, ne nous disant pas sur quoi elle doit porter, ne peut nous fournir qu'une formule pour nous permettre d'adapter la maxime que nous nous somme faite à la loi, et dans

(1) Zeller, p. 42¹.
(2) Voir Hegel's Werke, Bel. I, p. 323.

ce cadre vide chacun mettra ce qui lui plaira. Mais il
méconnaît les précautions que Kant a prises pour exclure
tout arbitraire en affirmant la nécessité de conformer
nos actes à une loi universelle. Lui-même a-t-il réussi à
combler ce vide? Ne reproduit-il pas les idées de Spinoza
lorsqu'il fonde la morale sur la métaphysique et la confond avec la logique, tenant pour immoral ce qui n'est
que faux ? En s'écartant de la pensée de Kant pour se
rapprocher du panthéisme, Hegel se verra obligé de
fonder le droit non plus sur la psychologie ou sur la
morale, mais sur la logique et sur la métaphysique. Il
soumet à une sévère critique la définition que Kant a
donnée du droit. Kant dit, comme Rousseau, que la
volonté est le premier principe du droit mais il entend
par volonté la volonté particulière, individuelle, où la
raison ne joue qu'un rôle secondaire ; la raison n'y intervient que négativement pour limiter la liberté, mais
elle n'en est pas le fondement et elle demeure ainsi
étrangère à la direction de la volonté individuelle.

Hegel se distingue de Fichte par la manière dont il
conçoit le rôle de l'Etat. Pour Fichte l'Etat avait pour
mission de rendre possible la cœxistence des volontés
individuelles au moyen de la contrainte ; Hegel estime
que comprendre ainsi l'Etat c'est le dissoudre dans la
multiplicité des volontés particulières. L'Etat ne peut
reposer sur la méfiance réciproque, c'est le propre d'un
Etat despotique de gouverner d'une manière mécanique,
extérieure, sans avoir des racines dans la conscience de
la nation. Hegel a raison contre Fichte, mais il ne crain-
dra pas de se contredire en soutenant les théories les
plus réactionnaires au nom de l'Esprit absolu incarné

dans l'Etat et qui doit traiter le peuple en perpétuel mineur.

Arrivons à son œuvre juridique capitale: *Esquisse de la philosophie du droit* (1), dont nous complétons l'étude par celle de ses *Leçons sur la Philosophie de l'Histoire* et la dernière partie de sa Philosophie de l'Esprit (2). Nous devons passer sous silence bien des points intéressants et nous attacher à exposer seulement les idées fondamentales, celles qui peuvent le mieux caractériser la conception hegellienne du droit.

Hegel appelle *esprit objectif :* tout ensemble le droit, la morale et l'Etat. Cet esprit qui s'extériorise dans le droit comme dans la morale est aussi volonté universelle et il a pour but, dans son activité incessante, de réaliser son idée qui est la liberté, en sorte que le monde et l'humanité soient dirigés par une volonté rationnelle. Voilà la forme sous laquelle Hegel présente ce que Kant appelle l'*apriori* du droit, l'élément moral. Ainsi, ce n'est pas la volonté individuelle, ce n'est pas l'individu en tant qu'il veut, qui se sent obligé de soumettre sa liberté au droit, mais, au contraire, c'est la volonté ou l'esprit universel qui produit en chacun de nous *la conscience du droit* et la moralité. Cette volonte universelle est au fond ce qu'il y a de réel dans la liberté parce que elle n'est autre chose que l'élément universel qui se trouve toujours dans toute volonté individuelle. L'universel est pour Hegel ici encore la seule existence

(1) Grundlinien der Philosophie der Rechts, 1821.

(2) Le premier de ces ouvrages n'a jamais été traduit en français, voir Véra : Philosophie de l'Esprit, 1869, § 250-417 et Philosophie du Droit, § 4 à 37.

réelle ou comme il le dit : « La liberté substantielle de l'idée absolue se donne elle-même une existence dans la volonté de chaque individu ; tandis que la volonté individuelle n'est que la forme de la volonté ». La personne, il la définit : l'individu en tant qu'il sent libre et qu'il a conscience de lui-même : « Les individus comme les peuples n'ont aucune personnalité aussi longtemps qu'ils ne se sont pas élevés d'eux-mêmes à l'idée ». Pourquoi peut-on dire que chez chacun de nous la volonté ne soit qu'une volonté formelle ? parce que, à ce degré de notre développement, notre volonté n'est encore que le hasard ou la contingence de la liberté et non pas la liberté reconnue et rendue nécessaire. Dans la masse confuse de nos inclinations naturelles notre volonté se borne à se prononcer pour les unes contre les autres, mais les motifs qui la font agir et le but qu'elle se propose ne relèvent pas de la raison universelle. Ce n'est que lorsque notre volonté s'élève à l'idée, à l'élément universel, qui se trouve dans l'idée même de notre liberté, que la différence entre le fond et la forme disparaît et que notre volonté devient en quelque sorte infinie. En d'autres termes, la volonté ne devient réellement libre que lorsque, au lieu de se borner à choisir entre les diverses impulsions naturelles, elle tire d'elle-même son contenu, sa matière et le but qu'elle doit moralement et rationnellement poursuivre. Une fois que l'idée a réussi à pénétrer dans la volonté, celle-ci devient libre et c'est cette conscience que l'individu acquiert de son union avec la volonté universelle qui est le vrai principe du droit et de la moralité. On le voit, Hegel reproduit, avec les formules d'une métaphysique nuageuse, ce que

Kant appelle « la maxime universelle », par laquelle
notre volonté devient une volonté morale. Remarquons,
en passant, que ce principe de la moralité du droit est
pour le moins aussi vide que celui que nous avons déjà
constaté chez Fichte. Il y a même recul au lieu de progrès, car Hegel enlève à la volonté individuelle toute réalité, il l'évide de son élément moral en ne voyant en elle
qu'un simple processus intellectuel (1). C'est donc,
comme nous le disions, la métaphysique et non plus la
morale qui sert de fondement au droit.

« La loi c'est l'élément universel ou rationnel de la
liberté affirmée ou posée par la conscience et l'intelligence (gesetz), et reconnue comme une puissance à
laquelle on se soumet ». Quand la loi devient une habitude ou manière de sentir, quand elle devient comme le
caractère de la volonté, elle constitue les mœurs. Le
droit c'est cette volonté libre cherchant à se réaliser et
« nous entendons par droit, dit-il, non-seulement le
droit civil mais la moralité et la vie politique ». Hegel
élargit démesurément l'idée du droit qui embrasse ainsi
toutes les déterminations de notre liberté. Il appelle le
droit une volonté libre, mais que faut-il entendre par
volonté? Pour Hegel la volonté n'est point distincte de
la raison, elle n'en est qu'une forme, une certaine
manière d'être de la pensée, et si les animaux n'ont
point de volonté c'est qu'ils ne pensent pas. La tendance
fondamentale de notre esprit c'est l'indépendance, car la
liberté n'est pas une faculté que nous possédions à côté
d'autres facultés, mais c'est la substance même de notre

(1) Op. cit., § 150.

volonté, « comme la pesanteur est l'attribut nécessaire
de la matière ». Hegel ne s'explique pas davantage sur
la nature de la volonté et laisse sans réponse bien des
questions importantes.

Le droit comprend, dans son acception la plus large,
tout le domaine de la vie morale, et comme celle-ci suit
un développement déterminé, le droit se réalise également en trois périodes ou trois degrés comme la vie de
l'esprit elle-même. La première, c'est le règne de la
volonté individuelle ou immédiate. Elle consiste en ce
que la personne qui est libre s'affirme et se donne à
elle-même une existence dans les choses, dans *la propriété*. A cette période correspond le droit abstrait ou
formel qui embrasse toutes les propositions juridiques
où la volonté s'affirme en tant que personne ; le commandement de cet état du droit ou la règle générale
c'est: « Sois une personne et respecte les autres comme
des personnes qu'ils sont ». Voilà pourquoi l'idée juridique ne s'énonce à ce degré de son développement que
d'une manière négative: *neminem laede*. La défense
est donc la première forme de toute loi. La seconde étape
dans ce développement de la volonté libre c'est *la moralité*. Ici la volonté se replie sur elle-même et cherche à
concilier l'objet, c'est-à-dire le monde extérieur avec
elle-même. La volonté de l'individu est libre en ce sens
qu'elle ne reconnaît dans ses actes que les principes
qu'elle a acceptés et dont elle a conscience ; ce qui lui
importe ce sont ses propres vues, l'intention, le but
qu'elle poursuit et qui lui donne toute sa valeur.

La troisième et dernière forme de la volonté libre est
celle de la *moralité sociale* (Sittlichkeit) où la volonté de

subjective devient objective, où l'idée du bien se réalise
non-seulement dans la volonté de l'individu mais dans
la collectivité ; c'est un des points les plus difficiles de
cette théorie que de bien saisir la pensée de Hegel et
d'arrêter le sens exact de cette expression que Vera
traduit assez imparfaitement par *moralité sociale*. La
moralité sociale ou réalisée se manifeste sous les formes de la famille, la Société civile et l'Etat. Comment
se fait-il que pour Hegel la société et ses institutions
constituent une moralité plus haute que la moralité
individuelle, la morale proprement dite ? La moralité
(Moralitat), c'est cet idéalisme inquiet et dualiste en face
des inclinations naturelles et dont le type se trouve déjà
dans la doctrine de Kant. La volonté sans doute s'oriente
du côté du bien et du droit mais elle conserve toujours
quelque chose d'égoïste, le bien lui apparaît comme une
tâche qu'il faut remplir sans y parvenir, car il est une
contradiction que notre volonté ne peut surmonter : c'est
que les circonstances façonnent nos actes autrement
que nous ne le voudrions. Notre volonté est divisée,
sollicitée qu'elle est par l'intérêt général et par l'intérêt
particulier. En outre, dire qu'il faut faire le bien pour le
bien ce n'est pas nous dire quel est notre devoir dans
chaque cas particulier de sorte qu'il y a toujours à
craindre que la conscience individuelle ne se mette
au-dessus de la loi. Le bien que je conçois comme fin
universelle doit se réaliser et ne pas rester enfermé dans
conscience « car, dit Hegel, toute fin morale doit être
réalisée extérieurement ». Il faut donc préciser ce qu'est
le bien, indiquer quelle est la matière, remplir le vide
de la conscience individuelle, et c'est ce qui a lieu grâce

à la *moralité sociale* qu'il définit : « La notion de la liberté devenue le monde actuel et la nature de notre propre conscience (der zur vorhandenem Welt und zur Natur des Selbstbewusstseins gewordem Begriff des Freiheit) (1), et dont notre langue se refuse à rendre la nuageuse profondeur.

Revenons à la première des trois formes de la volonté libre qui embrasse toutes les sphères du droit. Il définit ainsi le droit naturel : « Ce mot a une double acception : on peut l'entendre en ce sens que le droit existerait d'une manière immédiate à la façon des choses de la nature ou bien qu'il existerait suivant la nature de la chose, c'est-à-dire suivant sa notion. C'est dans le premier sens qu'on l'entendait autrefois, ce qui avait conduit à imaginer un état de nature où aurait dominé le droit naturel. En réalité, le droit et toutes ses déterminations sont fondés sur la liberté de la personne, ce qui est le contraire des déterminations de la nature. Par conséquent, le droit naturel c'est l'empire de la violence, l'état de nature est un état où domine l'injustice...., La vie sociale est le seul état où le droit trouve sa réalité ».

Le premier moment du droit, comme dit Hegel, c'est la *personne*. Mais cette personne qu'est-elle ? Ce n'est pas le simple sujet, car, à ce titre, tout être vivant étant sujet, aurait des droits ; le sujet n'est, au contraire, que la simple possibilité de la personnalité. La personne n'est pas non plus le moi, la conscience psychologique, mais seulement le moi dans la sphère du droit. C'est, comme il le dit, l'individualité libre existant pour elle-

(1) Op. cit. p. 210.

même et par elle-même (für sich und an sich). La personne est donc le fondement du droit en ce sens qu'elle
en est l'aptitude, la simple possibilité d'avoir des droits.
Aussi l'on peut dire de la personnalité qu'elle est à la
fois ce qu'il y a de plus haut et de plus bas, car tout en
étant le germe de tous les droits, elle n'en est que le
germe (dar Hohe und dar ganz Niedrige). C'est ici le
domaine propre de la vraie égalité : nous sommes tous
égaux en tant que personnes dans le même sens que
l'on dit que toute matière est égale à toute autre matière, ou que mon moi égale tout autre moi, c'est-à-dire
en tant que moi abstrait ; mais hors de ce domaine de
l'abstraction l'inégalité commence immédiatement et
la vouloir supposer ou prétendre la réaliser à tout prix
c'est pure folie. Au contraire, le droit suppose l'inégalité, précisément parce qu'il ne peut se développer que
dans le concret et dans le réel.

§ II. — LE SYSTÈME JURIDIQUE

La personne dans ses rapports avec la nature extérieure est essentiellement active, elle tend à s'affirmer,
et la première forme de cette affirmation de la liberté en
face de la nature, c'est la *propriété*, qu'il faut bien
distinguer de la possession. Le côté rationnel de la
propriété, son caractère juridique ne consiste pas dans
la satisfaction de nos besoins mais dans cette affirmation de la volonté libre qui change en propriété la simple
occupation matérielle d'une chose. Aussi la propriété
est à la fois *moyen*, quand on la considère comme sim-

ple possession matérielle, et *fin*, si on la considère au
point de vue de la personne à laquelle elle donne s_a
première réalité. Il faut savoir gré à Hegel de s'être fait
de la propriété une idée aussi élevée, mais cette manière
même de concevoir la propriété devient pour elle un
danger. En effet, si toute personne humaine est appelée
en principe à la propriété, les principes exigent — et
Hegel ne recule pas devant cette conséquence — non
seulement que tout homme doive être propriétaire, mais
qu'il possède effectivement, à moins de déchoir de sa
dignité d'homme. Si tel est le rôle de la propriété, il en
résulte que les choses matérielles ou les objets de la propriété deviennent le moyen par lequel ma volonté acquiert une existence et devient reconnaissable pour les
autres. De cette définition paradoxale des choses ou des
objets de propriété résulte la manière dont il considère
les droits primitifs de la personne : inviolabilité de la vie
humaine, liberté physique qu'il place sous la rubrique
de la propriété ! Deux personnes n'existent l'une pour
l'autre qu'en tant qu'elles sont propriétaires, et c'est
ainsi que naît le *Contrat*, c'est-à-dire le rapport juridique entre les personnes. En effet, une propriété, qui
affirme l'existence de ma volonté, n'existe en un sens
que par rapport à la volonté d'une autre personne. J'ai
la propriété d'une chose non seulement en vertu de ma
propre volonté, mais par l'intermédiaire d'une autre
volonté; bien plus, je ne l'ai que grâce à la volonté commune ou générale (gemeinsamen Wille) (1). La validité
du contrat ne dépend pas de son exécution, car c'est

_____

(1) Op. cit. § 493.

dans la manifestation de la volonté, dans la stipulation que s'accomplit le transfert de la propriété. Fichte est dans l'erreur quand il prétend que l'obligation de maintenir le contrat n'existe pour moi que s'il y a un commencement d'exécution par l'autre partie : non, répond Hegel, l'obligation avant l'exécution est non seulement morale mais juridique. La différence entre la simple promesse et le contrat consiste précisément en ce que dans le premier cas il n'y a que la manifestation d'une seule volonté : c'est la distinction que fait le droit romain entre le *pactum* et le *contractus*.

A la théorie du contrat il rattache celle du délit et de la peine, mais il y arrive par pure déduction métaphysique au lieu de suivre la voie psychologique qui seule permet de passer de l'idée de consentement à celle de dol. Il restreint arbitrairement l'idée du délit, et il n'y voit qu'une fraude consistant à substituer l'apparence du droit à sa réalité tandis que le crime serait plutôt la négation du droit. Dans le refus de la prestation qui m'a été promise par le contrat il voit une contrainte qui serait exercée sur moi, et de là il déduit le droit de contrainte proprement dit qui est la substitution de la contrainte ou de la coercition du droit à la contrainte qui a consisté dans la privation du service stipulé. « La contrainte n'est juste, dit-il, que lorsqu'elle a pour but de faire disparaître une autre contrainte » (1). La peine est la suite ou la conséquence du crime se faisant sentir au coupable. Sa théorie de la pénalité est profondément originale. La volonté qui veut la peine et celle qui a violé

(1) Philosophie de l'Esprit § 502.

la loi, sont au fond la même volonté : que le coupable cherche à échapper à la peine ce n'est là qu'un accident tandis que sa volonté rationnelle et réelle est de nier le crime c'est-à-dire de vouloir la peine. Il ajoute : « La théorie de la pénalité est une de ces matières où la science du droit positif s'est le plus égarée. Pourquoi? Parce qu'on n'a vu dans la violation du droit, et par conséquent dans la peine qu'un mal (Uebel) ce qui est absurde, puisqu'il est contraire à la raison de vouloir un mal uniquement parce qu'il existe déjà un autre mal, et c'est là le fond de toutes les théories pénales qui reposent sur l'intimidation » (1). Voir dans la peine un moyen d'amélioration pour le coupable, une sorte de bien, c'est commettre également une grave erreur et c'est avoir une vue superficielle des choses que de se préoccuper d'un bien ou d'un mal quel qu'il soit, alors qu'il ne s'agit que de la lésion faite au droit ou de la violence subie par la justice. La conséquence de cette erreur est des plus graves, car elle nous porte tout naturellement à plaider irresponsable ou non coupable, au nom de certaines considérations psychologiques portant sur la puissance des motifs ou la fatalité des impulsions. L'on confond ainsi les effets de la peine qui doivent servir uniquement à fixer sa modalité avec sa nature, dont le trait fondamental est que la peine soit juste en elle-même. La peine doit avoir pour but de supprimer le crime non point parce qu'il produit un mal mais parce qu'il a violé le droit en tant que droit. Fonder la peine sur la menace, comme le fait Fenerbach, c'est supposer que l'homme

(1) Op. cit. § 3.

n'est pas libre de résister au sentiment de la crainte :
« C'est le traiter, dit-il, comme un chien sur lequel on
lèverait le bâton ». Il justifie la peine de mort et s'élève
contre Beccaria qui refuse à l'Etat le droit d'appliquer la
peine capitale pour la raison qu'on ne peut présumer que
le contrat social implique le consentement des individus
à se laisser guillotiner ! Hegel montre, au contraire, que
l'Etat, n'étant nullement fondé sur le contrat et n'ayant
pas pour principale mission de garantir la vie des individus, en tant qu'individus, peut exiger, dans certains
cas, le sacrifice de leur vie. Bien plus, la peine est un
droit spécial qui appartient au criminel, car c'est hono-
rer celui-ci que de la considérer comme un être raisonnable. « La peine est la suppression du crime selon la
loi du talion, c'est la violation de la violation ou la négation de la négation ».

Hegel ne veut pas dire cette absurdité qu'il faille rendre
vol pour vol ou coup pour coup, mais qu'il doit y avoir
une connexion étroite entre le crime et la peine. Le talion
n'est possible que dans un seul cas, dans la peine de
mort, qui est toujours nécessaire en cas de meurtre,
attendu que la vie, embrassant le cercle entier de tous
les biens de l'individu, il n'existe plus aucune mesure qui
puisse servir à évaluer la peine. En résumé, la peine est
au fond le talion : « Ce sont les Euménides qui dorment
mais que le crime réveille; la peine, c'est le crime qui
s'affirme (die sich geltend macht) » (1).

L'on voit quelle est la filiation de ces principes avec
les idées de Kant et de Fichte, mais Hegel leur donne

(1) Philosophie du droit § 76.

souvent une apparence d'originalité qui ne rachète pas toujours l'absence de clarté. Il confond la notion de la personne avec l'idée de la propriété et l'idée juridique avec la notion philosophique. En parlant de la personne il met l'accent sur la simple identité de la conscience au lieu d'insister sur la nature morale : comment s'étonner dès lors qu'il ne réussisse pas à attribuer à la personne une capacité juridique véritable ? L'homme qui, comme Robinson, serait seul dans une île, ne pourrait avoir aucun droit car la notion de la personne juridique implique nécessairement l'idée d'un rapport entre moi et d'autres personnes. Il tombe dans une contradiction évidente lorsque, d'une part, il nous dit qu'il faut respecter les autres comme des personnes et que, d'autre part, il ramène l'idée de personne à l'idée de propriété. Ces deux notions fondamentales du droit sont singulièrement défectueuses et l'on est d'autant plus fondé à s'en étonner que ses prédécesseurs, Kant et Fichte, avaient fait sur ces idées la plus vive lumière.

Quant à la division des droits qu'il adopte, il reproche au droit romain d'avoir distingué entre les droits sur les choses et les droits des personnes, en oubliant les *actions*, mais il oublie lui-même que l'action comme l'exception sont des droits tenant à la personne et à ses droits sur les choses. Il attaque également la division établie par Kant en droits personnels, réels et personnels-réels ; sans doute, le droit sur les choses n'est au fond qu'un prolongement ou une phase concrète du droit de la personne, mais lui-même ne fait-il pas rentrer les droits innés dans le droit de propriété ? « Je possède ma vie et mon corps, dit-il, comme les autres choses, c'est-à-dire, autant que le veut ma volonté » (1) ; sans doute, du moins à son point de vue, mais résulte-t-il de ce que j'ai le pouvoir de me tuer que les autres doivent respecter ma propre vie ou que je doive respecter celle des autres? Le marchand d'esclaves qui ne respecte pas la liberté du prochain, serait-il bien fondé à venir réclamer le respect de sa propre liberté ? Cette innovation, qu'il a essayé d'introduire à propos de l'idée de personne et de propriété est une subtilité qui a exercé une fâcheuse influence sur la manière dont il comprend le contrat. Il relève avec raison l'idée de réciprocité que suppose le concours de deux volontés dans le contrat, mais il a le tort grave de n'avoir pas appuyé sur cette base toutes les déductions, plus dialectiques que juridiques, auxquelles il se livre. Ce défaut de méthode est encore sensible dans la manière superficielle avec laquelle il rattache à ces abstractions les spécialités du contrat. Il parle successivement de la donation, de l'échange et n'admet d'autre division des contrats que les contrats de donation et ceux d'échange avec leurs accessoires : cautionnement, hypothèque, etc. Bien qu'il donne cette division pour la seule rationnelle il ne faut pas méconnaître qu'elle présente des lacunes. Le défaut capital de cette division c'est de manquer d'un principe qui rattache tous ces éléments à l'idée du droit : les modalités et l'objet du contrat ne concernent que son application, n'ont qu'un caractère accidentel et ne peuvent nous donner une division vraiment rationnelle. Les conditions générales pour lesquel-

(1) Op. cit. § 47-48.

les un contrat devient obligatoire sont les seules qui puissent nous fournir cette division.

Pour bien comprendre l'idée qu'il se fait du droit, il faut nous demander comment il conçoit la moralité d'une action. Il dit qu'une action est morale toutes les fois que nous soumettons notre volonté à la volonté objective ; mais la simple soumission a une volonté autre que la nôtre peut-elle faire la moralité de nos actions ? Je puis, par la crainte de la peine, obéir à cette loi objective : mon action sera-t-elle morale pour cela ? Il est évident que le mobile moral en est absent et que Hegel ne réussit pas à établir le vrai critère de la moralité. C'est, d'après lui, dans l'Etat seulement que la conscience parvient à saisir son véritable objet, c'est dans la volonté de l'Etat que se trouve la substance du bien. Mais qu'est-ce que le bien ? « Le bien, dit-il, c'est la volonté dans sa généralité, il ne consiste qu'en pensée et il n'existe que dans la pensée. L'individu doit, par sa pensée, reconnaître ce bien et le vouloir (1) ». Mais qui ne voit que c'est accorder trop d'importance à l'élément intellectuel dans la conscience morale ? « L'individu livré à lui-même, ajoute-t-il, ne possède que la certitude *formelle* des a volonté ». Voilà pourquoi, la conscience, la vertu, le devoir réclament un fondement objectif, un monde de relations concrètes et tangibles, car ici seulement il existe des lois précises, coupant court à tout arbitraire individuel, des institutions qui sont des forces morales destinées à diriger et à régler la vie individuelle. En vivant ainsi dans l'esprit de la Société à la-

(1) Philosophie du droit, § 138 et 132.

quelle il appartient l'individu pratiquera la vertu presque d'une manière irréfléchie.

Il y a trois espèces ou trois variétés de moralité sociale : la famille, la société civile et l'État et c'est dans
cette dernière forme que ce qu'il appelle la *substance
sociale* acquiert conscience d'elle-même et forme une
réalité organique.

1° *La famille.* Nous relèverons ces trois points : le
mariage, le patrimoine et l'éducation des enfants qui
suggèrent à Hegel des idées qui ne manquent ni de
justesse ni de beauté. La famille repose sur la relation
des sexes mais cette relation s'élève à la sphère de
l'esprit : c'est l'union de l'amour et de la confiance et le
mariage repose uniquement sur l'amour. « L'amour,
dit-il, c'est la conscience de l'unité de soi et d'un autre
que soi, de telle façon que moi je ne suis point moi dans
mon isolement mais que je n'atteins à la conscience
complète de moi-même qu'en ne faisant qu'un avec un
autre. Je ne suis moi-même que dans une autre personne dans laquelle j'acquiers toute ma valeur, et réciproquement, cette personne n'est elle-même et n'a toute
sa valeur qu'en moi (1). » Et plus loin : « L'amour est la
plus étrange des contradictions que l'entendement ne
saurait jamais résoudre. » Le mariage est un rapport
social et lie indivisiblement les personnes; l'union cor-
porelle n'est que la conséquence de ce lien. Dans la
plupart des théories du droit naturel, on ne considérait
le mariage que par son côté physique, mais en n'y
voyant que le rapport des sexes on se mettait dans
l'impossibilité d'en déduire tous les autres caractères et

(1) Philosophie du droit, § 159.

toutes les autres obligations qui sont propres au mariage ; cependant, il ne faut pas non plus ne voir dans le mariage qu'un simple contrat civil, car ce serait le rabaisser au rang de simple usage conventionnel (gegenseitigen vertragsmassigen Gebrauchs.) (1) Le mariage ne repose pas exclusivement sur l'amour physique car ce serait le livrer au caprice de la passion. Le mariage est plutôt : « l'amour conforme au droit social » (die rechtliche-sittliche Liebe). En soi le mariage est indissoluble car la fin du mariage est la fin sociale elle-même mais, comme il contient un élément de sensualité, le lien conjugal ne peut être absolu mais susceptible d'être brisé ou plutôt oscillant entre l'union et la dissolution (schwankend) et la législation doit en rendre la dissolution aussi difficile que possible afin de maintenir le droit social en face de l'arbitraire individuel.

Quant au patrimoine il se caractérise par ce trait qu'à l'égoïsme de la propriété privée se substitue une propriété commune.

Le caractère de moralité sociale du mariage se complète dans l'éducation des enfants qui a pour but de faire de ceux-ci des personnes indépendantes. Les époux privés d'enfants ne seront jamais unis de cette unité substantielle qui résulte de la présence des enfants, objets de leur commun amour. Contrairement à Kant, il soutient que les enfants n'appartiennent à personne car la liberté leur est donnée avec la vie, liberté virtuelle seulement et que l'éducation doit réaliser. L'enfant possède un droit à l'éducation parce qu'il doit devenir homme par lui-même et non point par l'effet de l'instinct.

(1) Op. cit., § 75 et 263.

2° *La société civile.* C'est un des mérites de Hegel
d'avoir pressenti toute l'importance que devait prendre
la science sociale aussi lui a-t-il fait une assez large
place dans son système. L'idée fondamentale dans toute
société civile c'est que l'individu ne peut donner satisfaction à ses besoins légitimes que dans la société; la
société civile repose donc sur l'idée de la solidarité. C'est
donc une erreur que de se représenter l'Etat comme une
simple réunion de personnes, de familles ou de sociétés
particulières qui ne poursuivraient que leurs buts particuliers et où chacun serait à lui-même sa propre fin :
c'est confondre l'Etat avec la société civile. Celle-ci
comprend trois moments parmi lesquels nous relevons
ce qu'il appelle la satisfaction des besoins par le travail
(das Systèm der Bedurfnisse) ou économie politique,
« science, dit-il, qui fait tant d'honneur à la pensée,
puisque dans une masse de faits accidentels elle a su
découvrir des lois (1) ». Relevons seulement cette idée
salutaire : Que « l'individu n'est vraiment une personne
que lorsqu'il embrasse un état ou qu'il prend une car-
rière, car un homme sans état est un simple individu, il
n'est pas un membre de la société ». *L'administration
de la justice et la police* sont les deux autres facteurs
de la société civile. A ce propos, Hegel agite cette question : l'aveu de l'accusé doit-il être une condition de sa
condamnation ? Suivant lui, la preuve n'est pas complète
sans l'aveu, attendu que les circonstances et les témoi-
gnages à charge ne constituent qu'une demi-preuve dont
l'aveu est le complément nécessaire. Pour comprendre

(1) Op. cit., § 199.

cette théorie subtile il faut se rappeler que l'aveu n'est qu'un moment, un élément de l'idée juridique et que de même que la peine est le moment, le point où le droit se réconcilie objectivement avec lui-même, de même l'aveu est le moment subjectif de cette réconciliation. L'aveu est nécessaire car pour que la peine soit juste il faut que la conscience du coupable ratifie elle-même le jugement de condamnation. Si l'aveu entraîne la peine, celle-ci suppose l'aveu. Mais si le coupable ment, s'il n'avoue pas ? C'est là précisément le rôle du jury, de remplacer l'aveu : le jury est comme la conscience de l'accusé (1).

L'Etat réunit en lui le principe de la famille et celui de la Société civile, « il est la substance sociale parvenue à la conscience d'elle-même, il est la réalité de l'idée sociale, il est l'être rationnel et pour soi » (2). Hegel ne tarit pas sur ce sujet et les formules métaphysiques en devenant plus nombreuses n'en deviennent pas plus claires. Aussi le premier devoir d'un individu c'est d'être membre d'un Etat, car lorsqu'on confond l'Etat avec la Société civile et que l'on réduit sa mission à garantir la sécurité et à protéger la propriété, c'est l'intérêt de l'individu qui s'érige en fin dernière, d'où découle cette conséquence qu'il dépend de nous et de nos caprices de faire partie de l'Etat. La tâche de l'Etat est double : elle consiste d'une part à protéger la personne des individus, car en dehors de l'Etat le droit n'est que possible il n'est pas réel et nécessaire, et d'autre part, à ramener les individus, la famille et la Société civile à la vie générale,

(1) Op. cit., § 228.
(2) Op. cit. § 536 et 257.

en brisant, par sa puissance, toute résistance afin de conserver les éléments dans leur unité organique. *Les lois* sont par conséquent *des limites* pour la volonté de l'individu, elles sont aussi *des fins* et comme la substance de sa volonté, puisque c'est en elle que l'individu trouve sa liberté. Hegel se livre ici à une critique très fine de la célèbre formule : Liberté et Égalité. Prises dans leur forme abstraite, ces deux idées rendraient l'existence de tout État impossible. La proposition que tous les hommes sont égaux par nature est équivoque car on y confond la nature avec l'idée, or, la nature, au contraire, fait les hommes inégaux. Le principe que tous les citoyens sont égaux devant la loi est une pure tautologie car on y énonce simplement cette idée que les lois doivent l'emporter, or, dans l'idée de citoyen se trouve déjà impliquée l'idée de loi. Malheureusement, on a donné à cette formule ce sens monstrueux que la loi doit faire disparaître les inégalités alors qu'elle ne peut vouloir vouloir dire raisonnablement que ceci : qu'ils sont tous soumis à la loi mais dans les choses et sur les points par lesquels ils sont déjà égaux. Les lois, au contraire, supposent des conditions inégales et ont pour but de déterminer les devoirs qui en découlent.

Quant à la liberté, on l'entend de deux manières : soit dans un sens négatif, par opposition à l'arbitraire du pouvoir, soit dans le sens positif de liberté individuelle. Mais la liberté conduit à l'inégalité, car plus la liberté se consolide, comme sauvegarde de la propriété et comme possibilité pour chacune de faire valoir ses talents, et plus aussi croîtra l'inégalité.

Nous ne pouvons examiner ici d'une manière complète

la doctrine de Hegel sur l'Etat et nous devons nous borner à quelques considérations générales sur l'ensemble
de sa doctrine juridique.

§ III. — CRITIQUE GÉNÉRALE DU SYSTÈME

L'on ne peut que louer les efforts que Hegel a tentés
pour donner un contenu, une matière au droit que Kant
avait conçu d'une manière si vide et si formelle : il a
voulu donner de la vie à ces formules abstraites. Malheureusement il a fait consister toute la réalité de l'idée
morale et juridique dans l'Etat, sans bien comprendre la
haute mission de celui-ci, sans en avoir saisi la vraie
portée. L'Etat pour lui est toujours l'*Etat de droit*
(Rechtsstaat) dont le rôle consiste à régler, à coordonner
les facultés individuelles et les droits des personnes.
L'Etat n'est dès lors qu'un simple moyen et ne peut être
un but en lui-même, quoi qu'en dise Hegel et quelles
que soient les hyperboles qu'il emploie. Il lui arrive de
prendre pour de l'absolu ce qui n'est que du relatif, et,
partant de cette erreur, il ne craint pas d'enseigner que
l'Etat doit dominer toutes les consciences individuelles.
Aussi, par une singulière ironie, il ferme toute voie de
progrès, tout avenir à cet Etat qu'il appelle « la volonté
divine immanente, » puisqu'il lui enlève *tout idéal* à
poursuivre, puisque en dehors de lui il n'y a rien (1).
Malgré la rigueur impitoyable de sa logique il laisse
échapper parfois comme l'expression d'un regret et s'ef-

(1) Op. cit., p. 328.

force de donner quelque satisfaction aux intérêts supérieurs de l'individu. Son mérite incontestable c'est d'avoir fait revivre le sentiment de la vie publique et de la haute dignité de l'Etat, d'avoir inspiré à l'individu, trop porté déjà à vivre dans un plat égoïsme, le sentiment de sa responsabilité vis-à-vis de la chose publique. D'où venait donc à Hegel cette idée démesurée de l'importance de l'Etat? De son admiration pour l'idéal politique de l'antiquité, comme le remarque Zeller (1), mais surtout de son idéalisme et du mépris presque inconscient qu'il professait pour l'individu. Par cette formule : « Ce qui est rationnel est réel et ce qui est réel est rationnel, » il reproduisait au fond la pensée de Spinoza, tout en différant du philosophe de La Haye sur un point très important : Spinoza était resté fidèle au point de vue étroit et individualiste de son époque, ce qui le préoccupe c'est la félicité ou le bonheur de l'individu ; pour Hegel, au contraire, l'individu est tout à fait secondaire et à ses yeux, pas plus le droit que la morale n'a ses racines dans la volonté individuelle mais dans la volonté universelle, représentée par l'Etat. En s'éloignant de Spinoza, il se rapproche ainsi de Platon. Dès 1798, comme l'a prouvé Haym (2), Hegel raillait cet argument trouvé par l'égoïsme des classes privilégiées : qu'il y a toujours un abîme entre ce qui est et ce qui doit être, et il parlait des droits de l'homme comme un disciple de Rousseau. En approfondissant les causes de la situation humiliée que traversait l'Allemagne il décou-

(1) Op. cit., p. 625.
(2) Hegel und seine Zeit, 1857, et Wundt, Ethik, p. 332.

vril une double explication historique et psychologique : l'absence de toute organisation et de tout pouvoir central, le particularisme égoïste (eigensinnige Freiheitstriebe) qui avait tout compromis et quand il comparait l'état de son pays à celui de la France il le trouvait désespéré. Comme Gœthe, qui se réfugiait dans la poésie pour échapper aux agitations et aux tristesses de son temps, lui se réfugiait dans l'étude de l'histoire et se consolait par le spectacle de l'unité et de l'intelligence qui s'y manifestent. Impuissant à faire coïncider le réel avec l'idéal, il idéalise la réalité et c'est sa métaphysique qui va combler l'abîme qui existait entre les deux. Aussi, son point de vue est-il essentiellement différent de celui de Kant. Celui-ci fouille dans la nature humaine et ne s'arrête que lorsqu'il a découvert ce qui en est comme le sous-sol, la conscience, précisément parce que le besoin qui le travaille est surtout un besoin de vérité et de vie morale ; chez Hegel ce qui domine c'est l'instinct esthétique et pour lui la philosophie semble devoir donner satisfaction au même besoin qui donne naissance à la poésie : transformer l'univers, se le représenter selon l'image idéale que tout poète porte en lui. Personnellement Hegel n'était nullement disposé à sacrifier l'idéal à la réalité et son point de vue n'était pas utilitaire mais idéaliste et métaphysique. Ce qui le prouve c'est l'admiration qu'il professait pour Rousseau à qui il a pris l'idée fondamentale de sa théorie de l'Etat, et à côté de Luther et de Kant il aimait à placer le philosophe de Genève « qui le premier, disait-il, avait établi le principe de l'âge moderne : l'homme libre par sa volonté. » On ne connaît pas toute la pensée de Hegel lorsque l'on oublie l'homme et son admiration pour Rousseau. « C'est la grandeur de la Révolution française, dit-il, d'avoir voulu traduire dans les faits cette grande idée (1). » Mais les conséquences logiques d'une théorie sont indépendantes des préférences individuelles et des goûts de son auteur. Si les aspirations de l'homme chez Hegel étaient idéalistes, sa pensée philosophique aboutissait fatalement à un grossier réalisme, à l'époque même de sa plus grande gloire, alors qu'il devient le dictateur de la pensée allemande. Ce qu'il veut c'est retrouver tout son idéalisme non seulement dans un avenir plus ou moins lointain mais dans la réalité immédiate : dans le droit et dans la politique de la Prusse ! Voilà comment il fut amené à combattre le libéralisme où il voyait la suprématie de la volonté individuelle. La philosophie du droit n'a pas à chercher ce qui doit être, mais comme les sciences de la nature, elle doit se borner à constater ce qui est. Il parle bien de liberté mais, comme le remarque Haym, elle ne peut exister dans son système car la volonté s'évapore et se perd dans l'intelligence et dans la science, et n'a-t-il pas dit textuellement : « la volonté est une manière d'être de la pensée ? » L'on comprend dès lors sa formule favorite : la liberté c'est la raison ; d'où la conclusion qui s'impose sur le terrain politique : que la Prusse, étant, aux yeux de Hegel, l'Etat le plus intelligent, est aussi le plus libre, et de là toute une théorie de l'histoire fondée sur la mission de certains peuples. Mais quelque jugement que l'on puisse porter sur le sys-

(1) Vorlesungen über die Geschichte der Philosophie, Bd. III, Werke 9, Berlin, p. 18, 1837.

tème politique de Hegel, il faut reconnaitre qu'il a rendu de grands services au droit, en relevant le côté moral de l'ordre civil, en opposant aux exagérations de la théorie du contrat social et de la souveraineté du peuple la puissance supérieure de l'Etat. Comme le remarque Stahl, son action a été parallèle à celle de l'école historique en proclamant l'unité de la conscience nationale.

En résumé, si Hegel a eu le mérite d'avoir insisté sur cette idée que le droit est un organisme il a préparé à son insu le triomphe du matérialisme dans le droit car dans son système l'individu ne peut prendre d'autre attitude que celle de l'aplatissement. Aussi de toutes les théories idéalistes c'est l'hégélianisme qui a opposé la plus faible barrière au socialisme matérialiste qui semble répéter le mot de Faust : « Mets tout d'abord ce monde en pièces, de celui d'en haut je ne m'en soucie guère.(1)»

§ IV. — LES DISPLES DE HEGEL: A. LASSON.

Pendant les quinze premières années qui suivirent la mort de Hegel l'influence de ce philosophe devint toujours plus prépondérante dans le domaine du droit comme dans les autres domaines de la science. Parmi les juristes qui subirent cette influence d'une manière décisive il faut citer Gans, plus particulièrement connu chez nous par son livre sur *Le Droit de Succession* (1); son

(1) Faust. 1re partie. Gœthès ausgewæhlte Werke. II. p. 59 à 62.
(2) Dar Erbrecht in Weltgeschichtlich Entwickelung, 1811, traduit par Loménie.

attitude très hostile à l'égard de l'Ecole historique et l'intransigeance de ses théories hegelliennes lui ont valu une certaine célébrité. Mais la plus considérable et la plus récente manifestation de cette influence de Hegel, il faut la chercher dans l'important ouvrage de Lasson : *Système de la Philosophie du Droit*, dont nous allons faire une rapide analyse (1). Important par le nombre et la portée des idées, ce livre, malgré son ordonnance défectueuse et sa forme massive, témoigne hautement de la profonde influence que la pensée hegellienne conserve toujours en Allemagne, et l'on peut dire, en effet, que si l'hégelianisme y est fort décrié comme formule scientifique, son esprit et ses principales idées se trouvent plus ou moins adoucis dans toutes les théories juridiques ou politiques qui voient le jour dans ce pays.

L'auteur part de cette distinction entre la morale et droit, c'est que les *devoirs de droit* sont nécessaires aux conditions de la vie sociale et qu'ils sont imposés par la puissance de l'Etat. La mission de la philosophie du droit c'est de montrer dans tout droit actuel et positif comment l'idée abstraite, juridique, en se réalisant, se traduit dans le détail et il lui suffit pour cela de chercher dans chaque institution jurique particulière l'élément universel, nécessaire et partant permanent du droit. D'ailleurs le droit n'a aucune existence en dehors de l'Etat qui seul le crée et en assure l'existence. Après cette introduction, l'auteur examine dans la première partie de son livre l'idée du droit et celle de l'Etat qui en est inséparable et consacre la seconde partie à l'é-

(1) System der Rechtsphilosophie, Berlin und Leipzig 1881.

tude des diverses institutions juridiques, au double point de vue du droit public et du droit privé. L'idée qui domine tout son système c'est que l'espèce est tout, que les individus ne sont que des accidents : l'espèce précède l'individu et celui-ci doit lui être sacrifié à l'occasion. En tant qu'individu nous n'existons pas, nous ne sommes rien, ce qui n'empêche pas l'auteur de dire, au risque de se contredire, que l'homme ne doit jamais être traité comme un simple moyen dans l'application de la peine et que la vivisection, même dans un but scientifique, est contraire à la dignité humaine. Point de droit sans une institution politique car l'état de nature existe bien entre les nations et entre les peuples mais nullement entre les personnes : sans le respect de la vie et de la propriété qui nous est garanti par l'État, le devoir de chacun serait de supprimer les autres. Il reconnait cependant que cette garantie, avec les facilités que notre civilisation elle-même donne au criminel, n'est que très relative.

Le droit a pour mission d'écarter tous les obstacles qui empêchent la réalisation des fins de la société humaine, fins qui peuvent se résumer ainsi : assurer la continuité de l'espèce par la procréation de nouveaux membres de la société, élever chaque individu de manière à lui permettre d'atteindre au maximum de ses facultés, enfin assurer la transmission du capital de savoir et de bien-être accumulé pour les générations à venir. Encore sur ce point Lasson parait se contredire en permettant à chaque individu de décider souverainement s'il doit contribuer à l'accroissement de l'espèce, s'il doit se marier. La vraie notion du droit implique donç cette triple condition : existence de l'État qui décide, par la lettre de la loi, ce qui est de droit et qui en impose le respect par la contrainte; universalité et absence de toute contradiction, car il faut que chaque individu puisse s'incliner devant une loi dont il reconnaît la haute raison; enfin, la liberté individuelle mais liberté limitée par celle des autres, liberté qui est nécessaire parce qu'elle permet à l'homme de se développer moralement. Quant à l'égalité la justice exige que nous traitions chaque chose et chacune selon ce qu'il est (dass das Gleiche gleich, das Ungleiche ungleich behandelt werde) (1). La véritable égalité exige donc que nous respections les inégalités qui existent entre les hommes. Le droit formel ou abstrait ne peut tenir compte de ces inéga-lités : pourquoi? L'auteur ne le dit pas et il admet dans certaines circonstances que l'esclavage ne soit pas contraire au droit. Cette étrange opinion s'explique à ses yeux par la manière dont il établit les rapports de la morale avec le droit: ce qui est contraire au droit peut être souvent très moral et très méritoire, et ce qui est immoral peut devenir objet de droit positif, ce qui a lieu de nous étonner puisqu'il a commencé par affirmer que la morale et le droit étaient comme les deux bran-ches d'un même tronc. Est contraire au droit tout ce qui met en danger les conditions de la vie morale : aussi les infractions que l'on commet contre soi-même, l'ivro-gnerie, la débauche, ne blessent le droit que lorsqu'elles se manifestent en public et qu'elles deviennent ainsi un danger pour les autres. L'ivrognerie tombe sous le coup de la loi parce que l'État qui a besoin de soldats jouissant

(1) Op. cit. p. 221.

de la plénitude de leurs facultés peut se trouver frustré
dans cette légitime attente ! Armé de ce critère que tout
ce qui peut empêcher notre développement moral est
aussi contraire au droit, le mensonge, l'envie, la dureté
de cœur deviennent aussi des matières à répression
lorsqu'ils affectent d'une manière ou d'une autre la vie
sociale : comme l'usure, les jeux de hasard, etc. ; enfin
l'Etat impose la bienfaisance et lève des impôts au profit
des pauvres et toujours dans l'intérêt supérieur de
l'espèce ! En général, toute infraction à la loi morale est
contraire au droit dès qu'elle doit conduire fatalement à
une action injuste contre le prochain, mais sa pensée est
très flottante. C'est ainsi qu'il considère le célibat
comme une immoralité et qu'il déclare ailleurs qu'il est
conforme au droit ; de même le divorce, qui est tout à
à la fois immoral et conforme au droit en cas d'infidélité.
L'attentat contre l'Etat, voilà le crime des crimes et le
péché impardonnable, car l'Etat est au-dessus de toute
morale et l'intérêt public doit primer tous les autres
intérêts. Si la nécessité s'en fait sentir, l'Etat peut exploi-
ter les individus, introduire l'esclavage, restreindre la
liberté individuelle, celle surtout qui porte sur le choix
d'une résidence ; l'Etat peut supprimer la liberté de
parole, de réunion et toute religion qu'il regarderait
comme dangereuse pour son existence ; bien plus, la
liberté de la science elle-même peut être supprimée si
les circonstances l'exigent. « L'Etat, dit-il, est une
volonté naturelle sans conscience et sans liberté (ist
Naturwille ohne Bewusstsein und Freiheit) (1) ». A plus
forte raison, il ne peut être question de morale entre les

(1) Op. cit. p.520, 406, 558 et 290.

divers Etats, mais seulement d'intérêts et d'avantages à conserver. Un Etat dont la culture est plus grande que celle des autres Etats a plus de droits à prétendre et peut condamner les autres nations au suicide ; pourquoi? parce que l'Etat n'est soumis à aucun devoir de droit, attendu qu'il ne peut être question de droit qu'entre les personnes et que l'Etat est au-dessus de toutes les personnes.

Les sujets du droit sont tout d'abord l'Etat qui les domine tous, puis les personnes physiques, enfin les enfants déjà conçus, car c'est l'intérêt de l'Etat qui le veut ainsi; au contraire, les Etats étrangers et les citoyens de ces Etats n'ont pas plus de droits sur nous que les personnes mortes ou les animaux et les seules règles qui doivent inspirer notre conduite à leur égard sont des règles de simple prudence. Les personnes morales n'ont d'autres droits que ceux qui leur sont concédés par l'Etat et cela parce qu'elles sauvegardent les intérêts des générations à venir et qu'à ce titre l'Etat a tout intérêt à les laisser vivre. Chacun peut renoncer à ses droits, pourvu qu'il ne lèse en rien les intérêts de l'Etat : voilà pourquoi la victime d'une infraction ne peut renoncer au châtiment qui frappe le coupable, car nul n'a des droits dans son propre intérêt mais uniquement dans l'intérêt de l'Etat. Aussi la puissance paternelle n'est pas un droit qui appartienne au père ou qu'il exerce, comme on le croit, dans l'intérêt des enfants : le père n'est que le représentant ou le mandataire de l'Etat, il remplit une fonction que celui-ci lui confie (1).

(1) Op. cit p. 602.

Il serait fastidieux de suivre l'auteur dans la série de ses pénibles déductions et il suffira de relever celles de ses idées qui nous semblent particulièrement fausses et qui prêtent à la critique.

Faisons remarquer tout d'abord combien est insuffisant le critère qu'il établit pour nous permettre de distinguer le droit et la morale. Il dit que l'infraction à un devoir de morale diffère de l'infraction à un devoir de droit par ce seul trait que le dernier est de nature à porter préjudice aux conditions de la vie sociale et qu'à ce titre il est susceptible de contrainte. Mais l'accomplissement d'un devoir de morale quelconque n'est-il pas dans le même cas ? C'est un devoir de morale pour moi de ne pas m'enivrer, de travailler, etc., et l'oubli de ces devoirs nuit fatalement à la vie sociale : faudra-t-il faire une loi pour forcer les gens à travailler ? C'est un devoir pour moi de travailler à mon développement intellectuel : faudra-t-il faire une loi pour empêcher la paresse ou la simple indifférence en matière d'instruction ? La cause de cette erreur il faut la chercher dans la manière exclusive dont il rattache tout droit à l'Etat. De cette erreur capitale procèdent des paradoxes et des contradictions qu'il aurait pu éviter. L'erreur consiste à confondre le droit avec le droit positif et à ne pas comprendre que le devoir de droit n'étant qu'une manière d'être de la morale, il est impossible, en droit pur et en principe, qu'un devoir soit à la fois moral et contraire au droit. Lasson se met en contradiction avec sa propre théorie lorsqu'il justifie le duel, lequel porte évidemment atteinte aux conditions de la vie sociale et lorsqu'il admet dans toute son étendue la règle : *vo-*

lenti non fit injuria. C'est le cas du suicide, par exemple. Le suicide est-il contraire au droit et partant susceptible d'une peine légale ? Le droit positif s'est montré sur ce point fort hésitant. En droit romain, le suicide n'était pas susceptible d'être puni, tandis que l'assistance prêtée à celui qui voulait se tuer, la mort donnée avec le consentement et sur la prière expresse du suicidé était punie comme le meurtre lui-même, à moins que le complice de ce suicide ne fût un esclave obéissant aux ordres de son maître. Plus tard, dans le droit allemand le suicidé était puni d'infamie et toute sépulture honorable était refusée au suicidé. Lasson aurait dû admettre que l'on dût infliger une peine à celui qui a prêté son assistance au suicidé, ce qui serait plus conforme avec sa théorie.

Que penser de sa doctrine sur l'Etat qu'il croit définir d'une manière scientifique quand il l'appelle une *substance*? Ne fallait-il pas nous dire au préalable quel est le sens spécial qu'il fallait attacher à ce vocable? Par substance, Kant entendait « l'élément permanent de l'intuition sensible » ; pour Fichte, la substance c'est le moi ; pour Lotze, la substance c'est « le souvenir de l'unité au milieu des changements incessants ne notre vie psychologique» ; pour Spinoza, la substance est « ce qui peut être compris par soi et pour soi, ce dont la notion n'a besoin de l'idée d'aucune autre chose pour être intelligible ». Evidemment on ne peut, sans blesser gravement le bon sens, appliquer ce vocable à l'Etat. Celui-ci consisterait-il dans le rapport qui relie le tout à chacune de ses parties, de telle sorte que chaque individu serait une partie inséparable de ce tout? Nullement, car je puis très bien concevoir César sans la République romaine, mais je ne puis comprendre le *Faust* sans Gœthe ni la *Légende des Siècles* sans Victor Hugo, car Gœthe et Victor Hugo sont réellement la substance de ces chefs-d'œuvres. Il n'en est pas ainsi dans le corps social où les individus se trouvent moins dans un rapport de dépendance que dans un rapport de réciprocité. Or, c'est précisément à cause de cela qu'il est contraire à la langue et à toutes les analogies de dire que la réunion des individus en société forme une substance. Les explications données par l'auteur lui-même dans la critique que l'on fit de son livre et qui suivit l'exposé de sa théorie à la Société de Philosophie de Berlin ne lèvent aucune des difficultés signalées (1). Le professeur Michelet, de Berlin, a adressé à ce livre le reproche de ne pas tenir ce que le titre promet, en nous donnant une philosophie du droit positif au lieu d'une philosophie du droit et en méconnaissant la vraie mission de cette science. Ainsi, parti de l'idéalisme hegelien Lasson devient un empirique et confirme, pour son propre compte, la vérité de cette observation : que l'Ecole he- gellienne finissait par le plus plat des réalismes. La contrainte est pour lui l'élément primordial du droit qu'il semble confondre avec la force. «Ce qu'il appelle *Etat de droit*, (Rechsstaat) il faut l'appeler un *Etat de police* (Polizeistaat) où l'obéissance passive du soldat est tenue pour l'idéal de la culture et de la civilisation » (2).

(1) Voir Kahle, A. Lassons System der Réchtsphilosophie, Halle 1883.
(2) Op. cit. p. 51.

CHAPITRE IV.

Krause

Son nom a acquis une certaine célébrité grâce aux travaux et aux traductions de ses disciples Ahrens, Tiberghien et Sanz del Rio qui ont rendu ses ouvrages accessibles aux lecteurs étrangers à l'Allemagne. Cette circonstance va nous permettre de passer sous silence bien des points importants pour ne relever que la partie de son système qui est peut-être la moins connue. Cet auteur présente en effet cette particularité d'être mieux connu hors de son pays que dans sa patrie : son obscurité, la bizarrerie et le pédantisme de sa langue dont Zeller, qui le raille à ce sujet, nous donne des exemples concluants, inspirent une invincible répugnance au lecteur allemand. Son talent n'était pas évidemment à la hauteur de son caractère, quoi qu'en aient dit ses disciples qui ont été frappés en partie du même discrédit et la monographie sur Krause publiée récemment par Hohefeld n'a pas réussi non plus à exciter l'intérêt du public (1).

La philosophie de l'absolu avait versé du côté du pan-

(1) Die Krause'sche Philosophie, etc. 1879.

théisme : Krause se propose de concilier la philosophie avec la religion et le théisme avec le panthéisme. Sa philosophie est une sorte de théosophie qui part de l'idée de Dieu et s'efforce d'y ramener toutes choses. Son système se rattache à celui de Schelling et à la pensée Hegel, mais il diffère de celui-ci par ce trait qu'il échappe au panthéisme. Il indique fort bien cette différence par le nom rébarbatif de *panenthéisme* qu'il donne à tout son système.

Il y a cinq manières dont on peut considérer le divin : comme infini ou être absolu, comme être premier ou origne de tout (Urwesen), comme être spirituel ou raison, comme être corporel ou nature, enfin comme humanité, c'est-à-dire comme union de la raison et de la nature (1). Voilà le principe d'où se détachent les différentes branches de la philosophie pratique. Dieu est tellement uni à l'être humain que pour l'homme acquérir la conscience de lui même c'est aussi acquérir la conscience de Dieu. Sa mission c'est de reproduire sa vie personnelle comme dans la vie sociale la vie divine L'auteur développe cette thèse avec une certaine complaisance et ne craint pas de se perdre dans les rêves du mysticisme.

De ces principes métaphysiques découlent toute la morale et le droit. C'est la *loi vitale* qui est l'élément essentiel de toutes les manifestations de la vie humaine, d'où il résulte que la volonté en général et la loi qui la régit sont une partie de la vie universelle. Voilà comment la morale se rattache à la métaphysique : « Le bien de

(1) Modèle de l'humanité, p. 315

chaque être, dit-il, consiste à manifester d'une manière
qui lui soit propre cet élément essentiel de la vie » (das
Lebwesentliche). C'est cette loi de la volonté qu'on appelle la loi morale, et la formule du devoir est celle-ci :
« *Veuille le bien toi-même et fais le bien pour le bien.* »
Cette formule embrasse à la fois le fond et la forme de la
morale car elle exige que nous voulions le bien uniquement pour lui-même (rein und ganz) et qu'elle exige en
outre que ce soit nous-mêmes, c'est-à-dire avec conscience, que nous voulions le bien. L'idée de la liberté
n'est autre chose que la conscience que nous avons de
cette tendance (Antriebe) qui nous porte à vouloir le bien
en dépit de toutes les servitudes de la nature et de la
vie.

A la morale se rattache le droit et le droit se propose
de faciliter aux individus l'accomplissement de leur destinée, de les aider à développer leur personnalité, et il y
a un droit pour l'individu aussi bien que pour l'humanité. L'idée première (Urbegriff) du droit renferme deux
éléments : un élément intérieur et un élément extérieur,
une certaine manière de nous conduire envers nous-
mêmes et envers les autres. Le droit extérieur c'est l'ensemble des conditions dépendantes de notre liberté qui
rend possible la vie en commun avec les autres, et il conclut: « Le droit est l'organisme ou la structure (Gliederbau)
de toutes les conditions d'une vie libre et divine. » Krause
confond ici le droit avec la morale car que peut être ce
droit intérieur que nous aurions sur nous-mêmes? Parler d'un droit que nous aurions à faire valoir contre notre propre personne c'est parler d'un droit que nous re-
connaîtrions aux autres sur nous et le droit intérieur

n'est au fond que le droit extérieur ou la réaction sur notre personne du droit que nous exerçons sur les autres. Krause cherche à distinguer la morale et le droit mais sa pensée demeure toujours hésitante et au lieu de poursuivre une idée pour mieux l'approfondir il se contente de vagues esquisses.

De ces principes généraux il tire toute une théorie juridique et politique. Il a consacré à cette œuvre deux ouvrages : *Les Fondements du Droit naturel* et son *Esquisse de la Philosophie du Droit* (1), où il donne cette définition plus précise : « Le droit c'est l'ensemble organique de toutes les conditions extérieures de la vie conforme à la raison. » L'auteur avoue dans la préface de son Esquisse que cette définition du droit est encore défectueuse parce qu'elle ne tient pas compte des conditions de notre vie intérieure. L'idée du droit se trouve ainsi démésurément élargie et Krause exagère cette tendance que nous avons déjà constatée et qui consiste à confondre le droit avec l'ensemble des conditions de la vie humaine. Cette idée, pour si élevée qu'elle soit, n'est pas juridique, elle dépasse de beaucoup la sphère du droit proprement dit, car le droit n'existe que dans les relations réciproques entre des êtres libres et Krause est infidèle à la sage définition de Kant. Ce qu'il définit ainsi c'est la simple possibilité du droit plutôt que le droit réel et cela est si vrai qu'il identifie le droit avec la loi des êtres et celle-ci avec les idées du bien, du beau et de l'amour. Il paraît avoir été induit à cette erreur par

(1) Grundlage des Naturrechts, I, Abth., 1803, et Abriss der Philosophie des Rechts, 1828.

l'étymologie du mot *Recht* qu'il rend synonyme de *rich-*
ten, qui signifie diriger, direction : la justice consisterait
à chercher dans toute relation *das Richtigerectum*.
Cette définition est purement verbale puisque le droit
naît en fait des relations entre des personnes libres. En
identifiant le droit et la conscience que chaque être a de
sa propre vie, il est obligé de reconnaître des droits
même aux animaux et sa théorie rappelle cette morale
sans obligation et sans sanction qui a été mise à la mode
par la doctrine évolutionniste, laquelle confond volontiers la morale avec la simple biologie. En outre, comme
le droit interne de chaque être émane directement de
Dieu, ce droit doit être égal chez tous : donc, plus de
hiérarchie, plus de subordination de certains droits à
d'autres droits ! Il faut reconnaître cependant qu'en
affirmant l'importance de l'individu, qu'en déclarant que
chacun de nous a une personnalité qu'il tient directement de Dieu, Krause assure à sa théorie une supériorité
marquée sur les systèmes précédents. La philosophie
hégélienne sacrifiait l'individu à l'espèce, Herbart et
Schopenhauer, avec leur atomisme, avaient réagi contre
cette tendance mais ils avaient abouti à la négation de
l'espèce ; Krause s'est efforcé de concilier ces deux intérêts en jeu, mais au lieu de faire cette conciliation sur le
terrain moral, il l'opère dans les rêves de la métaphysique. Il est et il demeure un des plus purs représentants
de l'école idéaliste. Dans sa jeunesse il écrivait à son
père (1) : « Je m'applique à connaître le monde tel qu'il
doit être et me soucie fort peu de le voir tel qu'il est. »

(1) Felter, op. cit., p. 246.

Cette disposition d'esprit, excellente peut être en morale, est absolument insuffisante quand il s'agit de faire œuvre de science et surtout œuvre de science juridique.

CHAPITRE V

Schopenhauer

« Il a mis dans son système, dit Zeller, toutes les contradictions de sa riche nature. » Il rappellerait Pascal mais un Pascal allemand. Comme chez Herbart sa doctrine procède de Kant et tous les deux ont été profondément pénétrés des idées de Fichte et des théories de Schelling à qui Schopenhauer doit beaucoup. Il y a entre lui et Herbart cette différence que si le dernier revient à Leibnitz pour mieux combattre l'idéalisme, le premier demeure idéaliste sans renoncer à la réalité. On ne sait au fond s'il est idéaliste ou réaliste et l'on pourrait appliquer à son système cette appellation de « monstre incompréhensible, » comme l'appelle spirituellement l'un de ses meilleurs critiques (1).

Il ne peut entrer dans le cadre de ce travail d'étudier son système philosophique et nous devons nous borner à signaler les idées qu'il a développées sur le droit, idées qui ne manquent ni de valeur scientifique ni d'originalité. Disons quelques mots cependant des principes sur lesquels se fonde son système juridique.

(1) Ducros : Schopenhauer, etc., Paris, 1883, et Janet, Revue des Deux-Mondes, 18 mai 1877, p. 281.

L'étonnement produit par l'effort de la raison spéculative depuis Hegel arrêta quelque temps l'œuvre de la
critique mais celle-ci, revenue de sa surprise, reprit
bientôt son travail. Déjà à l'époque la plus brillante de
l'idéalisme l'on pouvait saisir les indices d'une tendance
qui devait aboutir à l'affirmation de la volonté absolue
comme principe universel. La doctrine de Hegel ne pouvait échapper à cette objection : pourquoi la pensée, qui
de sa nature est contemplative, aurait-elle renoncé au
repos pour s'abandonner au courant d'un devenir incessant, aux agitations de la confuse réalité ? Avec la seule
raison l'on pouvait à la rigueur s'expliquer l'être mais
pas son développement. Il faut donc que le principe du
devenir soit actif, que la volonté soit au fond de toutes
choses. D'où vient le monde des phénomènes ? Du moi ?
Nullement, car notre conscience ne peut jamais sortir
d'elle-même. Il est une chose dont nous avons conscience, c'est notre volonté, seule réalité en dehors de
laquelle nous ne pouvons ni rien comprendre ni rien savoir et qu'il faut affirmer sans prétendre la démontrer.
Mais que l'on ne se méprenne pas sur le sens qu'il faut
donner à ce mot : par volonté il ne faut pas entendre
la volonté individuelle, humaine, guidée par des motifs
moraux ou des principes abstraits, mais ce qui sert de
fondement à cette volonté individuelle, *la force*, « impulsion aveugle, » dit-il, et telle que nous la trouvons,
même dans le monde inorganique (1). Hegel aboutissait
à l'optimisme parce que tout ce qui est réel est en même
temps idéal et raison ; Schopenhauer arrive fatalement

---

(1) « Der Wille welcher rein au sich betrachtet, erkemstuisslos and
nur ein blinder unaufhaltsamer Drang ist. » W I, p. 323.

au pessimisme, parce que pour lui l'univers n'est pas l'œuvre de la raison mais d'une volonté aveugle qui est sans cesse en travail. Son pessimisme diffère de celui du XVIII siècle qui était tantôt pathétique avec Rousseau dans son *Discours sur l'origine de l'inégalité*, tantôt satirique avec Voltaire dans *Candide* : il est plutôt le mélange de ces deux éléments, comme chez Byron. Schopenhauer ne croit pas, comme le croyait Kant, au progrès moral de l'humanité, il ne croit qu'au progrès intellectuel et il est d'avis que le niveau de la moralité reste stationnaire. Ce pessimisme se met en contradiction avec la doctrine que soutient Schopenhauer, puisque d'après lui, la raison déterminant toujours les motifs qui poussent not.e volonté à l'action, tout progrès de la première doit avoir pour résultat un progrès équivalent chez la seconde. Cette contradiction éclate en particulier dans sa doctrine de l'Etat : il s'élève contre Kant qu'il accuse à tort de faire de l'Etat une sorte de providence et il ne voit pas que lui-même exagère cette tendance en attribuant à l'Etat la mission de faire l'éducation morale des individus et de leur apprendre à refouler leur égoïsme (1).

Le pessimisme qui domine tout son système a donné à ses idées juridiques une physionomie très particulière et quelque chose de piquant. Ces idées il les a exposées tout d'abord dans son grand ouvrage : *Le Monde comme Volonté et comme Représentation* (2) et dans son petit traité si suggestif qu'il publia vingt ans plus tard : *Le*

(1) Haym : A Schopenhauer, 1564.
(2) Traduction Burdeau, § 62-65, Fondement de la Morale, § 27.

Fondement de la Morale où il résume sa pensée avec beaucoup de clarté.

L'auteur part de cette constatation qu'il y a guerre entre les individus de toutes les espèces, guerre qui sert à rendre plus sensible la contradiction intérieure que porte en elle la volonté et qui, aux degrés les plus élevés de l'échelle des êtres, a pour principe l'égoïsme. Cet égoïsme tient à l'essence même de notre nature, attendu que la volonté universelle qui produit la vie devant se manifester par une pluralité d'individus, chaque individu se prend pour le centre de tout et fait plus de cas de son existence propre et de son bien-être que des intérêts des autres. L'égoïsme, essentiel à tous les êtres de la nature, devient effroyable chez l'homme parce que la conscience de la douleur atteint chez lui son plus haut degré et produit cet état de guerre de tous contre tous, ce *bellum omnium contra omnes*, qui a été décrit par son côté comique par La Rochefoucauld et par son côté effrayant par Hobbes. Cet état de guerre, où l'on voit chacun non seulement arracher au prochain ce dont il a envie mais travailler au malheur d'autrui, sans intérêt aucun et par pure méchanceté, devient une source intarissable de souffrances. La volonté d'un individu, poussée par cet égoïsme, va jusqu'à nier la volonté manifestée par un autre individu, en faisant irruption dans le domaine où elle s'affirme. Cette invasion dans le domaine d'autrui c'est l'*injustice* qui, réduite à sa formule la plus générale, trouve son expression définitive et concrète dans le cannibalisme. L'injustice se manifeste en tout acte ayant pour effet de soumettre à notre joug autrui ou ses biens : le vol et la simple spoliation sont sous ce rapport des atteintes portées à sa personne. Cette observation amène Schopenhauer à exposer sa théorie sur la propriété et il se livre à ce sujet à une attaque en règle contre Kant qui avait cherché à fonder la propriété sur le droit du premier occupant. « Pour qu'il y ait injustice, dit-il, à prendre à un homme un certain bien, il faut que ce bien soit le travail produit par les forces de cet homme. » J'aurais beau déclarer ma volonté d'interdire à autrui l'usage d'un objet, cette déclaration ne me donne aucun droit ; au lieu d'être un droit, comme le voudrait Kant, elle a elle-même besoin d'avoir un droit pour fondement. Schopenhauer a raison de s'élever contre cette théorie empruntée au droit naturel et que l'on prétend fonder sur la morale, car la morale dirait plutôt le contraire : c'est parce que vous avez possédé longtemps une chose qu'il est juste de la céder à d'autres. Le droit de propriété repose donc sur le travail qui a amélioré ou transformé l'objet de la possession. Tandis que Kant prétend qu'en dehors de l'État il n'y a pas de droit parfait de propriété, Schopenhauer soutient que, même dans l'état de nature, la propriété existe comme droit naturel ; mais cette théorie est notoirement insuffisante car la simple prise de possession suppose parfois un travail considérable.

L'injustice se manifeste sans la double forme de la violence et de la ruse ou du mensonge dont le but est d'agir sur la volonté d'autrui en falsifiant les données de son intelligence ; au fond, c'est aussi le but de la hâblerie qui est une injustice comme tout ce qui accrédite le mensonge. L'auteur a sur cette matière des aperçus aussi fins qu'originaux. La violation d'un contrat c'est encore du mensonge et une injustice au premier chef,

car celui qui m'a trompé a entraîné ma volonté de façon
à servir ses propres intérêts : il a étendu le pouvoir de
sa volonté sur celle d'autrui. La véracité est donc ce qui
rend les contrats légitimes et leur exécution obligatoire.
Ainsi avant de définir le droit Schopenhauer définit son
contraire, l'injustice, parce que la notion du droit, selon
lui, est essentiellement dérivée et négative tandis que
l'idée de l'injustice est au contraire primitive : en effet,
qui parlerait du droit s'il n'y avait jamais eu d'injustice?

Le droit ne consiste que dans la négation du tort « et
ce mot désigne toute action qui n'est pas une transgres-
sion, qui ne consiste pas à nier la volonté en autrui pour
la fortifier en nous ». Cette nature négative du droit est
évidente dans l'idée de contrainte qui consiste à repousser par la force toute tentative d'injustice. Les notions
de tort et de droit sont équipollentes à celles de dommage
et absence de dommage. Les principes du droit ont leur
origine dans l'expérience car ils n'apparaissent qu'à la
suite d'un dommage éprouvé. La contrainte est en soi
un acte de violence et ici l'auteur reproduit textuellement la pensée de Kant : « Si un individu, dans l'affirmation de sa volonté, va si loin que de nier ma volonté, en
me protégeant contre cet empiètement, je ne fais que
nier sa négation ». La contrainte est donc un droit qui
peut aller jusqu'à l'anéantissement de l'individu qui nie
ma volonté. Mais si je possède un droit absolu d'user de
mes forces contre autrui, je dois posséder également un
droit de mentir, c'est-à-dire le droit d'opposer ma ruse
à la violence d'autrui. C'est pour cela qu'un serment
arraché par la force ne lie pas celui qui l'a fait. Le droit
de mentir va plus loin : ce droit m'appartient contre toute

question indiscrète, car je suis dans le cas de légitime défense : « et il faut répéter, dit-il, le vers anglais » :

« Ask me no questions, and I'll tel you no lies. »

Il déclare que tel est l'unique moyen de faire cesser cette contradiction choquante entre la morale que l'on pratique et celle que l'on professe. Il soutient même qu'il est des cas où le mensonge devient un devoir et l'on voit combien notre auteur s'écarte du rigorisme de Kant qui voyait avec raison dans le mensonge le dernier degré de la dégradation.

De tout ce qui précède il résulte que le droit est une notion purement morale, c'est-à-dire qu'il n'existe que pour celui qui considère la valeur d'une action en elle-même et que cette moralité du droit se réduit au sentiment de douleur qu'éprouve l'agent injuste qui a dépassé les limites permises dans l'affirmation de sa volonté et chez la victime dans le sentiment que sa volonté a été méconnue ou niée. En ce sens seulement l'ont peut parler d'un droit naturel qui serait mieux nommé droit moral. En dehors de cette manière toute morale de considérer les actions humaines il faut, ainsi que le fait Hobbes, regarder le droit comme une affaire de pure convention, établi arbitrairement et dépourvu de toute réalité dès qu'on le sépare du droit positif. Schopenhauer se rattache cependant à l'école idéaliste puisque, contrairement à Hobbes, il fait du droit un chapitre de la morale et qu'il lui donne pour fondement une idée *a priori*.

Mais si la morale ne considère que l'action juste ou injuste, la science de la législation ne peut avoir en vue qne la victime de l'injustice ; quant à l'auteur de l'acte injuste, elle ne s'en soucie qu'autant qu'il est le corréla-

tif forcé de la victime, à tel point que si l'on pouvait
concevoir une injustice commise qui n'eût pas pour effet
une injustice soufferte l'Etat n'aurait pas, en bonne logique, le droit de l'interdire. De même pour la morale, ce
qui importe c'est l'intention, la volonté, tandis que le
droit de l'Etat ne porte que sur le fait et il ne doit s'en-
quérir de l'intention que pour expliquer la signification du
fait. Ainsi l'Etat ne peut nous interdire, par exemple, de
nourrir contre quelqu'un des pensées d'assassinat, car
il ne peut avoir la folle prétention de détruire chez
l'homme l'égoïsme et qu'il doit se borner à placer à côté
de chaque tentation un motif plus fort encore, un châtiment inévitable. Un code pénal, s'il est bien fait, doit
être un recueil aussi complet que possible de ces contre-
motifs. « Ainsi, ajoute Schopenhauer, la notion de
l'injuste et celle de la négation du droit que l'injuste
enferme, notion qui est d'ordre moral par son origine,
devient juridique ». Voilà la distinction faite entre la
morale et le droit et cette manière de considérer leurs
rapports tient à la nature de l'Etat et au but qu'il doit
poursuivre. Schopenhauer, à l'exemple de Platon, donne
pour origine à la loi le contrat social, par où il entend la
convention tacite par laquelle les individus, poussés par
l'égoïsme et guidés par la raison, décident que le moyen
d'épargner à tout le monde les effets de l'injustice c'est
de renoncer au plaisir de la commettre. L'Etat n'est pas
dirigé contre l'égoïsme dans le sens absolu du mot mais
c'est au contraire de l'égoïsme que naît l'Etat, un
égoïsme bien entendu. En effet, si l'on pouvait compter
sur la moralité des individus pour que le droit fût res-
pecté, l'Etat deviendrait chose superflue. L'Etat ne vise

que les conséquences funestes de l'égoïsme, et l'auteur
se contente de reproduire la théorie de Hobbes, en faisant
remarquer seulement qu'au fond la moralité et le droit
positif atteignent le même but : « c'est ainsi, dit-il,
qu'une bête féroce avec une muselière est aussi inoffen-
sive qu'un herbivore ». Donc, en dehors de l'Etat le droit
de punir n'existe pas, attendu que ce droit suppose une
loi positive admise par tous les citoyens de cet Etat et
ayant pour fondement un contrat collectif. L'exécution
de ce contrat est le but immédiat de la peine et l'on est
en droit d'exiger de chaque citoyen qu'il accepte le châtiment qu'on lui inflige. Schopenhauer s'élève contre
Kant et à la théorie de la peine pour la peine il oppose
la théorie de l'intimidation : « Le tort, dit-il, que l'on
m'a fait ne m'autorise pas à infliger pareil tort à autrui.
Rendre le mal pour le mal, sans chercher à voir plus
loin, c'est ce qui ne peut se justifier ni par des motifs de
morale ni par aucun autre motif ». Le châtiment s'exerce
en vue de l'avenir, et c'est même ce qui le distingue de
la vengeance et l'auteur développe à ce sujet les idées
qu'avaient déjà soutenues Feuerbach.

Cette analyse des idées juridiques de Schopenhauer
ne serait pas complète si nous ne disions quelques mots
de la manière dont il fonde le droit sur *la pitié*. A ses
yeux, les actions qui ont une valeur morale doivent procéder de cette maxime générale : *neminem læde ; imo
omnes quantum potes, juva*, maxime qui comprend
deux classes d'actions.

La souffrance d'autrui devient pour moi le motif d'agir
ou de m'abstenir, elle peut ou combattre en moi les
motifs de l'intérêt ou me porter à agir d'une manière

positive, c'est-à-dire en me poussant à aider mon prochain. Au degré inférieur, la pitié donne naissance *à la
justice*, ce que Kant appelle *les devoirs de droit ;* au
degré supérieur, elle a fait naître *la charité*, ce que
Kant appelait *les devoirs de vertu*. Schopenhauer à la
place de ces devoirs met ce qu'il appelle les deux vertus
cardinales: la justice et la charité, mais l'une et l'autre
ont leurs racines dans la compassion, dans la pitié naturelle. Cette pitié n'agit pas toujours directement mais
par le moyen des principes « qui sont, dit-il, comme le
réservoir où, quand s'ouvre la source de la pitié, source
qui ne coule pas toujours, viennent s'amasser les bons
sentiments et d'où, l'occasion venue, ils vont se distribuer
où il faut » (1).

Que faut-il penser de cette théorie dont la profondeur
et l'originalité ne doivent pas nous empêcher de relever
les contradictions? Tout d'abord cette manière purement négative de comprendre le droit nous paraît être
des plus défectueuses car elle suppose connu ce qui est
en question, l'idée positive du droit, ce qu'est le droit,
puisque l'injuste ne peut être que la négation de la justice. En outre, elle confond un fait (le dommage ou le
tort) avec un principe. De même, le droit ne saurait être
une simple manière d'être de la compassion, car ce serait
confondre encore le droit avec la pitié, or, tandis que
dans la pitié, qu'elle qu'en soit la forme, nous n'avons
en vue que les autres, dans le droit nous avons en vue
les autres et nous-mêmes. Herbart échappera à cette
confusion et il distinguera très nettement l'idée du droit
et celle de la bienveillance.

(1) Le Fondement de la Morale, p. 135.

En second lieu, puisque la volonté est la seule réalité, il semble que notre auteur devrait en tirer cette conséquence : agissons le plus moralement possible, élevons-nous à cette volonté puissante en nous arrachant aux hontes de la vie et il semble qu'il aurait dû nous prêcher la plus pure des morales, au besoin la plus idéaliste ; mais il n'en est rien, dominé qu'il est par des préoccupations esthétiques et pessimistes. En effet, pour s'élever ainsi dans la vie morale il faudrait travailler, faire effort, vouloir, mais à quoi bon puisque le monde n'a aucune réalité ? « L'homme, dit-il, voit en tel homme un bourreau et un meurtrier, en tel autre un patient et une victime ; il place le crime ici et ailleurs la souffrance…,. il voit le mal, il voit la méchanceté dans le monde, mais comme il ne voit pas en même temps que ce sont là deux faces différentes et rien de plus, dans lesquelles apparaît l'universelle volonté de vivre, il les croit bien distinctes et même opposées..... prisonnier qu'il est du principe d'individuation, dupe qu'il est du voile de Maya! (der Schleier der tauschenden Maya!) Celui qui sait voit que la distinction entre l'individu qui fait le mal et celui qui le souffre est une simple apparence, car le bourreau et la victime ne font qu'un! » Voilà dans quels abîmes va se perdre la notion de la personne humaine et avec elle la liberté et le droit! La victime de cette torture n'a pas même la consolation d'en appeler de l'injustice de ce monde au droit de la justice absolue, il doit se résigner à répéter ce vers si profond de Calderon :

Le plus grand crime de l'homme c'est d'être né.
« Pues el delito mayor
Del hombre es haber nacido ! »

CHAPITRE VI

Herbart

C'est un penseur de premier ordre qui a donné depuis Kant une nouvelle direction à la philosophie et dont la pensée répugne aux déductions métaphysiques ; aussi n'a-t-il pas laissé un système proprement dit mais une série de recherches ou d'études où l'on ne sait ce qu'il faut le plus admirer de sa sagacité ou de son originalité. Il a été en Allemagne le représentant de ce qu'on y a appelé la *morale réaliste moderne,* laquelle prétend ne s'appuyer que sur l'expérience et ne vouloir enregistrer que les faits de la vie morale que l'on peut constater. Elle admet un élément d'idéalisme c'est le *régime des buts ou des fins,* mais ces fins ne sont pas placées en dehors de la réalité et du monde sensible, comme le voudrait l'idéalisme, mais elles font partie de l'ensemble des choses et de la vie. Ce serait toutefois une erreur de confondre cette tendance avec l'ancien empirisme car tandis que celui-ci est l'ennemi né de toute métaphysique cette tendance admet la métaphysique sinon comme point de départ du moins comme point d'arrivée. Comparée donc à l'idéalisme cette théorie est réaliste et par réaction contre le panthéisme de l'école que nous

avons étudiée, sa conception des choses est foncièrement individualiste; sa critique est donc dirigée à la
fois contre l'idéalisme de Fichte et le panthéisme de
Schelling.

C'est dans le huitième volume de ses *Essais sur la
Philosophie pratique* qu'il traite la matière du droit (1)·

La science se compose d'idées claires et de raisonne-
ments logiquement enchaînés et le but de la métaphysique c'est de faire disparaître les contradictions auxquelles aboutissent nécessairement les idées que nous
avons sur le monde et sur nous-mêmes : c'est à débarrasser nos idées de ces contradictions qu'Herbart applique tous ses efforts. Pour résoudre ces contradictions,
que faut-il faire ? Faut-il avoir recours, comme le fait
l'école idéaliste, à un principe que l'on croit supérieur
parce qu'il est en dehors de toute expérience? Nullement, car nous ne devons jamais perdre de vue la réalité
et c'est par l'observation psychologique qu'il faut s'efforcer de résoudre ces contradictions. C'est en effet par
sa psychologie qu'Herbart a exercé une grande influence et qu'il s'est montré vraiment original. Il a
recours pour cela à la célèbre *théorie des rapports* qui
est comme la contre-partie de la dialectique de Hegel et
par laquelle il essaie d'expliquer scientifiquement la vie
de l'esprit. Pour Hegel la contradiction était la condition
de tout progrès, pour Herbart elle est au contraire une
forme de l'imperfection de nos idées. Cette méthode des
rapports il l'applique tout d'abord à l'étude de l'homme,

(1) Schriften zur praktischen Philosophie, voir l'édition de ses œuvres
par Hartenstein, VIII. 1881.

« agrégat de contradictions que la psychologie doit
s'efforcer d'éliminer », puis à celle de l'Etat, car pour
bien comprendre l'homme il faut l'étudier dans la société et dans les diverses formes que revêt celle-ci.

Si la métaphysique s'occupe de ce qui est, l'esthétique
(et il appelle ainsi la philosophie morale) s'occupe de
nos jugements d'approbation ou de blâme et du beau en
général. Le beau diffère de l'utile et de l'agréable en ce
qu'il a pour objet ce qui nous *plaît involontairement*
dans une chose : la matière importe peut et tout dépend
ici de la forme et des rapports qui seuls s'adressent au
jugement esthétique (Beifall ou Missfall). Le beau moral
se distingue du beau esthétique par ce trait qu'il n'a
pour objet que les déterminations de la volonté, mais
pour tout le reste les règles de l'esthétique s'appliquent
ici également. Qu'est-ce qui plaît ou déplaît, moralement parlant? Pour y répondre il faut étudier l'activité
de notre volonté « car les éléments de la moralité ne
sont que de simples rapports de la volonté, rapports qui
plaisent ou déplaisent ». Ces rapports ou ces manières
d'être de la volonté sont simples, primitifs et il est impossible de les ramener à une idée supérieure dans l'état
actuel de nos connaissances. Ces rapports sont au nombre de cinq et ils forment nos idées morales ou ce qu'il appelle *les idées types* ou *idées modèles de ce qui doit être*
(Musterbegriffe fur das Was sein soll). Quelles sont ces
idées? Tout d'abord *la liberté* qu'il définit « l'harmonie
du jugement et de la volonté », harmonie qui nous pro-
cure le plaisir moral. Cette définition vide et formelle de
la liberté Herbart la tient directement de Platon et pour
la compléter et lui donner un caractère moral, il assigne

comme matière et continu à cette idée la BIENVEILLANCE
et L'ÉQUITÉ. La PERFECTION, la dernière des idées morales, consiste dans la force de la volonté et du caractère.
Si maintenant nous considérons l'individu non plus en
lui-même mais dans ses rapports avec les autres, on
peut observer que la volonté prend une double attitude :
ou bien elle se propose la satisfaction d'une autre volonté,
et c'est alors la bienveillance, ou bien elle entre en lutte
avec les autres volontés, et cette lutte a pour effet de
nous causer un certain déplaisir. Ce déplaisir et le désir
d'éviter cette lutte nous poussent à faire des concessions, à céder quelque chose à la volonté des autres, à
la condition que ceux-ci, à leur tour, en agissent de
même, et c'est ainsi que naît l'idée du droit qu'il définit :
« l'accord de plusieurs volontés, considéré comme une
règle, afin d'empêcher la lutte » (Einstimung mehrerer
Willen, als Regel gedacht, die dem Streit vorbeuge) (1).
La dignité du droit se fonde sur cette aversion que nous
éprouvons pour cet état de lutte. Ainsi procède de la
nature humaine elle-même un droit positif, que l'on pourrait appeler aussi bien droit naturel, mais qui est surtout positif en ce sens qu'il est établi par la volonté des
individus réunis en société à l'occasion d'une difficulté
particulière. L'équité, qui complète l'idée du droit, naît
du sentiment de déplaisir que nous cause la vue de la
bienveillance méconnue ou non récompensée.

La contrainte n'est pas une faculté inhérente au droit,
car tous les droit sont personnels en ce sens qu'ils ne

(1) Idée des Rechts, VIII, §, 4, p. 50.

peuvent s'exercer qu'entre les personnes et qu'ils n'existent qu'autant que ces personnes y consentent (1).

Toute réunion d'hommes devient ainsi une société fondée sur le droit et ayant pour but de prévenir la lutte par des concessions réciproques (allgemeines gegenseitiges uberlassen), et où chacun reconnaît implicitement la propriété et la personnalité juridique de son voisin. La contrainte ne se fonde donc pas sur le droit, elle naît plutôt d'un simple besoin et repose sur le consentement de tous les justiciables, mais on pourrait demander à l'auteur comment il s'y prendrait pour prouver l'existence de ce consentement. La raison d'être de la contrainte n'est ni l'intimidation ni l'amélioration du coupable mais elle résulte de l'idée de rémunération ou de rétribution (Lohnsystem).

Du jour où un groupe d'hommes poursuivent en commun la réalisation de l'idée du droit, de l'idée de l'équité, de la bienveillance, de la perfection, l'on peut dire qu'ils n'ont plus qu'une seule volonté, qu'une seule âme et qu'ils forment une société animée (beseelten Gesellschaft). La condition indispensable à la vie de cette société c'est l'Etat qui réunit par le lien de la force tous les éléments dont se compose la société et qu'il définit : « la société protégée par la force ». L'Etat a pour mission de réaliser autant que possible les fins que poursuivent les individus et entre lesquelles il doit maintenir un juste équilibre : famille, sociétés, église. Aussi l'art de gouverner consiste moins à donner satisfaction à des théories juridiques qu'à bien apprécier les nécessités

(1) Op. cit., p. 59.

psychologiques et la portée des circonstances. C'est l'Etat qui règle le mécanisme de ces forces sociales et l'une de ses attributions c'est de garantir les individus contre tous les abus possibles ; mais il ajoute : « la meilleure garantie c'est encore la culture morale de la nation ». Prise dans son ensemble, la mission de l'Etat consiste à conserver et à améliorer et toute loi pénétrée de cette double nécessité sera réellement psychologique, car à la mécanique et à la statique de la vie psychologique répondent la mécanique et la statique de l'Etat, dont Herbart trace les grandes lignes sous forme d'aphorismes (1). Aussi bien la vie publique n'est saine et normale que lorsque l'Etat comprend que le bien général doit se composer exclusivement de la plus grande somme du bien des individus.

Il reproche à Kant et à ses successeurs d'avoir en effet sacrifié l'individu à l'espèce : « Fichte exige que je me sacrifie à l'idée générale du progrès, mais c'est encourir la spirituelle observation de Jean-Jacques Rousseau : « Que plusieurs aiment les Tartares pour se dispenser d'aimer le prochain. » Et il ajoute : « Après tout, il est beau de mourir pour sa patrie, mais quant à l'espèce, on n'a jamais entendu dire qu'elle fût en danger. » C'est le mérite incontestable d'Herbart d'avoir réagi contre le panthéisme et d'avoir défendu envers et contre tous les droits de l'individu et c'est ce qui lui assure une place importante dans l'histoire du droit en Allemagne. Le premier il retourne à la pensée de Kant en prenant pour point de départ de son système juridi-

(1) Op. cit., VIII, p. 127-178.

que la volonté individuelle ; le premier aussi il a insisté
sur l'élément psychologique qui est au fond de toute
notion du droit. Mais ces mérites ne doivent pas nous
empêcher de signaler les défauts qui affaiblissent toute
sa théorie. En effet, si le droit n'a pour fondement
que le déplaisir que nous cause l'état de lutte,
cette définition est des plus superficielles et devient
une tautologie : l'idée du droit a pour base l'idée du
plaisir du droit ! En outre, le droit, tel qu'il le conçoit,
n'est que de l'empirisme, un simple moyen de prévenir
la lutte entre les hommes. Enfin, si Herbart rattache
intimement le droit à la morale, il faut reconnaître que
de ce mariage il résulte pour le droit fort peu de bénéfice, car, comme le remarque Wundt, la morale d'Herbart n'est au fond qu'un recueil de formules qu'anime la
psychologie et sa conception de l'homme est souvent
celle de l'automate (1).

(1) Wundt, Ethik, p. 335.

CHAPITRE VII

Résultats obtenus et Critique générale de l'Ecole idéaliste

La raison humaine a commencé son travail dans la science du droit comme dans tout le reste par une intuition poétique des choses. Dans les âges primitifs toutes les lois sont censées dictées par la divinité (carmen-loi). Du jour où la raison scientifique s'éveille en Grèce et que l'idée d'une loi naturelle que l'on oppose à la loi écrite se fait jour dans les consciences, le droit naturel commence et il y aura désormais une philosophie du droit. Tandis qu'en Grèce, surtout depuis Aristote, l'on fait une juste part aux faits et à leur observation, la tendance contraire s'accuse toujours plus en Allemagne et, comme le remarque Stahl, la philosophie du droit y devient toujours plus métaphysique et transcendante. Cet emploi presque exclusif du procédé de l'abstraction était sans doute inspiré par le désir fort légitime d'arriver à une certitude en découvrant dans la multiplicité et dans la confusion des faits juridiques une certaine unité conforme aux principes et aux lois de la raison. L'on comprend que l'on se soit efforcé de trouver en soi-même cette unité, cet absolu, cet *inconcussum quid*,

pour parler avec l'Ecole, qui sera le fondement du droit.
Si l'on méconnaît la part légitime qui revient à l'expérience c'est que celle-ci nous fournit des résultats qui
n'auront jamais la force ou l'évidence d'une nécessité
logique. Malheureusement, au lieu de partir d'une réalité
vivante et d'étudier l'homme dans la complexité de la vie
sociale et avec tout son passé historique, l'on réduit
toute la science du droit à un système de connaissances
logiquement déduites d'un principe unique, l'on érige
son propre sentiment en règle de la vérité, sans tenir
aucun compte de l'histoire dont on prétend pouvoir se
passer, comme si l'homme était une pure intelligence,
une sorte de syllogisme et non point un être vivant
infiniment complexe ! Au lieu de comprendre que l'élément primordial en nous n'est pas la pensée mais la
personnalité, l'être vivant et concret, comme Kant s'est
efforcé de l'établir, l'on prendra pour centre la pensée
abstraite dont Hegel fera le principe vital de tout le
droit. Aussi l'individualisme idéaliste, qui avait atteint
chez Fichte son apogée, décline à partir de Schelling
pour faire place à un nouveau courant d'idées et les
systèmes ultérieurs, tout en conservant un caractère
fortement abstrait, se montreront de moins en moins
favorables à l'individu. C'est là la grande différence qui
sépare le système juridique de Hegel de celui de Kant.
Faute de n'avoir pas compris qu'il est de l'essence du
droit d'affirmer la personnalité humaine et que tout droit
particulier doit être déterminé par son objet, où il trouve
sa raison d'être et sa limite, l'Ecole idéaliste ne voit
dans le droit que l'élément logique et au lieu de se
demander si tel droit s'adapte à notre nature, s'il donne

satisfaction à nos légitimes besoins, elle se demande si tel droit est conforme aux lois de la raison. Son erreur consiste à ne pas voir que tout droit positif contient, outre sa valeur logique, d'autres éléments qui en font la force et qui peuvent se modifier sans que l'idée même du droit en soit compromise. Aussi, un trait caractéristique de cet idéalisme c'est la stérilité ou le caractère négatif de ses résultats, ce qui se comprend facilement puisqu'il ramène tout à la raison, laquelle ne crée rien mais se borne à éliminer ou à choisir. Cette stérilité n'éclate nulle part avec autant d'évidence que dans cette idée de la liberté abstraite, sans objet déterminé comme sans limites et où l'école idéaliste découvre le principe de tout droit. Égarée par cette fausse notion de la liberté elle est tombée dans d'inextricables contradictions. C'est ainsi, par exemple, que d'une part les droits innés (droit à la vie, à l'honneur, etc.), la raison les déclare nécessaires, inaliénables, et que, d'autre part, ces mêmes droits je puis les sacrifier, y renoncer puisqu'ils sont la propriété de ma liberté. C'est de la sorte que Fichte justifie le suicide et qu'il affirme que l'on pourrait aliéner sa liberté de penser ! De même au sujet de l'obligation dans les contrats, il semble que l'exécution forcée d'une obligation soit contraire au principe de ma liberté, attendu que ce que je voulais hier je puis ne pas le vouloir aujourd'hui. En outre, si tout dépend, dans le contrat, de ma liberté et de l'accord de nos volontés, de quel droit m'interdire l'esclavage conventionnel ou le louage de service à vie ? Du moment que ma liberté est illimitée, comment un contrat pourrait-il créer un lien qui m'oblige ? Il en est de même pour tous les rapports

de dépendance : mariage, famille, Etat, où l'école idéaliste ne voit que des contrats de société. Si ces contrats
ne reposent que sur ma volonté, s'ils dépendent de moi
au lieu de me gouverner et de m'obliger conformément
à leur nature et à l'objet propre qu'ils poursuivent, je
puis les dissoudre ou tout au moins changer les objets
auxquels ils s'appliquent. D'accord avec l'autre partie
contractante, je pourrai décider que tel objet ou telle
personne servira à tel usage, de telle sorte que l'adultère
lui-même se justifie et qu'on ne saurait condamner le
conjoint qui commettrait infidélité ! L'école idéaliste a
cherché à éluder ces difficultés grâce à une distinction
assez subtile entre les droits innés et les droits acquis,
les derniers prenant naissance dans un fait et pouvant
se dissoudre de la même manière ; mais les uns et les
autres sont si intimement unis que le moindre contrat
implique toujours le sacrifice d'une partie de nos droits
innés. En vérité, l'école idéaliste se contredit en juxta-
posant la liberté illimitée de l'individu et la raison qui
lui impose des limites, car la loi de la raison exclut par
principe toute liberté illimitée et celle-ci à son tour
aboutit logiquement à l'anarchie. De toute manière on
aboutit à une contradiction irréductible.

Comment expliquer ce formalisme stérile de l'école
idéaliste ? Outre les causes générales que nous avons
déjà signalées, l'oubli des traditions et en particulier du
droit romain n'a pas peu contribué à amener ce résultat.
A l'encontre du droit naturel le droit romain prenait
toujours pour point de départ des droits déjà existants,
droits qui procédaient eux-mêmes de toute la vie nationale : culture, religion, famille, régime économique,

c'est-à-dire des causes qui ne sont pas des abstractions.
Le droit romain n'isolait jamais l'homme mais le prenait
tel quel au sein d'une société particulière et d'un milieu
historique déterminé. A côté des droits de la personne
et en harmonie avec eux, le droit romain laissait subsister le droit de l'Etat et admettait à côté des droits de
l'individu des conditions et des institutions indépendantes qui devenaient une source de droit privé et de
droit public. En outre, le droit romain ne faisait jamais
abstraction ni du temps ni de l'histoire, car le Romain,
comme l'a montré Ihering, avait le culte du droit acquis.
L'école idéaliste prend une attitude diamétralement opposée et voit dans l'*individu seul* le principe et le but
du droit, à tel point que l'idée du temps semble lui faire
défaut et que, ne tenant jamais compte des faits historiques, elle condamne tout droit qui ne découle pas directement de la raison.

D'où venait à cette école la faveur exceptionnelle dont
elle a pu jouir en Allemagne ? Gierke (1), qui s'est posé
cette question, croit en trouver la réponse dans l'origine
allemande et nationale d'un nombre considérable d'idées
que cette école prit sous son patronage et qu'elle s'ef-
força de faire triompher. En fait, les éléments étrangers
et romains que l'école idéaliste avait éliminés, elle les
avait remplacés par d'autres éléments qui étaient plutôt
allemands et au fond ces systèmes idéalistes ont été un
véhicule puissant pour des idées d'origine germanique.
Signalons quelques-unes de ces idées qui sont comme
l'expression juridique de l'Allemagne. Tout d'abord, l'an-

(1) Naturrecht und Deutches Recht, 1883, p. 24 à 30.

cienne conception germanique du droit répugnait à la
division en droit privé et en droit public qui était d'origine romaine : à partir de Schelling et de Hegel cette
séparation est réduite au minimum et le droit privé n'est
plus qu'un chapitre du droit public. L'école idéaliste
donnait encore satisfaction par sa théorie des droits
innés à l'ancien particularisme germanique, en affirmant
l'indépendance de l'individu, tandis que le mouvement
inauguré par Krause donnait satisfaction à la tendance
contraire, à l'esprit d'association, à ce besoin de se constituer en corporations qui est si particulier à l'Allemagne. Dans le domaine du droit privé ces éléments germaniques conservés par le droit naturel sont plus nombreux et plus facilement reconnaissables. L'on sait
quelle place occupaient en Allemagne les droits accordés
à la personne selon sa position sociale ; ces droits, si
contraires à l'esprit égalitaire du droit romain et du droit
naturel lui-même, furent considérés par l'école idéaliste
comme autant de liens organiques nécessaires à la conservation du corps social. C'est ainsi qu'une place considérable fut faite à l'idée germanique de la famille, idée
qui se perpétue dans le mécanisme de certaines institutions. La propriété collective et indivise ou les *associations de propriété* (Gütergemeinschaft), dont l'idée
est essentiellement germanique, se conserva en partie
du moins dans le droit naturel. L'école idéaliste en effet,
s'appuyant sur l'idée romaine du domaine éminent ré-
servé à l'Etat, mit en lumière le caractère public de
toute propriété privée.

Mais indépendamment de tous ces traits particuliers
l'on peut dire que le droit naturel de l'école idéaliste ré-

pondait aux aspirations du génie allemand par ses tendances métaphysiques, ses formules et sa méthode.

Les exagérations des doctrines idéalistes amenèrent
bientôt une réaction. L'on se prit à douter de la puissance des principes et l'on frappa du même discrédit
l'erreur et la vérité. La réaction, grandissant avec le
triomphe de l'école historique, a dépassé le but et s'est
montrée injuste en oubliant les services que l'idéalisme
avait rendus à la science du droit. Au point de vue des
résultats scientifiques, c'est à l'idéalisme que la tendance
actuelle, qui consiste à faire des constructions juridiques
pures, en supposant des données qui n'existent ni dans
la réalité ni dans l'histoire, doit son existence. Cette
tendance qui s'appelle elle-même dogmatique compte
parmi ses représentants des hommes comme Thon en
Allemagne et Roguin dans nos pays de langue française (1). Nombre de principes proclamés par l'école
idéaliste conservent leur légitimité et leur puissance et
ils sont encore la source intarissable de laquelle doivent
sortir toutes les institutions reconnues nécessaires. Malgré le dédain que l'on affecte pour ces théories dans
certains milieux, il faut avouer que c'est en les invo-
quant ou tout au moins en s'inspirant de l'esprit qui les
anime, que l'on peut espérer de voir s'accomplir les réformes nécessaires. Après tout, ce sont ces idées qui
font la suprématie de notre société européenne sur ses
imitatrices et ses rivales. Si par droit naturel idéaliste
il faut entendre le droit tel qu'il procède de la nature de
l'homme, ce droit durera autant que l'humanité et la

(1) Roguin: La Règle du Droit, 1889.

raison sera une des sources, sinon la principale, à laquelle il faudra recourir. L'on peut dire avec certitude que l'idéalisme demeurera un principe inspirateur de la science juridique, car dans les luttes terribles de la vie l'homme ne pourra s'empêcher, sans abdiquer, de concevoir un droit idéal et cela d'autant plus que notre civilisation sera plus profondément pénétrée par le souffle du christianisme. Quand l'école positive aura tranché le difficile problème des origines du droit, quand l'école historique aura réussi à tracer les lois constantes qui en règlent le développement, la raison tirera grand profit de ces résultats, mais ce sera pour s'élever à la notion plus haute d'un droit qui sera tout à la fois plus naturel et plus rationnel.

Section 3ᵐᵉ, Ecole Historique

CHAPITRE Iᵉʳ

Origines de l'Ecole Historique:

Savigny

A côté du plat rationalisme qui régnait dans la seconde moitié du XVIIIᵐᵉ siècle un nouveau mouvement intellectuel se faisait sentir. Le sens historique, comme écrasé sous le poids des faits et des documents accumulés, reprend vie, affectant tantôt la forme de l'érudition, tantôt la forme de la philosophie et les premiers indices de ce réveil de l'esprit historique se trouveaient déjà chez Vico et Montesquieu. Grâce à Lessing et à Herder, qui le possédaient au plus haut degré, l'esprit critique et historique s'était enfin éveillé en Allemagne et Kant avait donné à ce mouvement une impulsion décisive. Il ne faut chercher les origines de l'école historique ni dans le mouvement du romantisme allemand, ni dans une réaction contre les théories de la Révolution, mais dans la philosophie de l'histoire qui depuis le livre de Herder avait occupé une si grande place dans les préoccupations de la philosophie allemande. Dès 1788, G. Hugo, professeur de droit romain à Gœttingue, avait signalé l'absence de toute critique historique dans la jurisprudence et comme Thomasius, un siècle auparavant, il s'était attaqué aux pédants de son époque. Mais pour sortir de cette attitude purement négative et donner naissance à une nouvelle conception du droit il fallait le génie de Savigny. Né dans la ville qui avait vu naître Gœthe, ces deux esprits ont été souvent mis en parallèle malgré la différence de leur vie et de leurs travaux. Comme l'auteur de Werther devint, grâce à son Gœtz de Berlichingen et à son Iphigénie, le premier poète de l'Allemagne, de même Savigny s'éleva du premier coup au rang des plus grands jurisconsultes allemands par la seule publication de son *Traité sur le Droit de Possession*, en 1803. Descendant de l'ancienne noblesse de la Lorraine, c'est encore à une influence française que l'Allemagne devra la régénération de sa science juridique. Par son *Traité de la Possession* où il se livre à une étude originale des textes, il retrouve les doctrines de nos anciens jurisconsultes, en particulier de Cujas. Ce sont les principes de Cujas que Savigny s'approprie et qu'il adopte à son époque avec toutes les ressources d'une immense érudition. Ses biographes nous le montrent plongé dans l'étude du grand jurisconsulte français et faisant copier par sa femme, à Paris, les lettres inédites du célèbre romaniste. Dans ce livre Savigny unit à la sagacité du critique la plus grande intelligence de l'histoire, s'appliquant à mettre en lumière l'admirable sens pratique qui a toujours conduit les jurisconsultes romains. Il y montre surtout l'utilité de l'étude du droit romain, droit qui n'est point la production artificielle d'une idée préconçue mais une suite de la nature des choses. Savigny excelle surtout à briser l'enveloppe de formules et à se débarasser des détritus apportés par le courant de l'histoire pour mieux dégager les principes de ce droit incomparable. Cet ouvrage marque en effet une époque nouvelle dans l'histoire du droit en Allemagne, mais Savigny est encore loin d'avoir donné toute sa mesure. Nommé professeur à Berlin il contribuera à la fondation de l'Université de cette ville et sa pensée ne deviendra que plus mûre au contract des œuvres d'un Humbold et d'un Niebhur avec lesquels il se lie d'une étroite amitié. La science du droit romain, on le sait, doit à cet historien la découverte des institutions de Gaïus, et Savigny, épris du même enthousiasme pour les anciens textes, continuéra la tradition de son savant collaborateur, en entreprenant l'œuvre gigantesque du *Receuil des Inscriptions latines.*

Signalons aussi l'influence exercée sur lui par son beau-frère Brentano, le poète romantique qui contribua à communiquer à ses écrits cette chaleur de sentiment qui les inspire et qui lui a fait écrire un traité plein de finesse sur les rapports de la poésie et du droit (1). Tout en s'occupant spécialement du droit romain il ne négligeait nullement l'étude de l'ancien droit germanique. Depuis 1811 il avait eu pour collègue Eichhorn avec lequel il fonda, en 1816, la *Revue de la Science histo-*

(1) Voir Zeitschrift für geschichtliche Rechtswissenschaft, 1875. II vol.

rique du Droit. Dans la préface de cette publication Savigny distingue déjà nettement deux écoles de juristes : l'une, essentiellement dogmatique, s'attache à une époque déterminée dont elle essaie de reproduire la pensée et les aspirations ; l'autre, avant tout historique, considère chaque époque comme la continuation de l'époque précédente et comme un progrès sur celle qui l'a précédée : « Il fut un temps, écrit-il, où l'on s'appliquait à séparer l'individu de l'ensemble, le présent du passé et le citoyen de l'Etat. L'on pourrait appeler cette tendance de l'égoïsme en histoire car elle est née du du sentiment excessif qui porte plusieurs à confondre leur petite manière de voir avec la marche même du monde et à se persuader vraiment que l'univers n'a commencé à exister que du jour où ils ont eux-mêmes commencé à penser ». Cette contradiction n'est-elle pas celle dont Gœthe parlait déjà dans son Faust? A cet égoïsme de la pensée, l'un des traits caractéristiques du génie allemand, Savigny oppose son bon sens d'origine gauloise et la loi de la continuité historique. Mais comme cette vue si originale de l'histoire pouvait prêter à de graves malendus et qu'elle avait besoin d'être complétée, (comme le prouve la polémique que Savigny eut à soutenir contre Gans, le plus redoutable de ses adversaires) le parfait équilibre de son sens historique trouve le correctif nécessaire : « D'un autre côté. ajoute-t-il, il existe un engouement aveugle pour l'antiquité et qui a pour effet de méconnaître les bonnes qualités du présent ». Loin d'être un détracteur passionné de notre époque, Savigny reconnaît les déficits du passé et il cherche dans l'étude de l'antiquité des forces nouvelles pour en faire profiter le présent. Le droit ne devient quelque chose de respectable et même de sacré que lorsque cessant d'y voir un recueil de règles arbitraires, nous y reconnaissons la trace d'une pensée supérieure et le travail douloureux mais fécond de la vie de tout un peuple. C'est donc à Savigny que nous devons le sens profond de la dignité et de la valeur morale du droit.

A cette date déjà le droit était donc pour Savigny une production organique de l'histoire, une création nullement arbitraire, procédant de la vie générale d'un peuple, de sa culture et de ses mœurs, comme la branche d'un chêne se détache du tronc qui la porte. Une question d'ordre pratique, une controverse de savants vint donner à cette tendance une impulsion nouvelle et hâter son développement. C'était en 1814 et le sentiment patriotique était pour le moment fort excité en Allemagne. Sans se rendre compte des difficultés, sans compter avec les résistances que devait rencontrer une pareille réforme dans le vieux particularisme allemand, bien des esprits s'étaient pris à rêver de l'unité législative et de la redaction d'un Code national. Le jurisconsulte Thibaut prit l'initiative de ce mouvement par la publication de son livre *Nécessité d'un Droit civil général pour l'Allemagne* (1). Thibaut peignait avec des couleurs sombres mais nullement exagérées l'état du droit et de la jurisprudence dans sa patrie. « L'on doit exiger, disait-il, que toute législation remplisse une double condition : qu'elle soit aussi parfaite de fond que de forme, c'est-à-dire que ses règles soient claires et complètes et qu'elle

(1) Uber die Nothwendigkeit eines allgemeines bugerlichen Rechts.

adapte ses institutions juridiques aux besoins des justiciables..... Malheureusement nulle part en Allemagne
la législation ne remplit aucune de ces conditions. C'est
un fatras de décisions contradictoires bien faites pour
désunir les Allemands (ain endloser Wust einander Wi-
derstreitender..... Bestimnunger) et rendre impossible
la connaissance du droit aux juges eux-mêmes. Notre
droit indigène est si pauvre que sur cent questions c'est
le droit romain ou étranger qui donne la solution pour
quatre-vingt-dix-neuf d'entre elles. Quant au droit canonique ses défauts sont si évidents que nul ne songe à
l'appliquer..... Reste le droit romain comme source principale de rédaction d'un Code, c'est-à-dire l'œuvre d'une
nation étrangère et à la période de sa décadence ! » L'on
voit déjà l'erreur que commettait Thibaut : le droit
n'existe que dans les lois écrites. Le livre de Savigny,
en réponse à celui de Thibaut et que l'on peut considérer
comme le manifeste de la nouvelle école, paraissait seulement quelques mois après « *Vocation de notre temps
pour la Législation* » (1) et contenait un exposé très
suggestif de la nature du droit positif. Savigny ne méconnaît pas la gravité de la situation que Thibaut venait
de signaler mais il pense que puisque cet état a tant
duré il n'est pas désespéré et que le siège du mal se
trouve plutôt chez les praticiens *eux-mêmes qui prétendent opérer la guérison.*

L'on commet souvent l'erreur de croire que c'est l'attitude prise par Savigny contre cette tentative de codification qui caractérise la pensée du grand jurisconsulte :

(1) Beruf unserer Zeit..... 1814 voir surtout les pages 8 à 20.

cette question n'avait à ses yeux qu'un intérêt tout à fait
secondaire. Savigny ne s'est pas prononcé d'une manière
absolue contre toute législation nouvelle et tout en re-
fusant aux juristes de son temps la capacité nécessaire
pour rédiger un nouveau Code, lui-même a travaillé
mieux que personne à en faciliter les moyens (1). Les
faits d'ailleurs se sont chargés de réfuter cette erreur et
l'école historique a contribué puissamment à l'élaboration des Codes allemands. La controverse portait sur une
question de principe et sur la manière même de comprendre le droit positif. L'erreur commune aux juristes
de ces temps était de n'admettre d'autre droit que le
droit écrit et de tenir la coutume pour une source aussi
trouble qu'insuffisante. Pour Savigny, au contraire, il en
est du droit comme du langage, c'est une partie de la vie
nationale, car aussi loin que remonte l'histoire l'on constate que les peuples se distinguent les uns des autres
non seulement par leurs mœurs, leur religion, mais
aussi par leur droit. Les nations naissent, grandissent
et périssent les unes plus tôt, les autres plus tard, en
même temps que les vices qui les caractérisent. Eh bien!
l'individualité d'un peuple s'exprime dans son droit et
autre sera son droit au moment de la jeunesse de ce
peuple, autre à l'époque de sa maturité et de sa décadence. Savigny, en parlant ainsi, avait en vue l'histoire
du droit romain qu'il avait approfondie. « La jeunesse
d'un peuple, disait-il est pauvre en idées, mais elle jouit
d'une conscience claire de ses états et de ses relations,

(1) Voir Bluntschli : Die neueren Rechtschulen, le meilleur exposé de
l'histoire de cette controverse.

il les sent et les expérimente d'une manière plus complète que nous dont l'existence est déjà si compliquée,
accablés que nous sommes par le poids de notre propre
richesse, de sorte qu'au lieu d'en être maîtres nous en
sommes dominés. » L'état relativement parfait du droit
n'a point pour cause nécessairement un état également
parfait de la législation et c'est ce que prouve l'histoire
du droit romain : au temps de sa plus haute perfection,
la législation romaine ne répondait plus aux besoins de
la vie nationale et bien de ses éléments étaient déjà
frappés de mort. Voilà le premier trait qui caractérise
l'école historique. L'idée, alors si nouvelle, que le droit
a une nationalité et une individualité propres, cette vue
si originale forme le centre et comme le noyau de tous
les développements que traversera cette école, elle est
la cause de toutes ses transformations ultérieures. A
mesure que progresse la culture d'un peuple, la division
du travail, comme disent les économistes, s'impose, car
les organes qui servent à sa vie se multiplient et il en
est ainsi du droit. Toute la vie nationale concourt à la
création du droit, mais au sein même de la nation il se
forme tout un groupe d'hommes qui travaillent spécialement à la partie technique et scientifique du droit, ce
sont les juristes. « En résumé, dit-il, tout droit est la
production des mœurs et de la foi d'un peuple, puis de la
jurisprudence et tout cela se fait par une force intérieure
qui agit d'une manière latente et nullement par l'arbitraire ou la volonté d'un législateur. Le but du législateur ainsi que sa part dans cette œuvre consistent à
améliorer le droit existant en donnant force de loi d'une
manière plus particulière à certaines institutions. Ce

dernier travail c'est l'œuvre de la codification, partie purement technique qui incombe aux seuls juristes. Quoi
qu'il fasse, un législateur se trouve lié par tout le passé,
il peut à la rigueur modifier certains points de détail
mais au fond il se borne à reproduire ce qui existait déjà
et s'il lui arrive de faire du nouveau, ce nouveau ne devient compréhensible et ne peut s'adapter à la vie du
pays que grâce à l'intelligence du passé qui seule détermine la portée de cette inovation. Or, la capacité de
créer et de faire une œuvre de législation n'est pas le
propre des peuples jeunes mais de ceux qui ont atteint
le degré de culture le plus favorable au développement
du droit et visiblement le peuple allemand manque,
pense-t-il, des qualités nécessaires pour accomplir cette
tâche. Pour que l'Allemagne acquière une conscience
toujours plus nette de ses aptitudes juridiques, elle doit
se retremper dans l'étude de l'histoire du droit romain
et de l'ancien droit germanique dont les matériaux réunis serviront à élever le nouvel édifice. C'est à préparer
cet avenir que Savigny consacre son activité et dès
cette époque il fonde avec le concours de Eichhorn et de
Goëschen la Revue qui servira d'organe à la nouvelle
école, appelée désormais école historique et dont il
garda la direction jusqu'en 1850.

L'ouvrage que nous venons d'examiner si rapidement
n'était qu'un écrit d'occasion et, sans la controverse qui
le poussa à prendre la plume, Savigny aurait gardé
pour lui des idées tellement évidentes qu'il ne se croyait
pas appelé à les défendre. A partir de l'année 1815 commence la publication de l'œuvre à laquelle il avait travaillé tant d'années : l'*Histoire du Droit romain au*

Moyen-Age (1). Si son traité de la Possession avait révélé en lui un jurisconsulte incomparable, cette œuvre
révéla l'érudit à qui rien n'était étranger dans l'histoire
du droit. Dans le *Système du Droit romain*, son dernier grand ouvrage, il expose magistralement la vie interne de ce droit (2). Plus sobre que la précédente en
matière d'érudition cette œuvre, bien qu'elle soit incomplète, nous donne plus que des idées mais comme la
sensation de la vie du droit. Sá pensée dépasse l'horizon
du droit romain, elle vise à l'avenir et songe surtout à
ce que doit être le droit moderne. C'est en pleine activité
scientifique que l'appel du gouvernement de son pays
vint faire de lui un ministre d'Etat et qu'il fut pris à tout
jamais par la vie politique.

(1) Geschichte d. R. R. in mittelalter, 6 volumes, 1815-22.
(2) System des h. r. Rechts, 8 volumes, Berlin, 1840, voir la traduction
Guenoux.

CHAPITRE II

Principes et Résultats de l'Ecole historique

Pour saisir dans toute son ampleur la réforme accomplie par l'école historique, il faut nous demander tout d'abord quelle a été sa manière de comprendre le droit romain et le droit germanique et quelle fut son attitude dans la lutte qui éclata entre les romanistes et les germanistes. L'étude du droit romain ayant été le point de départ des idées de Savigny et de son école, la connaissance de ce droit acquiert une importance exceptionnelle pour l'intelligence de ces tendances nouvelles, car la manière dont Savigny comprend le droit romain est aussi originale que féconde. La législation romaine est l'œuvre lente du temps, le résultat d'une longue évolution. Les formes même de ce droit ne présentent rien d'arbitraire mais elles ont leur raison d'être dans les mœurs et dans les idées de Rome : voilà pourquoi ce droit forme un organisme harmonique. Le même esprit qui a inspiré les conquêtes de Rome a également inspiré la formation de son droit : de là cette unité constante qui embrasse même le droit nouveau, lorsque les relations sociales s'étant infiniment développées, Rome éprouva le besoin d'enrichir le fonds de ses idées juridi-

ques. Mais le droit nouveau n'acquiert droit de cité et ne
pénètre dans l'organisme juridique que peu à peu, sans
secousse et sans donner lieu à toute une législation nouvelle. Ce fut l'œuvre du préteur, défenseur naturel du
droit civil, et lorsque à côté du droit romain parut le
jus gentium, ce fut grâce au droit civil que le droit des
gens dut son unité et une certaine fixité. De même que
la longue lutte entre patriciens et plébeiens, loin d'amener la ruine de Rome, avait eu pour effet, au contraire,
de tremper fortement les caractères, de même le droit
des gens, loin d'être pour le droit romain une cause
d'affaiblissement, contribua à son développement et ré-
pandit son influence. Grâce aux écoles des jurisconsultes
le droit romain revêtit une forme scientifique avec laquelle aucun autre droit ne pourra jamais rivaliser. Les
jurisconsultes romains, esprits positifs et ennemis des
abstractions, n'aiment pas les définitions, car ils savent
que l'on définit difficilement la vie et ils préfèrent aller
puiser leurs inspirations dans l'expérience et dans l'étude
directe des cas particuliers. De là la largeur, la sûreté et
la facilité d'application qui caractérisent ce droit. Cependant comme toute chose ici-bas, le droit romain devait
subir la loi universelle et après une période de force et
d'épanouissement il devait connaître le temps de la décadence. L'édit du préteur devient une tradition et la
science dégénère en exercice de mémoire pendant que
l'œuvre de législation et de codification, entreprise sous
l'Empire, accélère ce mouvement au lieu de le ralentir. Il
est remarquable d'avoir à constater que c'est sous cette
forme et au moment de sa décadence que le droit romain
arrive à la domination universelle, mais ce phénomène

s'explique, car, si à l'époque classique l'on s'était avisé
de faire pour le droit romain ce que fera plus tard Justinien, son caractère national encore si fortement marqué
l'aurait empêché de se répandre et de devenir peu à peu
le droit de l'Europe chrétienne. C'est ainsi que l'école
historique attribue à un droit ancien une mission presque universelle et qu'elle y voit le droit modèle, le droit
type que toutes les autres législations doivedt reproduire
au moins dans ses traits essentiels.

Cette ardeur pour les études historiques se porta sur
le droit germanique et inspira les travaux de Eichhorn,
de Hasse, de Grim, de Gaupp. Déjà dès l'année 1815
Savigny lui-même avait montré la nécessité d'étudier
l'ancien droit de son pays. Dans la revue que nous avons
citée il s'exprimait ainsi : « L'éditeur de cette publication désire que les études historiques aient pour objet le
droit national... Que de trésors qui sont encore enfouis
dans ce terrain ! »

Mais cet appel en faveur des études historiques indépendantes qui aurait dû rallier sur un terrain neutre
tous les jurisconsultes de l'Allemagne servit de prétexte
à la célèbre controverse entre romanistes et germanistes
qui éclata à cette époque et qui avait pour cause, non
point la vanité blessée de quelque personnalité, mais la
différence profonde qui sépare le droit romain du droit
germanique et qui faisait de ces deux droits sinon des
ennemis du moins des rivaux. Rien ne nous aidera autant à connaitre le droit allemand que de rappeler cette
différence que la polémique des deux écoles s'était ef-
forcée de mettre en lumière. Tandis que le droit romain,
né dans la ville de Rome, demeure à travers toutes les

phases de son développement le droit de la cité, un
droit civil, le droit germanique est un droit de race ou
de tribu, un droit populaire (volkesrecht), sans unité,
multiple et varié comme étaient multiples et variées les
tribus elles-mêmes de la Germanie. Cette variété en
elle-même n'est point un mal, elle peut mieux garantir à
chaque groupe social, famille, commune, une certaine
vie individuelle ; malheureusement le défaut est ici bien
près de la qualité et le danger à redouter et dont l'Allemagne n'a eu que trop à souffrir c'était la confusion,
l'incohérence allant jusqu'à la dissolution. C'est le point
que relevaient avec raison les romanistes, et les germanistes de répondre : que de même que la langue allemande avait toujours existé sous la forme de dialectes
différents de même le droit allemand avait toujours
existé en dépit des droits particuliers de chaque Etat.

Une autre différence peut-être aussi profonde c'est qu'à
l'idée de domination illimitée qui est l'un des traits du
droit romain et qui se montre d'une manière si sensible
dans l'organisation de la famille *(patria potestas)*, le droit
germanique oppose une grande variété de degrés dans
la capacité juridique. Dans l'ancien droit germanique le
père n'est pas surtout le maître qui domine mais le pro-
tecteur qui administre les biens de ses enfants et tandis
que la *patria potestas* durait jusqu'à la mort du père ou
jusqu'à l'émancipation de l'enfant, le fils de la famille
germanique est affranchi de la tutelle paternelle du jour
où il fonde une nouvelle maison.

Le droit romain est formaliste à tel point qu'il ne donne
satisfaction à l'équité qu'en conservant les formes rigou-
reuses du droit civil *(fictions, actions utiles)* ; le droit

germanique, au contraire, a des formes plus élastiques. Cette qualité même devenait aux yeux des romanistes un sujet de critique et il signalaient avec complaisance le danger que faisait courir au droit cette absence de fixité tandis que les germanistes montraient avec satisfaction les affinités cachées du droit germanique avec le christianisme, affinités qu'ils croyaient découvrir dans des documents comme le Miroir de Saxe et le Miroir de Souabe.

Dans un écrit de circonstance, plein d'idées et de faits, Bluntschli (1), faisant l'esquisse de ces deux tendances, montrait le terrain sur lequel devait se faire la réconciliation et faisait observer qu'en réalité le droit germanique dont on avait tant parlé n'existait que fortement modifié par le droit romain et que ces deux droits étaient désormais inséparables. Le droit romain seul est capable de donner au droit allemand l'unité et la valeur scientifique qui lui manquent et il faut reconnaître que l'œuvre de codification qui se poursuit sous nos yeux semble avoir donné raison aux prophéties de Bluntschli.

Quelle fut l'attitude que prit l'école historique en face de l'école philosophique ou idéaliste? L'on peut dire que l'école historique traversa sous ce rapport deux périodes: celle de la lutte où elle affirme ses principes d'une manière exclusive et celle de la conciliation où les partisans les plus décidés de Savigny reconnaissent que les faits par eux-mêmes demeurent stériles, que l'érudition a besoin du concours de la raison pour arriver à l'intelligence du droit. Depuis la polémique soute-

(1) Op. cit p. 66.

nue par Gans contre l'école historique l'on s'était habitué
à considérer celle-ci comme l'ennemie née de la philosophie et Gans l'avait appelée l'*école antiph.losophique*.
Cependant, comme Bluntschli l'a montré, il serait faux
d'attribuer à cette école une attitude aussi agressive. A
côté de quelques jurisconsultes adonnés à la pratique du
droit et à la routine de la procédure, l'attitude de
cette école fut plutôt celle de l'indifférence. Sans doute,
elle ne pouvait pas dissimuler la répugnance qui lui ins-
piraient l'ancien droit naturel et l'école idéaliste avec
leurs recettes juridiques, sorte de panacée que l'on pré-
tendait appliquer indistinctement à toutes les maladies
sociales, mais les hommes sérieux appartenant à cette
tendance ne pouvaient pas ignorer que l'influence de la
philosophie avait été le facteur le plus important du droit
moderne et qu'au fond les deux écoles représentaient
deux directions de la pensée également légitimes. Sans
l'idée, sans la philosophie, l'école historique ne fait autre
chose que recueillir des faits et des documents et sans
les faits que lui fournissent l'observation et l'histoire
l'école idéaliste se perd dans les rêves et dans les chi-
mères. Bacon caractérisait déjà ces deux excès contraires lorsqu'il disait des juristes de son temps: *tanquam
è vinculis sermocinantur;* et des docteurs abstracteurs
de quintessence: *proponunt multa dictu pulchra sed
ab usu remota.* Il y a si peu d'incompatibilité naturelle
entre les deux écoles que l'Angleterre, pays de la tradition, a produit un Bentham, le représentant le plus conséquent du radicalisme juridique et qu'en Allemagne
nous voyons la philosophie idéaliste confiner au positivisme et au réalisme le plus plat: il suffit de citer les

noms de Goschel et de Stahl lui-même, le premier hégé-
lien convaincu, le second disciple de Schelling. En effet,
il n'y a pas de contradiction entre ces deux écoles mais
simple progrès. De Maistre dit quelque part : « La constitution de 1789 est faite pour l'*homme*, or il n'y a point
d'hommes dans le monde. J'ai vu dans ma vie des
Français, des Italiens, des Russes, etc..... Une constitution qui est faite pour toutes les nations n'est faite
pour aucune, c'est une pure abstraction (1) ». A cette
observation, d'une vérité assez triviale, Bluntschli répond : « sans doute, et cependant cette erreur renferme
une grande vérité, c'est que Français, Italiens, etc. sont
des homes et que pour bien connaître les diverses nationalités, c'est-à-dire les diverses modifications de la
nature humaine, la science a besoin de savoir ce qu'est
cette nature humaine et pour bien juger les hommes de
savoir ce qu'est l'homme (2) ».

Si nous nous demandons maintenant d'une manière
générale quels sont les principes de cette école, on peut
les résumer de la manière suivante : le droit, comme le
langage, procède directement de la conscience d'une
nation, comme le langage il vit par un usage continuel,
car pour qu'il existe il a besoin de la puissance publique.
Le développement du droit est donc continu et il ne
peut être interrompu d'une manière violente en l'arrachant à tout le passé d'un peuple, car le passé n'est pas
seulement un élément transitoire du droit, mais la cause
de son actualité et de son avenir. Voilà pourquoi les

(1) Voir Laboulaye : Histoire de droit de propriété foncière, p. 19.
(2) Op. cit. p 63.

études historiques sont si nécessaires et comment l'école
historique entre en lutte avec le point de vue pragma-
tique qui avait régné précédemment et d'après lequel
un droit doit toujours son origine à la nécessité de
donner satisfaction à des besoins particuliers. Cette
tendance allait si loin que Hugo se plaçait à ce point de
vue pour expliquer la torture et justifier la polygamie
et l'esclavage !

L'idée fondamentale mise en lumière par cette école,
c'est que le droit est un fait historique et social et que
par conséquent le droit qui doit nous régir dans le présent, pour répondre à tous les besoins, doit être considéré comme une conséquence du passé. Le droit ici n'est
pas une notion abstraite que la raison doit seule élaborer mais l'expression de la conscience d'un peuple
qui se développe d'une manière organique comme un
produit de la nature. Cette conscience juridique d'une
nation qui n'est d'abord dans la coutume que la manifestation spontanée de l'instinct juridique d'un peuple,
se perfectionne grâce à l'interprétation des jurisconsultes
et grâce au pouvoir législatif de l'Etat qui, recueillant
les préceptes juridiques les plus précis, leur donne une
forme concrète, une expression plus précise et mieux
définie. Le droit traverse ainsi trois phases : celle de la
coutume, de la jurisprudence et de la législation écrite.
Donc : coexistence du droit avec la conscience nationale,
naissance spontanée du droit et continuité historique de
son développement, tels sont les trois grands principes
qui forment le programme de cette école.

Quant aux résultats obtenus dans cette direction, il
faut reconnaître que si les débuts ont été marqués d'une

certaine étroitesse, bientôt, par la force même des choses, l'on s'éleva de l'étude exclusive du droit romain et du droit germanique à l'étude comparée de l'histoire du droit, d'après l'ethnologie, étudiant le caractère de chaque peuple et de chaque race aux différentes phases de leur développement. C'est ainsi que l'on arrive à comprendre que le droit de propriété doit être tout autre chez un peuple pastoral que chez un peuple agricole ou livré au négoce. Le même travail devait être fait pour toutes les autres institutions juridiques de grande importance : mariage, droit successoral, puissance paternelle. En étudiant les diverses formes adoptées par tel peuple à telle étape de son développement, l'on s'efforcera d'arriver à l'intelligence du principe qui domine chacune de ces institutions et c'est ainsi qu'insensiblement l'histoire aboutit à des idées générales et à la philosophie du droit. Il en résulte que cette école n'admet pas que l'on transporte d'un peuple à un autre une institution juridique parce que les conditions sociales de ces peuples sont toujours différentes. Savigny admet toutefois qu'il se forme peu à peu entre les nations civilisées une communauté de droits ayant pour cause l'accord qui s'établit sur certains principes juridiques. Il faut encore mettre à l'actif de cette école d'avoir montré combien était fausse l'idée de la toute-puissance du législateur, alors que l'on croyait qu'il suffirait de changer le texte d'une loi pour changer les mœurs et la conscience d'un pays. Au nom de la nécessité historique elle apprend aux convoitises impatientes la sagesse et la modération, en fournissant au législateur ce critère pratique : « *rebus ipsis dictantibus et necessitate exi-*

gente. » Bien que la forme politique soit secondaire pour la confection d'une loi, les théories de cette école sont de nature à inspirer un respect toujours plus grand pour l'autorité dans la proportion même où elle contribue à nous donner une intelligence plus grande des besoins de chaque époque et un sens toujours plus délicat des nécessités de l'évolution.

Aussi longtemps que l'on se borne à n'étudier cette école qu'au point de vue de sa nouvelle méthode, on ne s'aperçoit pas facilement de ses lacunes ; mais dès que cette question se pose : quelle est l'origine générale du droit, comment expliquer son apparition au sein de l'humanité ? la réponse qu'elle nous fait est doublement insuffisante. Tout d'abord elle ne nous dit pas pourquoi les relations libres des individus et des peuples, comme poussées par une nécessité intellectuelle, doivent être soumis à des règles fixes, comment *naît l'idée du droit.* En second lieu, elle ne nous dit pas non plus comment, une fois le droit né, il trouve chez chaque individu un assentiment involontaire et spontané, allant jusqu'à la vénération. D'après cette école ce n'est pas l'individu mais l'esprit de tout un peuple qui produit le droit nécessairement, ce qui suppose dans la collectivité et dans la masse le sentiment que le droit est nécessaire, mais cela exclut-il l'initiative de l'individu, cela empêche-t-il que les génies créateurs n'aient été les véritables organes de la création du droit? C'est donc une affirmation bien vague quand on dit que c'est l'esprit national (Volksgeist) qui produit le droit. Bien plus, l'universalité de ce phénomène ne peut s'expliquer que par l'existence préalable chez chaque individu d'une certaine *idée* du droit. C'est ainsi que l'école historique aboutit, peut-être à son insu, à l'affirmation du caractère à *aprioristique* du droit et même au droit naturel. En soutenant que le droit n'est pas un phénomène isolé mais qu'il est une des principales manifestations de l'esprit humain, l'école historique, par cette conception universelle du droit, se rattache déjà à l'école idéaliste qui depuis Schelling n'avait cessé de voir dans le droit un principe universel. C'est donc une lacune regrettable dans l'œuvre de Savigny, que ce profond esprit n'ait jamais essayé d'analyser ce qu'il appelle la production du droit par l'esprit national. Qu'est-ce en effet que cet esprit national dont on nous parle jusqu'à satiété? La question serait plutôt de savoir si psychologiquement il est possible de concevoir l'existence d'une conscience juridique avant l'existence d'un droit positif quelconque. L'axiome de cette école que l'esprit collectif crée seul le droit et nullement l'esprit individuel est-il conforme à la nature des choses? Si d'une part le droit est incontestablement une œuvre trop considérable pour pouvoir être attribuée à l'initiative des individus, d'autre part, n'a-t-il pas une trop grande unité pour que l'on puisse dire qu'il est l'œuvre de tous?

Mais le mouvement donné à la pensée allemande par Savigny et son école était trop puissant, il avait provoqué la réaction de trop d'éléments divers, il s'était fait sentir trop profondément dans toutes les branches de la science juridique pour ne pas susciter la formation de nouveaux groupes et de nouvelles tendances. A partir de cette époque tous les jurisconsultes subissent plus ou moins l'influence de l'école historique, aucun d'eux n'a plus la prétention d'édifier une théorie sans s'inquiéter des faits, tous sont d'accord à ne pas séparer l'étude du droit de celle de l'histoire, et cependant très rares sont ceux qui renoncent au travail de la pensée philosophique et qui se résignent à accepter les faits sans les juger. Voilà comment, en dépit de cet accord, les divergences s'accentuent bientôt et nous assistons à la naissance de diverses tendances dont chacune forme une école distincte et représente une direction particulière de la pensée.

Section 4ᵉ
Les diverses tendances de l'Ecole historique

———+———

CHAPITRE Iᵉ

Tendance théologique

§ I. — Ses origines

Jusqu'ici nous avons étudié les diverses conceptions du droit qui se rattachaient à tel système de philosophie ou à tel système de morale ; dans la tendance théologique, au contraire, l'on prétend rattacher l'idée du droit à la tradition religieuse.

Remarquons tout d'abord que cette tendance se présente à nous comme l'ennemi du droit naturel ou rationnel et qu'elle est née simultanément avec l'école du droit naturel dont elle est la contre-partie. C'est ainsi que dès que le droit naturel se montre la tendance contraire se fait jour immédiatement: si Grotius inaugure le droit naturel dans nos temps modernes avec Puffendorf il a en face de lui Coccejus qui place l'origine du droit dans la volonté divine et c'est ainsi qu'à Wolf s'oppose Crusius, qui affirme que le droit naturel est impossible sans l'affirmation de la providence de Dieu.

L'école théologique part du même principe que l'école historique, principe diamétralement opposé aux théories de Rousseau, à savoir que l'Etat, le droit et les mœurs ne sont pas l'œuvre de la raison individuelle mais naissent d'un instinct naturel et sont d'origine divine, Donc il ne sera plus nécessaire de chercher la vraie notion du droit par voie de raisonnement, car tout droit, émanant de Dieu, est historique, traditionel, et ne peut être déduit de la simple raison, aussi s'impose-t-il à la conscience individuelle et son autorité est universelle. La conséquence de ce principe c'est que tout pouvoir social, quel qu'il soit, est d'origine divine et possède une autorité incontestable. Les deux écoles ont encore en commun ce principe que l'idée du droit, étant profondément enracinée dans la nature humaine, étant d'origine divine (ce qui revient au même), elle a été dans l'histoire une idée directrice et ordonnatrice par excellence et qu'elle s'est toujours manifestée dans la législation des peuples. C'est ici le point où l'école historique et la tendance théologique pouvaient et devaient se rencontrer.

Cette tendance a eu au moyen-âge un illustre représentant, saint Thomas. L'idée fondamentale de cette théorie est celle-ci: le droit se fonde sur la morale mais il n'atteint à toute sa plénitude que dans la religion. En Allemagne, c'est à Karl von Haller qu'il faut faire remonter la tendance théologique sous sa forme la plus rudi-

mentaire. Son écrit sur la *Loi Naturelle* (1) a pour but
de montrer que le droit tout entier et même l'Etat sont
subordonnés au droit privé. L'activité divine joue dans
ce système le même rôle que joue la force dans la théorie de Spinoza. L'état de nature n'a jamais cessé, car
c'est l'ordre établi par Dieu : partout et dès l'origine
nous voyons des supérieurs et des inférieurs, des personnes libres et des personnes asservies. Volà la loi de
nature et le droit se fonde sur la force. Tandis que Haller s'en tient aux faits, Adam Müller fait une plus grande
place à la spéculation. Il distingue l'idée qui est un
principe vivant et la notion (Begriff) qui est une idée
abstraite et sans vie : la monarchie est, par exemple,
supérieure à la république parce que celle-ci est une
simple notion, tandis que le monarque incarne l'idée de
la monarchie ! Le droit embrasse toutes les relations
humaines, il se meut entre ces deux pôles, au sein de
cette antithèse qui se trouve dans toute vie sociale : l'u-
tile et le juste. L'homme d'Etat est appelé à résoudre ce
problème à chaque instant et la loi doit être l'expression
de cette double nécessité. Un bon législateur doit voir
dans la loi l'expression du droit et de la force économique de son pays. Le code est donc un miroir des besoins d'une nation et de son histoire. Ce sont là des idées
fort justes et particulières à l'école historique. Mais
qu'est-ce que le droit ? Le droit est comme la divinité
d'une nation (die Gottheit eines Volkes) et aussi longtemps qu'il vit dans les institutions d'un pays et qu'il
détermine la conscience nationale il y vit en tant qu'idée

(1) Ueber das Naturgesetzete, 1807.

mais dès qu'il meurt il passe à l'état de simple notion. Cette distinction il l'a empruntée à Schelling. Les corporations, les institutions, les lois qui se développent pendant la jeunesse d'un peuple sont des idées juridiques incarnées, ayant pris un corps comme les dieux de la Grèce. Le malheur est que ces divinités s'usent et deviennent des idoles, c'est-à-dire des conceptions abstraites et métaphysiques. La pensée de cet auteur n'est pas très originale et quand il a constaté que le droit est mort, il se résigne à un pessimisme désespéré ; s'il rêve d'un État chrétien dans l'avenir, il ne nous dit ni quelle en sera la nature ni dans quelles conditions il pourra s'établir.

Autrement puissante est la pensée de Frédéric Schlegel dont le point de vue est essentiellement religieux et moral bien que des rêves théosophiques énervent sa pensée et déparent sa théorie. Toute réalité dans le monde de la nature et de l'esprit est une révélation de Dieu. La révélation successive et permanente est le fondement du droit et il ne voit de salut que dans un retour à l'état primitif de l'humanité, mais il nie le progrès et il tombe dans un dualisme irréductible entre le bien et le mal dont la lutte forme le tissu même de toute l'histoire.

Steffens, sur les traces de Schlegel, prend pour point de départ la chute, laquelle a eu pour effet de briser l'unité du genre humain et de mettre à la place du vrai individualisme, l'égoïsme. La religion peut seule refaire cette unité qui servira de fondement au droit de l'avenir.

Mais le plus grand de tous les représentants de cette tendance est sans contestation possible Stahl.

§ II. — STAHL

Il fit son éducation intellectuelle sous l'influence de l'école idéaliste, s'attachant à Schelling auquel il doit beaucoup. Il subit aussi l'influence de l'école historique, mais il réagit de bonne heure contre les déviations de cette école qui néglige trop l'autorité légitime de la morale. Tout en admettant que le droit procède d'une manière inconsciente du génie d'une nation, il s'efforce de découvrir au travers des transformations du droit un dessein, un plan divin : le gouvernement d'un Dieu vivant dans l'histoire. Il s'inspire ainsi tout à la fois de Niebuhr, de Schlegel et de Schelling. Appelé à Berlin en qualité de professeur, il ne craignit pas d'engager une lutte audacieuse avec Hegel lui-même dont la renommée était alors à son apogée. De cette lutte sortit son *Histoire de la Philosophie du Droit* (1) où il attaque avec vigueur l'école idéaliste et où il combat les idées panthéistes alors dominantes, en affirmant hautement la liberté en Dieu et en l'homme.

Contrairement à Fichte, il prend pour point de départ l'affirmation de la personnalité de Dieu et combat l'idée hégélienne de la personnalité humaine comme étant trop négative. L'éthique embrasse les lois nécessaires à notre volonté et contient tout à la fois la religion, la morale et le droit. Séparées dans la vie ordinaire, la reli-

(1) Voir Christliche Rechts und Staatslhere, 1833, comprenant la Philosophie des Rechts en 2 volumes. — Nous suivons l'édition de 1845-1844. — Voir aussi la traduction de Chauffard, 1880.

gion et la morale retrouvent leur unité dans le christianisme. La ressemblance avec Dieu est le but des efforts
de l'homme, aussi la justice est-elle la loi unique du
monde moral puisqu'elle a pour but de rétablir l'image
de Dieu dans le monde. Le droit a été rendu nécessaire
par la déchéance de l'homme, aussi n'est-il que le côté
inférieur et négatif de la morale : la morale et le droit
tendent au même but, mais ils diffèrent par leur mode
d'action en ce sens que si la morale y concourt d'une
manière positive, le droit y concourt d'une manière négative. L'homme ne vit que pour la société, il doit contribuer à la vie nationale, mais la société doit être formée librement (durch Freiheit hervorgebildet), car la
forme de la vie de la société c'est la morale sociale
(Ethos). Il y a ainsi une morale pour les individus et une
morale pour la société. La morale s'occupe de l'homme
comme individu et vise à la perfection de son être (de
l'*homo*) ; le droit ne s'occupe au contraire que de
l'homme en société (*du civis*). Donc, l'objet du droit sera
avant tout la conservation de la vie de l'individu, de la
propriété et de la famille. Quel est le rapport du droit
naturel avec le droit positif? Le vrai droit c'est le droit
positif, c'est-à-dire celui qui est en vigueur dans une
société (eine aussere objective Geltung hat). Il pourra
donc arriver que le droit positif soit en conflit avec la
raison, car si les idées de la raison sont un élément de
progrès pour le droit positif celui-ci seul est le vrai droit
et il lie la conscience alors même qu'il serait contraire
au génie juridique d'un peuple. Prétendre le contraire et
vouloir que le droit naturel dicte des règles au droit positif, c'est confondre la philosophie du droit avec la jurisprudence.

La propriété est l'instrument dont l'homme se sert pour remplir ses devoirs, mais si l'homme veut tout faire dépendre de sa propre volonté et ne pas se soumettre à l'autorité de la hiérarchie sociale, expression de la volonté divine, il aboutira fatalement à l'abolition de la propriété privée. En parlant de la famille il s'attache à faire ressortir la supériorité de l'idée chrétienne sur l'idée antique, car le règne de l'élement moral y a remplacé celui de la force. Il reconnaît au père un droit absolu d'éducation mais seulement dans l'ordre religieux, car le père n'exerce ses droits que dans l'intérêt de l'enfant. Il loue Hegel d'avoir su mettre en relief le côté organique et moral de la famille et il reconnaît sa supériorité sur Kant.

Quant à l'Etat, bien qu'il rattache exclusivement l'élément moral à la vie individuelle, il déclare que l'ordre social est destiné à maintenir l'ordre divin dans l'humanité et que l'Etat est d'origine divine. Toutefois, c'est la volonté divine et non point Dieu directement qui a donné naissance à l'Etat. Les formes politiques peuvent être diverses et les origines historiques d'un Etat peuvent être la donation, la cession, la naissance, la conquête, ce qui importe c'est que la volonté de Dieu s'y montre d'une manière expresse. Mais comment? Il répond que la légitimité d'un pouvoir se forme par la durée. Il condamne toute institution qui se développerait en dehors du plan divin : mais quel est ce plan et comment le connaît-il ? Peut-on dire qu'il admette la souveraineté du peuple ? Sa pensée est très hésitante sur ce point, toutefois il l'admais mais avec une double limite : la légitimité et la continuité. Il entend par continuité l'unité de l'Etat à travers le temps, une société régie par l'ordre moral au-dessus des volontés accidentelles des majorités et formant une tradition non interrompue. L'idéal révélé par la Réforme sur le terrain politique veut que la nation s'élève de l'obéissance passive à l'obéissance volontaire et la nation doit particiciper à la confection de toute loi nouvelle, mais la volonté nationale doit se soumettre à l'ordre moral. Les principes de 1789 se justifient au point de vue du christianisme mais au point de vue social il faut les condamner parce que ils aboutissent au nivellement des classes et méconnaissent le caractère organique de toute société. Il exige que l'Etat soit un Etat chrétien et que tout fonctionnaire appartienne en fait à une confession chrétienne légalement reconnue. Cette tendance à donner un rôle prépondérant à l'élément religieux se montre dans les ouvrages qui ont pour titres: *L'Etat chrétien, Le Protestantisme comme principe politique*, où il s'efforce de montrer que l'Empire allemand est appelé à remplir une haute mission religieuse et où il fait de cet Empire la clef de voûte de toute la politique européenne.

Stahl est plus théologien que philosophe et plus philosophe que jurisconsulte. Il a le mérite d'avoir combattu les excès de l'école idéaliste mais par la manière dont il comprend les rapports du droit et de la religion il rétrograde jusqu'à Thomas d'Aquin et abandonnant, logiquement du moins, toute organisation politique et juridique à une puissance ecclésiastique, il nous ramène au moyen-âge. Comme le remarque Bluntschli (1), il est

(1) Op. cit. p. 41.

permis de souhaiter que le droit demeure intimement
uni à la religion tout en condamnant leur confusion. La
religion a tout à perdre à se pétrifier dans les formes
inflexibles du droit et c'est ce que nous montre l'histoire des hiérarchies religieuses de tous les temps; mais
le droit est aussi bien malade quand il est livré à une
jurisprudence.ecclésiastique : il y perd de sa clarté en
même temps que son caractère laïque au grand détriment de la liberté de l'homme et du citoyen.

L'auteur passe sans cesse du point de vue moral au
point de vue juridique les confondant tous les deux.
Cette confusion est très sensible dans les définitions qu'il
donne de la justice, de la famille et surtout du contrat
qu'il réduit à un acte de pure confiance. Enfin, par une
étrange ironie, sa conception du droit se rapproche de
celle de Hegel qu'il n'a cessé de combattre : car ce qu'il
appelle la morale sociale (Gemeinethos) n'est que le côté
objectif de la morale proprement dite.

CHAPITRE II

Tendance réaliste et évolutionniste ou la Physiologie du Droit

§ I. — ORIGINES DE CETTE TENDANCE

Ce qui caractérise sa méthode, c'est le rôle prépondérant que cette tendance accorde à l'observation. A mesure que celle-ci progresse et qu'elle passe de l'examen du côté extérieur des choses à leur composition intime, cette tendance, après avoir étudié les simples faits, cherche à comprendre les lois générales qui dominent ces faits et les expliquent. Enfin, s'appuyant sur l'induction, elle s'élève à de puissantes généralisations cherchant à découvrir la loi unique qui résume tous ces phénomènes. L'on voit donc que la méthode employée par cette branche de l'école historique n'est autre que la méthode de la science positive telle que Spencer l'a exposée dans les *Premiers Principes* (1). Dès que l'observation se porta sur cette catégorie de faits psychologiques qui composent le droit et elle y vit un produit naturel, non de la raison ni de l'histoire, non point une idée ni un fait his-

---

(1) Seconde partie, traduction Cazelles, Paris, 1871.

torique, mais le produit d'une nécessité, d'une force
obéissant aux lois de l'évolution universelle. Cette conception du droit se retrouve déjà chez Épicure mais elle
ne s'est développée véritablement que chez les races
d'origine germanique qui virent de bonne heure dans le
droit une force nécessaire, indispensable, pour le maintien de la paix. Les représentants de cette tendance en
dehors de l'Allemagne sont trop connus pour ne pas
nous borner à ce qui est essentiel. Rappelons Hobbes
dont la formule suivante peut servir de caractéristique à
cette tendance : *ideoque quod legislator præceperit id
pro bono, quod vetuerit, id pro malo habendum est.*

A. Comte (1) a été le premier chez nous à avoir appliqué cette méthode aux études juridiques. Il pense que
le positivisme doit établir une physique sociale comme il
a déjà fondé la physique terrestre et cette physique sociale n'est autre chose que ce qu'il appelle *la sociologie.*
On a beaucoup discuté sur le sens de ce mot mais sa
vraie signification il faut la chercher dans les œuvres de
Comte et de Spencer qui désignent par ce vocable l'histoire naturelle de la société humaine et non point un
chapitre de la philosophie sociale, comme on l'entend
d'ordinaire. Comte déclare même que le but de sa philosophie positive a été d'établir cette physique sociale à
laquelle il a consacré les trois derniers volumes de ses
œuvres. Ce qui nous frappe tout d'abord c'est la largeur
de l'esprit du maître comparée à l'étroitesse d'esprit de
ses disciples. Comte n'a jamais dit qu'il fallût se renfer-

(1) Cours de Philosophie positive, 1re leçon, Paris, 1864, et Ferraz
Socialisme, etc., Paris, 1877.

mer dans la seule observation des faits, et, en fait, il pratique la méthode comparée en ayant recours à l'histoire et à des notions métaphysiques. C'est ainsi qu'il compare l'humanité, comme l'avaient fait Platon et Pascal avant lui, à un homme qui se perpétuerait à travers les âges. Cette méthode comparative et historique que Comte est obligé d'admettre pour compléter la simple méthode d'observation directe, donne à sa science sociale un cachet particulier qui la distingue de la science biologique que l'Allemagne appliquera à l'étude du droit La méthode inaugurée par Comte trouva des partisans et des disciples ardents non seulement en France avec Littré, en Italie avec Romagnosi, qui fut le premier à mettre en vogue l'expression *physiologie politique*, mais surtout en Angleterre où elle trouva un terrain particulièrement propice et il suffit de mentionner les noms de Darwin, de Spencer et de leurs disciples. Darwin (1) pense qu'avant l'homme social il existait un homme purement physique qui s'est développé de la pure animalité par la force de ces trois facteurs : lutte pour l'existence, transmission héréditaire et sélection naturelle. Cette idée de l'origine animale de l'homme se trouve déjà dans l'antiquité et Lucrèce l'enseignait dans des vers superbes (2) :

> Et genus humanum multo fuit illud in arvis,
> Durius.....

Mais si l'école positive est d'accord avec la tradition sur un point, elle la contredit en oubliant qu'à côté du courant naturaliste la tradition nous montre un courant

(1) Voir Hartmann dans son exposé du Darwinisme, Paris, 1877.
(2) De Natura... I, v. 323.

idéaliste qui ne craint pas de donner à l'homme une origine divine. Tout cela prouve que l'école positive ne
réussit pas à expliquer l'origine de l'homme historique
et social, encore moins l'origine de l'homme religieux
et moral : expliquant l'homme organique, elle ne peut
rendre compte de ses hautes aspirations, en vertu des
lois de l'évolution naturelle. Le grand généralisateur
de tous les résultats obtenus par cette tendance positive
et évolutionniste est incontestablement Spencer. La loi
la plus générale qui dans l'état actuel de nos connaissances nous explique le mieux les diverses manifestations de la force universelle, c'est l'évolution, laquelle
traverse trois étapes produisant toujours des résultats
plus complexes : monde inorganique, organique (science
biologique), évolution supra-organique ou sociale dont
l'étude comprend la sociologie et la morale. Les débuts
de cette évolution sociale peuvent être déjà étudiés dans
les espèces inférieures, mais l'on n'arrive à des résultats
complets qu'en étudiant l'être humain. Remarquons,
en passant, que la sociologie et la morale ayant une
même origine, Spencer unit intimement la morale et le
droit (1).

La société est réellement un organisme et l'organisme
social est le produit le plus élevé de l'évolution, comme
la religion, la morale et le droit. Ces trois facteurs de
toute civilisation ont existé à l'état de germes ou d'em-
bryon et ces germes se sont développés sous la double
influence des besoins sociaux et de l'initiative de certains
individus, jusqu'au moment où ce développement est

(1) Voir Berthauld : De la Philosophie Sociale, 1877.

devenu assez considérable pour attirer l'attention du
législateur. La loi n'est donc pas une création de la
raison humaine ou l'effet d'un contrat, d'une convention
entre les individus, mais le produit de cette force de
l'évolution qui pénètre la société et Spencer définit le
droit : « le produit naturel du caractère d'une nation ».
Voyons maintenant ce que cette tendance va produire
en Allemagne où l'idée d'organisme social avait été déjà
clairement exposée par Krause et développée par l'école
historique.

§ II. — PUCHTA ET SCHAFFLE

Dans son livre sur le Droit de la Coutume (1), Puchta part
de cette observation que le droit ne se fonde pas sur la
raison, attendu que celle-ci se borne à connaître le monde
des lois nécessaires, tandis que le droit s'occupe surtout
des actions libres et du monde de la liberté. Le bien n'est
donc pas par essence ce qui est conforme à la raison ni
le mal ce qui lui est contraire et ceux qui ont voulu faire
dériver le droit de la seule raison ne l'ont fait qu'an
détriment de celle-ci. La liberté humaine est par essence
le pouvoir de nous déterminer nous-mêmes, pouvoir qui
est borné par les résistances que nous rencontrons dans
le monde extérieur et de la nécessité, et lorsque notre
raison s'incline devant cette nécessité alors notre liberté
devient rationnelle. Notre libertée, limitée déjà extérieurement, l'est aussi intérieurement par l'existence d'un

(1) Gewoheitsrechte, Bd. 1er, page 139.

plan dans l'univers et notre liberté réelle consiste à nous soumettre à ce plan, cette pensée divine qui règne dans le monde.

L'objet propre du droit c'est la liberté mais la liberté non encore déterminée pour le bien ou pour le mal, la liberté comme simple pouvoir et le droit n'est autre chose que la reconnaissance de cette liberté juridique chez les personnes, dans leur volonté, dans les effets de cette volonté et dans les effets de cette volonté sur les choses (Anerkennung). Cette double reconnaissance de la liberté chez les autres donne naissance au droit personnel et au droit de propriété. Cette liberté est en partie collective, en partie individuelle : de la première procèdent les préceptes généraux du droit, de la seconde découlent les droits individuels, la contre-partie des droits de la communauté. Ces droits individuels ont pour effet d'accorder certaines facultés (Befugnisse) aux individus et ces facultés à leur tour créent des relations juridiques entre ces mêmes individus (1).

Il faut distinguer avec soin la morale et le droit. La morale empiète sur le droit lorsqu'elle nie l'égalité juridique des personnes bien qu'elle dépasse le droit, puisque son objet est la liberté dans le bien et que non contente de régler nos actes extérieurs elle règle aussi nos intentions. L'homme est naturellement égoïste mais deux sentiments combattent cet égoisme : l'amour et le sentiment de la justice qui reconnaît chez tous, en dépit des inégalités individuelles, la même personnalité juridique. Le droit a pour mission de maintenir cette égalité,

(1) Op. cit., p. 4.

de dominer les inégalités en rendant à chacun ce qui
lui revient, ce qui ne veut pas dire que les droits soient
uniformes, au contraire, ils sont très variés, mais au sein
de cette variété il faut conserver l'égalité juridique. A
ce point de vue l'on peut dire que le droit est toujours un
droit strict, tandis que si l'on se place au point de vue
des besoins individuels existants, le droit devient l'équité.
Quant à l'origine du droit, il émane tout à la fois du
sentiment religieux et de la raison et c'est ainsi que
l'auteur retombe dans la vieille erreur du moyen-âge
qui attribuait au droit une double origine (1).

Après l'exposé de ces principes généraux, Puchta reproduit les idées de l'école historique sur la nature de
l'Etat et sur l'origine du droit, insistant sur l'idée d'organisme. L'Etat et le droit sont des organismes mais il
ne nous dit pas dans quelles relations les individus se
trouvent avec l'Etat. Pour Puchta l'origine du droit c'est
la coutume et il va si loin dans cette affirmation qu'il
admet que le droit puisse exister sans la contrainte.

Schaffle. — Schaffle a eu le mérite d'avoir donné à
cette idée d'organisme tous les développements dont elle
était susceptible. Dans son célèbre ouvrage *Structure
et Vie du Corps social* (2) il montre que la société doit
être étudiée comme un corps animal où comme un
organisme, c'est-à-dire au point de vue biologique, par
les procédés d'analyse biologique qui s'appellent l'anatomie, l'histologie et la physiologie. A. Comte et Spencer se sont attachés dans leurs principaux ouvrages à

(1) Op cit., p. 11 et 20.
(2) Bau und Leben der socialen Korpers, 1875, Erster Band.

étudier les phénomènes sociaux qui mettent en lumière la force évolutive des sociétés, mais ils ont eu le tort de négliger cette analyse élémentaire de la vie sociale. Le but de l'auteur est de combler cette lacune et de nous donner une psychologie ou psycho-physique sociale, et profitant des travaux de Lotze, il se flatte de pouvoir échapper aux dangers de l'analogie et de l'allégorie. Schaffle reconnaît que cette idée n'est pas nouvelle, qu'elle est déjà chez Gœthe et chez Pascal, lequel avait dit : « Toute la succession des hommes.... doit être considérée comme un seul homme ».

L'auteur commence par établir les limites de la science sociale biologique en indiquant les deux obstacles qui l'empêchent de faire des progrès ? 1° la cellule vivante est déjà tout un monde, que sera-ce donc que d'étudier les millions de cellules qui composent le corps social et dont nous savons si peu de choses 2° la vie spirituelle du corps social n'est autre chose que la vie individuelle élevée à la plus haute puissance, or, la psychologie individuelle est encore à faire. Cette double difficulté doit nous inspirer de la modestie et nous ne devons nous attendre qu'à des résultats très approximatifs.

L'auteur examine successivement les éléments dont se compose le corps social. L'élément passif de la substance sociale comprend le milieu, c'est-à-dire le pays, la nature extérieure et la population ; l'élément actif de la même substance sociale c'est l'individu humain.

La famille est l'unité du corps social ou la cellule sociale. Dans une troisième partie de son livre l'auteur étudie les fonctions fondamentales du tissu social (die socialem Gewebe), c'est-à-dire les institutions fondamentales de la société.

Partant de l'idée déjà émise par Herbart que le langage établit entre les individus une communauté telle que même notre volonté cesse jesqu'à un certain point d'être individuelle pour devenir sociale, l'auteur nous parle d'une conscience sociale et d'un esprit national (Volksgeist), en développant cette idée de Fichte : qu'un être isolé n'est jamais compréhensible dans son isolement. La loi qui règle cette activité spirituelle collective a été déjà indiquée par l'Apôtre des Gentils (1) et toutes les forces sociales : l'Eglise, l'Etat, l'art, forment une force sociale centrale, car ce ne sont pas des individus juxtaposés mais des groupes d'individus qui forment déjà des *unités d'action*. Dans cette vie du corps social l'on constate des phénomènes subconscients (Schwellenphenomenen) dont l'individu n'a pas conscience et qui ne sont pas sentis non plus par les organes du centre. Un Etat trop centralisé est comme un névropathe qui ressent vivement les moindres états pathologiques, les phénomènes morbides les plus insignifiants. La publicité est le moyen pour la conscience sociale de s'étendre et de se développer, mais cette conscience, comme celle de l'individu, est incapable d'embrasser tous les phénomènes de la vie sociale. Enfin cette vie de la conscience sociale est soumise à la loi des contrastes observée déjà par les psychologues dans la vie individuelle.

L'auteur poursuit cette assimilation entre la vie de l'individu et celle de la société à travers une centaine de pages. Un chapitre très important est celui qu'il con-

(1) I in Corinth., XII.

— 310 —

sacre à l'esprit national (Volkgeist). On parle couramment de l'esprit d'une famille, d'une profession, d'une
classe : y a-t-il un esprit national ? Oui, répond-il,
« pourvu que l'on comprenne qu'il ne s'agit ici de rien
d'absolu mais de quelque chose de relatif (Wenn nicht
absolut doch relativ berechtigt sei) (1). Constatons quelques faits : chaque peuple a sa physionomie propre et
il existe une physionomie sociale comme il y en a une
individuelle, c'est-à-dire certaines manières de sentir,
de vouloir et de penser qui sont propres à un peuple. Cet
esprit sans doute n'existe pas en dehors des individus et
il ne peut agir que par leur moyen, mais il est comme
une force toujours égale et semblable à elle-même qui
plane au-dessus de la manière de penser ou de vouloir
de chaque individu : de là la puissance des maximes,
des systèmes et des dogmes qui s'imposent aux pensées
et aux volontés individuelles. La morale publique et le
droit sont dans ce cas. Cet esprit collectif ou social se
forme peu à peu, car la subordination de l'esprit individuel à l'esprit collectif ne commence que par les rapports les plus simples de la vie sociale comme dans
la propriété, la famille, dans les droits privés. Ainsi se
forme une morale publique qui laisse encore beaucoup à
désirer en attendant la formation de la morale internationale qui n'existe pas encore (2).

Comment se forme cet esprit national, par quel procédé naît-il ? Par voie de condensation des idées, des
sentiments et des volontés individuelles. La première

(1) I Band, p. 407.
(2) Op. cit., p. 415.

phase de cette condensation c'est la coutume qui se
forme par la répétition des mêmes actes et par l'imita-
tion. Il y a donc un *organisme social* mais avec les
restrictions qu'apporte Lotze : « les esprits individue's
sont les seuls points actifs dans le cours de l'histoire
(Sind die Wirksame Punkte in Lauf der Geschichte) et
par conséquent tout ce qui est élément général ou collectif doit tout d'abord, pour exercer une force ou se
réaliser, se condenser chez les individus (sich zu individueller Lebendigkeit verdichten) (1). Prétendre que cet
esprit national existe à l'état d'existence particulière,
comme un fantôme, c'est se mettre en dehors de toute
expérience. Cet esprit n'existe que sous la forme d'un
système de forces d'expansion individuelles, car l'expérience nous montre que notre esprit lui-même n'est
qu'une association, un ensemble de représentations et de
sentiments et que nous n'atteignons jamais à cette unité
et à cette simplicité de notre vie spirituelle dont nous
parle une certaine psychologie. Cet esprit est une force
collective centralisée existant à l'état de puissance au
sein d'une société et transmise par la tradition et
l'échange des idées et la meilleure définition que nous
en puissions donner est encore celle de l'Apôtre: « Il y a
plusieurs dons mais il n'y a qu'un seul esprit. » L'auteur termine ces considérations en citant les paroles de
Lotze: «Nous avons besoin d'une vue mécanique de la
société qui élargisse la psychologie en la portant au-delà
de la vie individuelle et qui nous apprenne à connaître
les conditions et les effets de cette action réciproque

(1) Op. cit., p. 409.

ainsi que de la marche générale, c'est-à-dire qui nous fasse connaître l'avenir par notre passé, car il importe que même dans la conception de l'idéal nous ne soyons pas livrés à nous-mêmes sans règle ni mesure (1). »

Quelles sont les tendances ou les directions particulières du travail spirituel et collectif qui s'accomplit au sein de la société et comment résulte des phénomènes individuels le développement social dont nous avons parlé ? Le corps social qui acquiert la conscience de lui-même dans l'*esprit national* (Volkgeist) suit les mêmes lois que les êtres organisés et l'action de cet esprit se déploie dans un triple système d'activité : connaissance, sentiment et volonté. Quant à la connaissance le corps social possède un appareil psycho-physique pour percevoir le monde extérieur, c'est la presse, les enquêtes administratives, la surveillance de la police, la statistique, les registres de l'état-civil, les rapports des consuls, le tout visant à acquérir cette connaissance de l'Etat ou du pays dont Cicéron faisait déjà la base de la politique : *primum est nosse rempublicam.* Quant à l'activité proprement dite, l'élément exécutif ou de réaction du corps social nécessaire à la vie de l'Etat, car toute vie est le résultat d'une action ou d'une réaction, elle se trouve dans toutes les branches de l'administration. Il y a de même une collectivité intellectuelle représentée par la littérature, l'instruction publique, les traditions, ensemble de principes reconnus nécessaires à la vie sociale et qui acquiert graduellement une certaine autorité. L'activité esthétique de la vie nationale se traduit par les

(1) Op. cit., p. 432.

arts, les insignes, les distinctions honorifiques, etc.
Enfin, l'activité moral du corps social où la volonté
nationale se manifeste par *le droit* et la morale qui sont
les lois de toute activité sociale. Ces deux lois fondamentales ont pour but de coordonner et de régler les mouvements du corps social pour le plus grand bien de
l'ensemble. Une distinction est ici nécessaire : entre l'activité intérieure et subjective de la volonté sociale et son
activité extérieure, il y a cette énorme différence que de
simples idées, des appréciations et des désirs même contraires peuvent coexister sans grands inconvénients,
tandis que les actes extérieurs ne peuvent se contre-
carrer sans rompre l'harmonie et compromettre la vie
du corps social lui-mêmes. L'idéal à atteindre au milieu
de ces volontés et de ces forces multiples c'est que avec
le minimum de perte pour ces forces elle-mêmes, chaque
force particulière apporte le maximum de vie et de
mouvement à l'ensemble. C'est là le principe de la mécanique sociale dont Lotze a donné la formule : « un système de forces liées entre elles dont les mouvements
s'accommodent aux conditions extérieures et qui se
meut à chaque instant avec le moins de contrainte possible, et la quantité de contrainte que l'ensemble exerce
sur chacune des parties est le produit du carré de l'écar-
tement occasionné par le mouvement libre de chacune
des forces et de leur masse ». Voilà la formule définitive de
la mécanique sociale (1). Il faut donc obtenir le minimum
de perte dans l'ensemble des forces sociales et le minimum de contrainte sur les unités sociales : à cette double

(1) Op. cit., p. 527.

condition l'on obtient l'ordre dans la liberté. Cette formule condamne à la fois l'extrême décentralisation et l'extrême centralisation qui faussent également le jeu normal du mécanisme social. Or le droit et la morale ont pour but, en unissant les volontés particulières d'une manière positive, de réaliser cet idéal. Quand les forces individuelles se font équilibre c'est l'état de repos, quand ces mêmes forces ne sont pas entre elles diamétralement opposées, la résultante est, comme dans le parallélogramme, une diagonale, c'est-à-dire une opinion moyenne.

Les sujets de la volonté sociale sont moins les personnes physiques que les personnes morales comme les corporations, les associations, les familles, les classes, etc.

Quel est le fondement du droit ? Cette question se ramène à cette autre : quelles sont les forces qui peuvent ramener les volontés particulières à l'unité pour les faire concourir au but poursuivi par le corps social ? C'est là le problème de l'éthique qui se divise elle-même en morale et en droit. Le principe de la morale c'est le développement de l'homme conformément à son idéal, idéal qui nous est fourni tout à la fois par la raison, la religion et l'esthétique. L'idéalisme est ici nécessaire, car toute la force du droit et de la morale procède de l'idée que l'homme doit être autre chose qu'un animal et que sans la pénétration de la culture d'un peuple par des motifs idéalistes la vie sociale n'existerait pas. Mais d'un autre côté, il ne faut pas oublier que la matière de la vie morale doit nous être fournie par l'observation des faits et que l'idéal moral et l'idéal social sont identiques. Le bien, à en parler sans image et d'une manière scientifique, ne peut être autre chose que la volonté humaine luttant contre les impulsions et les appétits inférieurs et cherchant à développer au sein de la société la vraie nature humaine. L'idéal du bien le plus élevé, l'amour, ne conçoit le bien que dans sa réalisation sociale.

Deux tendances dominent toute l'activité des individus : la force d'attraction et la force de répulsion, conservation de soi-même et sacrifice, intérêt personnel et intérêt général. Seulement ne soyons pas dupes de ces images, ici tout est moral, voulu et rien n'est fatalement nécessaire : « Le droit, dit Aristote, n'existe pas comme le feu qui brûle de la même façon chez les Perses comme chez les Grecs. » L'idéal social est aussi l'idéal de la morale chrétienne mais il ne faut sacrifier ni l'élément social à l'élément individuel ni celui-ci à celui-là : « Le vrai idéal est plutôt la conservation de soi-même pour et par le service de tous » (Selbsterhaltung für den und durch den Berufsdienst in Ganzen) (1).

Il faut se garder de plusieurs erreurs. Le développement de ces deux tendances est nécessairement très lent et l'erreur consiste à l'oublier ; une seconde erreur consiste à concevoir d'une manière abstraite, soit le droit légitime de notre propre conservation, soit le droit de l'intérêt général, car le patriotisme et le sentiment de la solidarité humaine doivent s'exercer dans les sphères concrètes et modestes de la vie de tous les jours ; une troisième erreur consiste à confondre la morale avec l'amour ou la bienveillance et le droit avec l'instinct de

(1) Op. cit., p. 588.

la propre conservation, comme si toute la morale n'était que de l'amour, comme si tout le droit n'était que de l'égoïsme ! Sans le développement moral de l'individu, sans la santé de la cellule sociale, tout régime juridique tant soit peu développé devient impossible. Ces idées sont si justes que l'histoire du droit en est comme l'illustration. Cette histoire nous montre le développement de ces idées dans les phases diversss que le droit a parcourues : limitation de l'égoïsme par la force tout d'abord ou accomplissement des devoirs par la peur du plus fort ; une seconde phase nous montre le respect du droit des autres à titre de réciprocité ; enfin union des deux tendances, c'est-à-dire le bien particulier cherché dans le bien général.

Quels sont les rapports du droit et de la morale ? Ce Ce sont deux formes différentes de la volonté : l'effort intérieur de l'individu pour accomplir le bien au sein de la vie sociale relève de la morale, tandis que la *réaction extérieure* de tous sur tous pour accomplir le bien c'est le droit. Le contenu du droit comme de la morale c'est la volonté et c'est une grave erreur que celle qui consiste à donner pour fondement au droit le sentiment de l'amour ou de la charité. Le droit est une action consciente de la volonté car il appartient à la vie morale et non pas à la vie physique. Le droit et la morale sont encore intimement unis en ce sens qu'ils donnent ensemble au mécanisme social sa vraie direction, et comme tout progrès dans le sens de la morale l'est aussi dans le sens de l'utilité, Spinoza a raison de dire que le droit contribue à l'utilité sociale. Morale et droit doivent s'accommoder aux intérêts de la vie sociale. En réalité le droit

et la morale sont intimément unis, car la force qui conserve la société n'est pas tant le droit mais la moralité
qui est comme la chaleur fécondante de la vie sociale
(erwarmende Grundkraft) et Horace avait raison de dire :
« Quid leges sine moribus vanæ proficiunt ? »

L'essence du droit n'est pas dans la détermination de
l'individu au bien, car ce serait de la morale, mais dans
la détermination immédiate et extérieure de la volonté et
par la volonté des autres. C'est au fond la définition
qu'en donnait Aristote (1).

Mais pourquoi la détermination de la volonté au bien
ne suffit-elle pas, pourquoi faut-il que notre volonté se
détermine juridiquement? C'est qu'une société de gens
vertueux ne vivrait pas longtemps parce que l'activité de
chacun n'aurait pas une règle, une direction constante
convergeant vers un but commun et c'est la mission du
droit d'imprimer à ces forces individuelles une direction
unique, comme le montre déjà l'étymologie du mot:
recht = rectum. C'est le même phénomène qui se produit
dans un corps organique où chaque cellule agit sur l'autre mais toujours dans une certaine direction. De tout ce
qui précède résulte la caractéristique du droit : le droit
doit être extérieur, c'est-à-dire n'avoir pour objet que
les relations sociales ; il ne doit affecter que la volonté ;
n'établir que des règles positives, ne s'occuper que des
moyennes, c'est-à-dire ne s'occuper que du *quod ple-
rumque fit* et jamais des cas exceptionnels. Un caractère essentiel du droit c'est d'être trouvé, formulé, sanc-
tionné par l'autorité législative et non *produit* par celle-ci

(1) Morale à Nicomaque, V. 3.

— 318 —

car si le droit procédait uniquement de l'autorité, celle-ci se mettrait en dehors du droit. Le droit est plutôt contenu dans les choses et il s'agit seulement de l'y découvrir et de le reconnaître, et il ajoute : « l'établissement positif du droit n'est point une création mais une découverte (die positivierung des Rechts ist also kein Schaffen, sondern ein Finden) (1).

L'organe du droit c'est l'Etat, car le droit sans la contrainte n'est pas le droit et l'Etat est le centre moteur de tout l'organisme.

§ III. — Bluntchli et Kunze

Bluntschli est trop connu chez nous (2) pour que nous en parlions longuement. Dans sa *Théorie générale de l'Etat* traduite déjà dans notre langue, dans ses *Etudes psychologiques* et dans son *Grand Dictionnaire de la science politique* il a élucidé avec un esprit supérieur les plus hautes questions de droit et de la politique. Sa méthode est tout à la fois historique et philosophique et s'il se livre quelquefois à certaines conceptions idéalistes c'est à la condition de pouvoir les contrôler par des réalités. Ses principes il les puise tantôt dans l'observation psychologique, tantôt dans une synthèse brillante mais hâtive des faits historiques. Son

(1) Op. cit. p. 659 à 672.
(2) Voir en particulier Fouillé, l'*Idée moderne du droit* et la Science sociale contemporaine 1880, les chapitres I, II et III.

originalité s'est surtout montrée dans la manière dont il
conçu la nature et le rôle de l'Etat.

L'Etat n'est pas simplement une collection d'individus
unis entre eux par un contrat arbitraire mais une unité
vivante, mais un organisme qui a son âme, sa volonté,
son esprit. Voilà l'idée centrale autour de laquelle viennent se grouper nombre d'observations aussi fines que
suggestives mais qui se rapportent plutôt à la science
politique qu'à la science juridique proprement dite. La
base morale de l'Etat c'est l'instinct de sociabilité qui
fait de l'homme un animal naturellement politique et
Bluntschli se borne à répéter les idées déjà connues d'A-
ristote et de Grotius qu'il complète par les emprunts
qu'il fait à Kant.

Ce n'est que lorsque l'Etat prend conscience de lui-
même que l'on peut dire qu'il existe et cette conscience
n'est autre chose que la conscience qu'ont les individus
de leurs droits et de leurs devoirs réciproques. C'est
cette conscience qui donne seule un caractère moral à
l'autorité et qui légitime l'emploi de la force. Cette théorie procède de Kant qui exige que tout individu fasse
partie d'une société régie par des lois, mais Kant en
fondant ainsi ce qu'on appelle la théorie de l'*Etat de
droit* (Rechtstaat) réduit tous les devoirs de l'Etat à une
simple protection des droits privés; Bluntschli élargit
cette notion de l'Etat et insiste sur sa destination morale: l'Etat n'est pas appelé à être tout, comme le pensait
l'antiquité, il doit s'imposer des bornes en reconnaissant
des droits qu'il n'a pas créés, mais, cette réserve faite,
l'Etat embrasse une sphère immense. Bluntschli a surtout attaqué l'origine contractuelle de l'Etat : « L'histoire

qui a vu naître tant d'Etats ne connaît aucun exemple
d'Etat contracté par les individus : quel Etat fut jamais
fondé par la convention de citoyens égaux, comme l'on
crée une société de commerce ou une caisse d'assurances contre l'incendie ? » Il faut avouer que cette objection ne porte pas, car autre chose est le fondement rationnel de l'Etat, autre chose son origine historique, et
lorsque Rousseau parle d'un contrat social il a en vue
l'Etat non point tel qu'il a été mais tel qu'il doit le devenir. « L'erreur fondamentale, dit-il, c'est de faire contracter des individus. Les contrats des individus peuvent
bien créer le droit privé mais jamais le droit public. »
Bluntschli suppose sans le prouver que l'Etat et même le
droit politique existent non seulement en fait mais rationnellement avant les individus. Pour lui l'Etat est à la
fois but et moyen, car l'Etat a des devoirs envers l'individu et il cherche le bien de la nation. Cette théorie, qui
prétend tenir le juste milieu entre l'Etat police et l'Etat
providence est fort obscure. L'Etat est donc un organisme, idée qui n'a pas le mérite de la nouveauté puisqu'elle est déjà en germe dans la fable des Membres et
de l'Estomac. Exposée par Rousseau jusque dans les
détails, esquissée par Schelling et par Hegel, développée
par A. Comte, exagérée avec l'appui d'un grand appareil scientifique par Schæffle, cette thèse a fortement
inspiré Bluntschli qui, séduit par de trompeuses analogies, ne craint pas d'attribuer un sexe à l'Etat en déclarant que si l'Etat appartient au sexe mâle, l'Eglise appartient au sexe féminin. Les analogies relevées déjà
par Schæffle entre l'Etat et la vie d'un organisme autorisent-elles les conclusions forcées qu'on en tire ? Aussi

Schæffle, Spencer et Bluntschli lui-même sont obligés de
faire des réserves.

Bluntschli a le mérite d'avoir contribué puissamment
à démontrer ce qu'il y a de faux dans la théorie du contrat social en établissant que la société civile n'a rien
d'artificiel ; mais est-ce à dire que l'instinct aveugle
puisse suffire à nous expliquer sans le concours du contrat, c'est-à-dire de la liberté, l'origine de la société civile et de l'Etat ? Cette théorie pourrait mener facilement
au fatalisme historique en ne voyant dans les individus
que les organes inconscients de l'évolution des peuples ;
sans doute, l'Etat est un organisme, mais un organisme moral et nullement à la manière d'un organisme physique, plante ou animal. Quant à la personnalité que l'on attribue à l'Etat, elle ne peut être individuelle comme la personnalité humaine, attendu qu'elle
ne peut être que collective puisque des millions de consciences individuelles concourent à la former. On ne peut
non plus avoir la prétention de soutenir que les personnalités distinctes qui forment le gouvernement absor-
bent à ce point ces millions de consciences individuelles
qu'elles puissent représenter elles seules toute la volonté
et toute la pensé nationales. Tous les essais de cette tendance visent à fonder une nouvelle science qui pourrait
s'appeler l'histoire naturelle de la société, mais à l'époque d'enthousiasme a succédé déjà l'époque de la critique : l'on commence à reconnaître la part de vérité ren-
fermée dans les autres théories idéalistes, l'on renonce,
en partie du moins, à ce monisme absolu qui établit
l'identité des lois pour le monde humain et animal, comprenant qu'à côté de l'unité il faut admettre la variété, à
côté du fait l'idée et à côté de la nécessité la liberté.

Kunze a poussé à leurs dernières limites les principes de cette théorie, en exposant en termes de physiologie le programme de cette école. La physique et la chimie sont appelées à nous montrer quelle est la marche naturelle et quelle est la matière fondamentale du corps juridique tandis que l'anatomie et la physiologie doivent nous montrer quel est le fondement et quelle est l'activité de l'organisme du droit. Le physiologue découvre tous les jours dans la nature spéciale ou dans l'individualité de chaque organisme certaines formes, certaines lois chimiques et mathématiques indépendantes de cet organisme et que l'on peut étudier à part. De même le jurisconsulte est appelé à constater tout d'abord les lois et les formes qui constituent le fondement de l'édifice juridique. A côté de cet élément, il faut qu'il étudie la partie que l'on pourrait appeler inorganique ou la mécanique du droit : l'utilité, l'adaptation ou la conformité au but, l'équité, la moralité et tout cela placé par l'auteur sous la rubrique : *Eléments mécaniques du Droit!* La nature physique présente souvent des organismes intermédiaires, servant de transition entre la matière vivante et la matière morte ; c'est ce qu'on appelle des nébuleuses dans la physique céleste ou des cristallisations dans la nature inorganique : aux premières correspondent *les fictions* du droit, aux secondes *les analogies juridiques.* On le voit, ce n'est plus du droit naturel ni même de la biologie, c'est plus que cela, c'est de la physique pure.

En Allemagne Thibaut avait déjà parlé d'une mathémathique juridique désignant par cette expression cette partie du droit qui échappe aux influences du temps et des lieux comme la propriété, l'hypothèque, etc. Kunze, renchérissant sur cette image, entend par mathématique juridique l'élément de logique que tout droit renferme naturellement. Rarement l'esprit d'allégorie s'est montré aussi ingénieux : cet axiome de l'arithmétique que toute grandeur est égale à elle-même, $a = a$, devient la règle : *nemo plus juris in alium transferre potest quam ipse habet* et appliquée à la transmission de la propriété elle devient : *fundus transfertur cum servitutibus* ou bien : *resoluto jure dantis resolvitur jus accipientis.* Cet autre axiome : le tout est plus grand que la partie devient en droit : *in eo quod plus sit semper inest et minus* ou bien que l'usufruit contient l'*usus, actus*, etc. Puisque le droit est une quantité, il sera susceptible d'augmentation ou de diminution et nous aurons : l'accession, la spécification ! Quand le symbolisme mathématique ne suffit plus, l'esprit inventif des jurisconsultes allemands a recours aux analogies que nous offre la science du langage, de sorte que pour être un excellent jurisconsulte il suffit de se montrer un excellent philologue ; le sujet et l'objet dans la langue du droit trouvent leur pendant dans la grammaire : point de sujet sans qualificatif, sans verbe, égale point de sujet juridique sans avoir des droits ; les sujets privés de droits équivalent aux temps impersonnels de la grammaire ! Le sanscrit répond au droit romain et le droit byzantin à l'anglais parlé de nos jours.

Quelque fréquent qu'en soit l'emploi, l'expression organisme juridique n'est pas plus claire pour cela. Puchta appelle souvent le droit un organisme vivant (ein lebendig Organismus), et Bluntschi nous parle non moins souvent de l'organisme civil, de l'organisme prétorien. Kunze estime qu'il est contraire à la logique d'appeler le droit un organisme. Nous serions embarrassé de choisir entre ces diverses opinions, car en admettant qu'il faille prendre au sérieux cette expression et qu'elle puisse s'appliquer au droit avec quelque rigueur scientifique, la question n'est pas tant de savoir ce qu'est l'organisme juridique, mais bien de comprendre ce que peut être l'individualité organique dans le droit. La science actuelle constate que toute vie est liée à la cellule et que celle-ci n'est pas seulement le récipient qui contient la vie, mais qu'elle est elle-même une partie vivante. Que peut-être dès lors l'organisme si ce n'est une association de cellules vivantes, puisque la vie c'est l'activité même de la cellule. Au point de vue de la science expérimentale l'individu n'existe que dans la cellule, et comme l'on sait que le nombre de cellules vivantes calculé par Wirchow s'élève à soixante millions chez un homme fait, l'on voit dès lors ce que devient l'individu!

Kunze a essayé cependant de définir l'organisme en disant qu'il est « l'unité vivante » ; de même Winscheid et Puchta voient l'essence de l'organisme dans la présence d'un plan, d'une idée directrice et dans la variété harmonique de toutes les parties. Trendelenburg emprunte simplement la définition d'Aristote et découvre un organisme partout où l'idée du tout précède celle des parties, de telle sorte que l'organisme suppose l'union de ces deux éléments, l'activité et l'intelligence. C'est aussi la définition qu'en donne Ahrens, lequel distingue l'organisme éthique et l'organisme naturel : union de la vie morale et de la vie physique, individualité, action réciproque des parties. Cette définition n'est autre que

celle de Kant qui voyait le trait distinctif du mécanisme
dans le fait que toutes les parties sont des moyens con-
courant au même but, tandis que dans l'organisme les
parties sont moyen et but tout à la fois.

Il faut savoir le reconnaître, cette conception du droit
sous la forme d'un organisme est aussi heureuse que féconde, à la condition toutefois que l'on distingue nettement le domaine moral et le domainne naturel et que
l'on maintienne ces deux domaines dans leurs limites
respectives. Si l'on oublie cette condition, l'on ne sait
plus ce que l'on dit et il faut avouer que Rousseau était
en veine de bon sens lorsque, en parlant de certaines
théories, il disait un jour : « Supposons un moment ce
prétendu droit : je dis qu'il n'en résulte qu'un galimatias
inexplicable. »

§ IV. — IHERING

N· 1. Fondement de son système juridique

Dans son *Recueil de dissertations* (1), paru en 1881
cet éminent jurisconsulte, dont l'influence en Allemagne
devient tous les jours plus prépondérante, exposait déjà
sa méthode et le but qu'il s'est proposés dans sa grande
activité scientifique. On a cru jusqu'ici, disait-il en substance, que toute la science juridique devait pivoter autour de l'école historique ; la tâche de cette science n'est

(1) Gesammelte Aufsatze, 1· Ester Band Iéna 1881.

plus la même aujourd'hui et l'idée qui doit renouveler la
science du droit c'est ce principe qu'il y a tout à la fois
une jurisprudence réceptive et une autre productive. La
productivité ne doit pas se montrer seulement dans l'élaboration dogmatique, mais encore dans l'étude de l'histoire du droit : derrière l'élément concret, au fond du do-
cument, il y a l'élément abstrait, l'idée qu'il faut saisir
et le procédé à suivre est ici le même que celui du naturaliste qui à l'aide de quelques fossiles reconstruit la
structure d'un animal longtemps disparu. Il y a dans
l'emploi de cette méthode toutes les péripéties et toute
la joie d'une véritable découverte. De l'interprétation
directe et servile d'une proposition juridique il faut s'é-
lever jusqu'à son principe. La productivité va plus loin,
elle crée une matière nouvelle par voie de déduction, par
l'extension de la loi écrite. Il y a une jurisprudence infé-
rieure et une supérieure et leur différence est la même
que celle qui existe entre la *notion* et la *règle* juridique.
Cette transformation de la simple règle en notion s'o-
père négativement en enlevant à la règle sa forme impérative et en donnant à la matière juridique la forme d'un
organisme, c'est-à-dire en n'y voyant plus de simples
pensées ou des sentances mais un système de forces, un
corps qu'il faut étudier suivant la méthode de l'histoire
naturelle. Il y a un grand intérêt pratique à ce travail
qui satisfait en outre notre sens esthétique, sens qui
existe en matière de droit aussi bien que partout ailleurs.
Cette beauté, si sensible dans le droit romain, a facilité
partout l'introduction de ce droit.

Cette productivité de l'esprit juridique se montre non
seulement dans la manière de donner au droit sa forme

mais encore dans sa création : la jurisprudence en produisant ne donne pas seulement la forme mais l'existence, elle est créatrice (Schopferin). Ce n'est pas seulement par voie de simple extension qu'elle crée mais à
l'aide de la raison et de l'intelligence qui indiquent les
motifs pour lesquels on doit appliquer la règle: *ubi
eadem ratio ibi idem jus.* La question n'est pas de
savoir si historiquement telle loi qui a voulu trancher
telle espèce particulière peut embrasser tout un genre,
mais bien si elle appartient à un genre ou à une espèce.
Ainsi le *dolus pro possessionne* fut introduit pour *l'hereditatis petitio* et l'on se demanda si cette disposition
ne pourrait pas être étendue à toutes les actions inten-
tées contre un possesseur : pourquoi? parce que dans
le cas de l'*hereditatis petitio* il y avait non seulement
l'espèce mais aussi le genre, c'est-à-dire l'action contre
tout possesseur. Ce pouvoir créateur est très sensible en
droit romain, et c'est ainsi que la jurisprudence a créé
nombre d'institutions juridiques : droit d'accroissement
spécification, accession, *le dies.* Le mobile de cette activité n'a pas toujours été un but immédiatement pratique mais le souci de la logique y est entré pour une
large part. Ce n'est pas l'imagination, sans doute, qui
pose les questions, c'est le travail interne de la pensée et
de la logique et Ulpien a raison de dire qu'il faut faire de
la philosophie pour définir la jurisprudence (1). Le discrédit où est tombé la philosophie du droit ne provient
pas certes de l'excès de pensée philosophique mais de
son contraire. (Nicht dass sie zu viel, sondern dass sie
zu wenig).

(1) Ulpien, I, § 1, 6 et 3 (1-1).

Eh bien, quel est l'état actuel de la science du droit ? Le programme de Savigny, que ses disciples n'ont pas suivi, tendait à rapprocher toujours plus la vie de la science. Le juriste s'il ne veut être ni un pur historien ni un vulgaire légiste ne doit pas devenir l'esclave du droit romain mais il doit apprendre à le dépasser en s'appuyant sur ce même droit qui nous apprend à nous en passer, en faisant notre éducation juridique (1).

Nous arrivons ainsi à l'étude de son grand ouvrage *Le But dans le Droit* où Ihering, sous une forme achevée, nous donne toute sa pensée (2). Dans la préface du premier volume l'auteur nous indique quelle a été la genèse de sa pensée, comment il est arrivé à concevoir sa nouvelle théorie du droit. Dans l'*Esprit du Droit romain*, en se plaçant au point de vue du droit subjectif, Ihering avait découvert le fondement du droit non point dans la volonté mais dans l'intérêt, et bientôt, dépassant ce point de vue, il fut amené par la logique même de ses études à s'occuper du but ou de la fin du droit subjectif à l'étude du droit au sens objectif. Peu à peu l'horizon de sa pensée s'étend et il arrive à concevoir le droit comme *but*. « La pensée fondamentale de l'ouvrage actuel, dit-il, c'est que le but est le créateur de tout le droit, qu'il n'est aucune proposition juridique qui ne doive son origine à un but, c'est-à-dire à un motif pratique. Établir cette idée, ou en poursuivre dans le détail la portée et l'application dans les phénomènes les plus importants du droit, tel est le but de la seconde partie de cet écrit. »

(1) Op. cit. p. 45.
(2) Der Zweck im Recht, 2 vol. Leipzig 1884 et 1886.

Il revendique l'originalité de sa conception du droit et déclare ne devoir que peu de choses à ses prédécesseurs pour la partie plus philosophique que juridique de son livre où il étudie l'idée même de but. Voici un aperçu de l'idée maîtresse qui a inspiré tout son système : « De deux choses l'une, dit-il, ou la cause est la force qui meut le monde ou bien c'est la fin, le but ; à mon avis c'est le but ou la fin. Le but ou la loi de finalité pourrait se passer de la loi de causalité mais l'inverse n'est pas vrai ; admettre l'existence d'un but dans le monde c'est admettre Dieu, car on ne peut comprendre un but sans une volonté intelligente, de telle sorte que l'affirmation de l'existence d'une fin ou d'un but divin est parfaitement compatible avec la loi de causalité la plus stricte. » Peu importe que le développement ou l'évolution aient eu lieu, comme le pense l'extrême-gauche de l'école darwiniste : « Quand je fais rouler un rocher depuis la cime d'une montagne jusqu'à la vallée, n'est-ce pas le but qui a mis en mouvement la loi de la causalité ?... est-ce le but ou la cause qui régit tout ce mouvement ? » Et plus loin : « Dans la monère, qui d'après Hackel, doit devenir l'homme, Dieu a déjà mis cet homme, comme le sculpteur voit déjà dans le marbre l'image d'Apollon. » Cette manière de voir n'est nullement en contradiction avec l'idée qu'il existe une double loi pour le monde des phénomènes, celle de la causalité pour la création inanimée et celle de la finalité pour le monde animé, car toutes les deux trouvent leur unité dans la loi de finalité : la matière obéit à la première, la volonté obéit à la seconde et toutes les deux, matière et volonté, concourent au résultat prévu et cherché par

le but. « Le but remplit à l'égard des créations de la
volonté, dans le domaine du droit, la même tâche, il
exerce le même pouvoir que la cause pour les transformations de la matière. » Le disciple de l'école historique
vient corriger l'idéaliste et atténuer la portée de ces
déclarations : c'est graduellement que le droit suit ce
développement, le droit ne connaît pas de hiatus, l'inférieur précède toujours le supérieur comme dans la nature, chaque but qui est conçu et affirmé suppose un
autre but qui l'a précédé et c'est ainsi, avec ou sans
conscience, que se forme l'élément général, par un travail d'abstraction et que de la totalité de tous ces buts
ou de toutes ces fins particulières résultent les idées
juridiques, le point de vue juridique, le sentiment juridique. Ainsi donc ce n'est pas le sentiment juridique
qui a produit le droit mais c'est le contraire qui a eu
lieu, car le droit ne connaît qu'une seule source : l'idée
pratique du but.

Ihering entreprend tout d'abord de bien déterminer ce
qu'il faut entendre par loi de finalité (das Zweckgesetz).
En vertu du principe de la raison suffisante, rien n'arrive sans une cause et tout changement dans le monde
est la conséquence d'un changement antérieur. Ce fait
exigé par la raison et vérifié par l'expérience est ce qu'on
appelle la loi de causalité, loi qui existe également pour
notre volonté. La nature et la volonté supposent l'existence de cette loi, mais tandis que dans la nature cette
loi n'est que mécanique et devient ce que nous appelons
la cause efficiente, dans le domaine de la volonté, cette
loi est de nature psychologique et devient la cause finale
ou le but : la pierre ne tombe pas parce qu'elle tombe

mais parce qu'elle est sortie de son état d'équilibre, mais l'homme agit pour quelque chose, avec un but. Point d'effet sans cause, voilà la loi du monde matériel ; point de volonté, point d'action sans un but, voilà la loi du monde psychologique.

Il existe encore une autre différence entre la cause efficiente et la cause finale : la première appartient au passé, c'est un antécédent, la seconde ou le but regarde l'avenir ; dans la cause des phénomènes naturels nous interrogeons le passé, dans la volonté nous interrogeons l'avenir, et tandis que la première répond *parce que, quia,* la seconde répond *afin que, ut.* Le but se révèle déjà sous sa forme la plus grossière dans la volonté de l'animal, c'est-à-dire dès que la vie se manifeste, car la vie ne consiste ni dans la pensée consciente seule (car une pierre qui serait douée de la faculté de penser ne vivrait pas réellement pour cela, elle réfléchirait seulement l'image du monde extérieur comme les eaux réflètent la lune) ni dans la sensation, car la plante qui éprouverait la même douleur que l'animal à se sentir froissée ne deviendrait pas pour cela un animal. La vie telle que la science la constate, c'est l'affirmation de l'existence par une force qui lui est propre, elle dit : *volo* et non pas *cogito,* pour en tirer la conclusion : *ergo sum.* C'est dire qu'elle consiste dans la manière dont nous adoptons le monde extérieur au but de notre propre existence, qu'elle est dans un rapport de but ou dans une relation de finalité. A plus forte raison l'on peut affirmer que la volonté est l'élément essentiel pour la vie humaine et qu'ici le principe : point de volonté sans but est absolu. Mais la volonté doit traverser deux états

ou parcourir deux étapes : le motif, la raison déterminante pour ma volonté n'est pas la cause efficiente mais
bien le but ; seulement, pour que ma volonté se réalise,
pour que ses effets se traduisent en phénomènes dans
le monde extérieur, elle doit se soumettre à la loi de la
causalité naturelle. Donc agir équivaut à *vouloir agir
pour un but*, car une action sans but serait aussi incompréhensible qu'un effet sans cause. L'on nous fait deux
objections et l'on nous dit : on n'agit pas toujours ayant
un but devant soi, mais parce que l'on y est obligé, soit
par le devoir, soit par la loi, l'on agit souvent sans en
avoir conscience, par pure habitude. Quant à la première objection l'on peut répondre qu'en cas de contrainte physique la volonté subsiste et avec elle le but
poursuivi. Les Romains avaient déjà reconnu cette vérité et ils disaient avec Paul : *coactus volui* (L. 21 § V
quod metu 2). Le débiteur qui paie sa dette la paie non
pas seulement parce qu'il doit mais afin d'éviter un
procès, de conserver son crédit, etc., il agit en vertu
d'un but qui est une conception de son esprit et qui se
rapporte à l'avenir et non point sans la pression d'une
cause antérieure. Autrement, autant vaudrait dire que le
prisonnier qui parvient à briser ses chaînes et à s'éva-
der a agi à cause des chaînes qu'il portait et non point
pour reconquérir sa liberté.

Quant à la seconde objection, nul n'ignore qu'il se
passe dans la vie individuelle ce qui a lieu sur une vaste
échelle dans la vie nationale : nombre d'actes qui avaient
été accomplis primitivement avec la pleine conscience du
but poursuivi sont devenus automatiques. C'est grâce
au but, à la conception d'une fin, que notre volonté à son

tour devient une causalité en face du monde extérieur,
bien qu'elle ne puisse jamais se passer du concours des
lois naturelles, car: *naturæ non imperatur nisi parendo.*
En apparence la chute d'une pierre ou le jet de cette
pierre par la main d'un homme semble être chose identique, et cependant quelle différence! Dans le premier
cas nous n'avons que l'effet d'une cause naturelle, dans
le second cas, c'est un *acte* auquel la nature prête son
concours, mais c'est la volonté de l'homme qui s'impose
à la nature. C'est en cela que consiste la liberté de notre
volonté : l'action exercée par les influences extérieures
sur notre volonté n'a lieu que d'une manière indirecte,
par l'intermédiaire de la vie psychologique et non point
directement, mécaniquement, c'est-à-dire que notre
volonté n'est mise en mouvement que par la loi de la
finalité, par le but. C'est en ce sens que notre volonté
est réellement créatrice d'elle-même et par elle-même et
qu'elle est une force agissante: « eh bien, le levier de
cette force c'est le but, dans ces deux particules *quia* et
ut, dit-il, se reflète toute l'opposition de ces deux mon-
des : le *quia* c'est la nature, le *ut* c'est l'homme (1) ».
Mais qu'est-ce qu'un but? Pour le savoir revenons à
l'étude de la vie animale et prenons un exemple : l'animal boit et il respire, deux fonctions essentiellement différentes. Le boire chez l'animal suppose une détermination de lui-même, car s'il a bu c'est en *vue* de sa propre
conservation, ce qui est exact si nous nous plaçons au
point de vue du but poursuivi par la nature laquelle a
fait du boire un moyen pour la conservation de l'orga-

(1) Op. cit p. 25.

nisme animal ; mais c'est faux, si nous nous plaçons au point de vue de l'animal qui a bù sans avoir la moindre nation du but que poursuit la nature. Dans ce simple fait de boire il y a donc coïncidence de deux buts, le but général que poursuit la nature et le but qu'a poursuivi l'animal. Le but poursuivi par l'animal n'est pas non plus sa propre conservation mais le plaisir qui devait résulter de la satisfaction de sa soif ; donc la raison ou le fondement du but se trouve dans une nécessité intérieure, dans l'attrait pour l'eau que sollicite l'animal. Si l'animal a cherché l'eau c'est qu'il savait par expérience qu'il existe une relation entre l'eau et la soif qu'il éprouve et c'est là la relation du but. Ce qu'est pour l'animal le sentiment de la nécessité qu'il éprouve de boire est pour l'homme le sentiment de ses propres intérêts. La volonté prend dès lors une direction bien précise: l'eau est le moyen d'atteindre ce but, et d'une nécessité qu'elle était et qui s'imposait à l'animal, elle va devenir un simple moyen, une fois que sa soif aura été apaisée. « Ainsi, dit Ihering, en résumant les données de cette remarquable analyse, les traits essentiels ou les moments du processus de la volonté peuvent être résumés dans cette formule: suppression d'un besoin senti par le moyen d'une force qui nous est propre et une action exercée sur le monde sensible, d'où la conclusion que l'animal ne met en mouvement sa volonté que dans son propre intérêt. Eh bien, cette direction exclusive de la volonté s'appelle chez l'homme *l'égoïsme.* La nature et l'humanité se servent de l'égoïsme de l'homme pour les faire concourir à leur propre fin ; la nature se sert pour cela du levier de l'intérêt et nous montre dans *la combinai-*

son de nos propres intérêts avec ceux des autres le fondement de la vie humaine tout entière : Etat, famille,
société, etc. Pour atteindre un but j'ai besoin du concours des autres hommes et l'égoïsme, c'est-à-dire la
participation des autres à mon propre but est le plus
sûr moyen de m'assurer leur concours. Cette formule
qui s'applique au but poursuivi par l'individu ne s'applique pas moins au but poursuivi par la société. Ihering
distingue deux sortes de but sociaux ; ceux qui supposent la poursuite d'un but sur la base d'une union
étroite des individus, et c'est ce qu'il appelle *les buts
organisés* et ceux que l'on cherche à atteindre librement. Dans la première catégorie de beaucoup la plus
importante, rentrent les sociétés proprement dites, les
personnes juridiques, etc. Cette organisation atteint son
point culminant dans l'Etat, organisation dont le but
caractéristique est le droit. Le droit n'exclut pas, même
quand il emploie la contrainte, l'appel à l'intérêt, car
dans la plupart des cas c'est en faisant appel à l'intérêt
que le droit atteint son but, et la peine elle-même y fait
appel puisqu'elle se borne à nous dire : prends en considération tes intérêts, seulement regarde bien de quel
côté ils se trouvent. L'Etat se sert à l'égard de l'individu
des mêmes procédés qu'emploie déjà la nature, il fait appel à un double moyen de coercition : le direct ou mécanique et l'indirect ou psychologique. Certains actes nous
sont imposés par la force, comme l'exécution des jugements, l'application de la peine, etc., absolument comme
dans la nature la circulation du sang ; d'autres actes
sont laissés à l'initiative individuelle et ce sont ceux qui
ne sont pas nécessaires aux fins de la nature.

Donc, c'est en faisant coïncider des deux côtés nos fins et nos intérêts que l'État et l'homme, comme la nature, s'emparent de l'égoïsme et parviennent à le dominer : « Sur l'égoïsme repose ce miracle qu'une seule force, la plus petite produit les plus grandes choses. La nature nous offre une illustration de cette vérité dans la formation de ces montagnes de craie élevées par le travail des infusoires. L'infusoire est ici l'égoïsme, tout en ne connaissant et en ne voulant que lui même il finit par édifier tout un monde (1). » A côté de l'egoïsme l'expérience et l'histoire nous font connaître autre chose, c'est l'abnégation. C'est ici l'un des plus difficiles problèmes que soulève la volonté et l'on comprend que Schopenhauer y ait vu « le plus grand mystère de la morale ». Ihering critique avec raison le rigorisme moral de Kant qui veut qu'on fasse le bien uniquement parce que c'est le bien. Il remarque que Kant lui-même avait fort peu de confiance dans sa célèbre formule (2) : « et qu'en fait autant vaut croire qu'un wagon de marchandises quitterait sa place parce qu'on lui aurait donné une leçon en règle sur la théorie du mouvement que d'espérer que la volonté se mettra en mouvement par la puissance de l'impératif catégorique. » Si la volonté était une faculté logique, la force de l'évidence pourrait encore agir sur elle, mais la volonté est avant tout une force, un être réel qui a besoin d'une impulsion également réelle pour être mise en mouvement. Ihering reprend pour son compte ce mot de Schopenhauer: une volonté sans intérêt

(1) Op. cit. p. 46.
(2) Métaphysique des Mœurs p, 97.

est une volonté sans motif et par conséquent un effet sans cause. L'abnégation elle-même suppose l'intérêt mais c'est un intérêt bien différent de celui de l'égoïsme. L'on dira sans doute que la satisfaction qui résulte de la pratique du dévouement c'est déjà une récompense donnée à l'égoïsme mais autre chose est l'abnégation et autre chose est cette manière de se dépréoccuper de soi-même que rend si bien le mot Selbstlosigkeit.

La combinaison de ces deux tendances forme ce que l'auteur appelle *la systématique des fins de l'homme* et il l'appelle ainsi parce que les buts multiples dont la vie humaine se compose se rattachent intimement les uns aux autres. Nous avons ainsi deux catégories de but : les buts individuels et les buts sociaux. Le premier groupe peut revêtir trois formes selon que cette affirmatio de moi se produit dans le domaine physique, économique et juridique. Dans le second groupe ce qui détermine l'activité d'un individu, ce qui le met en mouvement revêt deux formes : celle de l'égoïsme et les deux moyens qui le sollicitent sont la récompense et la peine ; et celle de l'affirmation morale, sentiment qui agit sur l'individu sans la double forme du devoir et de l'amour. Quelles sont les fins que se propose l'affirmation égoïste du moi ? Tout d'abord c'est la conservation de notre existence et par conséquent la poursuite des moyens qui permettent de l'assurer et ce besoin aboutit au droit, car sans le droit il n'y a aucune sécurité ni pour nos biens ni pour notre vie. Cet intérêt donne naissance à des droits au sens subjectif de ce mot : *il existe quelque chose qui est pour nous,* et ce quelque chose peut être ou nous-même, d'où résulte le droit de la personnalité et la condamnation de l'esclavage ; ou une chose, d'où résulte le droit de propriété ; ou une personne, soit dans un rapport de réciprocité ou autrement, d'où résulte le droit de la famille ou le droit de créance ; enfin ce peut être l'État. Au droit répond le devoir ; le premier me dit que quelque chose existe pour moi, le second que nous sommes pour les autres. Le rôle de la personne peut s'exprimer ainsi : je suis, j'existe pour moi, tu existes pour moi. L'ordre juridique et moral tout entier repose sur ces trois propositions. A la forme économique de l'affirmation du moi se rattachent l'échange et le contrat. Le juriste définit le contrat l'union de deux volontés *consensus*, mais au point de vue du *but* le contrat revêt une signification autrement importante : quand le but détermine la volonté c'est la *convention*. c'est-à-dire la rencontre des buts (cum venire). Le droit assure la double affirmation physique et économique de la personne mais c'est une faute que de confondre le point de vue économique avec le point de vue juridique.

Jusqu'ici nous n'avons considéré que l'individu mais en réalité celui-ci n'existe jamais à l'état d'isolement absolu et voilà pourquoi à la formule « j'existe pour moi » il faut ajouter celle-ci : « le monde existe pour moi et moi pour le monde. » La société, en effet, c'est la vie pour les autres : car « comme les corps rendent la chaleur qu'ils reçoivent du dehors, de même l'homme rend le fluide intellectuel et moral qu'il a respiré dans les sphères de la culture sociale. » Cette manière d'exister pour les autres peut prendre deux directions : l'action que nous exerçons sur notre entourage et celle que nous pouvons exercer après nous sur la prostérité. Cette double mesure nous donne la valeur d'un homme et aussi celle des peuples.

Comment se réalise cette loi que nous devons exister pour les autres et par les autres? Sous deux formes: par la contrainte et par la liberté. Cette remarque nous conduit à parler de la société: « notion moderne, dit-il, et autant que je sache, venue de la France. » Ce qui fait le mérite de la notion de la société c'est la *conditionna-lité* mutuelle des buts qui y sont poursuivis, c'est l'orga-nisation effective de la vie pour et par les autres, et, comme l'individu n'est ce qu'il est que par les autres, la société est la forme générale de toute vie humaine. L'homme est vraiment cet animal sociable dont parlait Aristote. La société est la réalisation de cette loi: « le monde est pour moi et tu existes pour lui. » La mesure où la première formule se réalise pour l'individu, la me-sure dans laquelle il devient un être moral et influent c'est la mesure de la place qu'il occupe dans la société, tandis que la mesure dans laquelle se réalise la seconde formule détermine la valeur de l'individu pour la société.

Contrairement à Lasson, Ihering ne confond pas la société avec l'Etat et loin de la restreindre aux limites géographiques d'un Etat particulier il donne cette for-mule de la vraie société: chacun pour le monde et le monde pour chacun.

Nº 2. *Le Système juridique de Ihering*

Mais comment la société pourra-t-elle garantir l'exé-cution de cette mesure: tu existes pour moi? C'est la réponse à cette question qui fait l'objet de ce qu'il appelle *la mécanique sociale* ou *les leviers du mouvement social*. Il existe quatre leviers pour mettre en mouvement la volonté dans l'intérêt de la société. Les deux premiers sont des leviers égoïstes sous la double forme de la récompense et de la contrainte et sans lesquels la vie sociale n'est pas possible, car sans récompense ou sans rémunération il n'y a plus de relation sociale, plus de trafic, plus de commerce, et sans la contrainte il n'y a plus de droit, plus d'Etat. Les deux autres leviers relèvent d'un ordre supérieur : l'amour et le sentiment du devoir. Le bien-être social et la satisfaction des besoins de l'homme ne peuvent être laissés à la bienveillance individuelle, à la bienfaisance. L'auteur se livre ici à une étude historique et à une analyse très fine de la rémunération du travail dans l'antiquité et du rôle de l'argent. La fixation du salaire pour le travail accompli est laissée à la liberté des contractants, liberté qui est illusoire quand l'extrême besoin, chez l'ouvrier, se trouve en face de l'égoïsme du patron. L'égoïsme se montre ici insuffisant pour donner satisfaction à des besoins légitimes. Pour établir l'équivalence qu'exige la justice entre le travail et son salaire faut-il avoir recours à la contrainte de la loi ? Oui, si l'intérêt de tous le réclame, mais en général la concurrence suffit à établir l'équilibre, la concurrence qu'il définit : « l'égoïsme se contrôlant lui-même ou la régularisation sociale de l'égoïsme par lui-même » (die sociale Selbstregulirung des Egoïsmus). La préoccupation des conséquences funestes dans l'avenir ne suffit pas car il faut avoir des yeux pour les voir et vouloir les voir et il ne reste d'autre moyen à la société

que la loi qui viendra mettre un frein aux abus de
l'égoïsme. « La liberté illimitée du commerce est une
carte blanche donnée à l'extorsion, un permis de chasse
délivré aux voleurs et aux pirates avec le droit de poursuite sur tous ceux qui tombent entre leurs mains.
Malheur aux victimes ! Que les loups demandent à
grands cris la liberté cela se comprend et si les brebis
font chorus avec eux cela prouve qu'elles sont des brebis
de bonne prise ! (1). » Faut-il alors que la loi intervienne
avec la contrainte ? Nullement, car la contrainte mettrait
l'égoïsme contre la loi et atteindrait le travail lui-même,
en favorisant la paresse de l'ouvrier ; toutefois l'Etat a
pour devoir de s'opposer aux excès de l'égoïsme, car la
société a intérêt à défendre ses propres intérêts.

L'association forme au point de vue de la mécanique
sociale le trait d'union entre l'égoïsme et la tendance
altruiste : dans l'échange sous toutes ses formes je
cherche mes intérêts au prix des intérêts d'autrui ; dans
la donation je cherche les intérêts d'autrui au prix de
mes propres intérêts ; dans la société je cherche mes
intérêts dans les intérêts des autres et vice-versa.

Le second levier de la mécanique sociale c'est la
contrainte, en prenant ce mot dans son acception la
plus large, et elle peut s'exercer d'une manière mécanique ou psychologique, mais ce qui importe c'est de
savoir comment on pourra organiser la contrainte. Cette
organisation se fait par le moyen de l'Etat et du droit,
c'est-à-dire en établissant une force qui exerce la contrainte et en fixant des règles pour son application. A

(1) Op. cit. p. 63.

côté de cette contrainte organisée par l'Etat et par le droit existe la contrainte sociale, et, tandis que la première a pour mission de réaliser l'idée du droit, la seconde se propose de réaliser la moralité. C'est un grand progrès accompli dans les temps modernes sur les conceptions du droit naturel d'avoir compris que le droit est intimement lié à l'Etat et qu'il en dépend.

La contrainte suppose la force ou le pouvoir (Gewalt) dirigée par un but. La domination du faible par le fort a été le point de départ de la civilisation et l'histoire de la force sur cette terre est l'histoire même de l'égoïsme. Mais bientôt ce même égoïsme apprit aussi à l'homme à modérer sa violence dans son propre intérêt et lui apprit à tirer parti de sa victime. La première étape de cette évolution de la force qui se discipline elle-même, c'est l'esclavage : un ennemi vaincu mais laissé en vie offrait plus d'utilité que s'il avait été immolé. C'est ainsi que la force, sans l'aide d'aucun autre motif, a évolué dans le sens du droit. Du jour où la force s'imposa une règle, reconnut une limite, le droit fit son apparition dans l'histoire. C'est donc une erreur de voir dans la force le contraire du droit : la force doit se soumettre au droit, sans doute, c'est ce que nous pensons, au bout d'une longue évolution historique mais ce n'est pas ce qui a existé. Le problème posé à l'égoïsme est celui-ci : comment réunir ces deux éléments du droit la règle et la force, comment les faire coïncider ? En fait l'égoïsme a mis la force au service de la règle et il est arrivé au droit par pur calcul, dans son intérêt et en faisant du droit la politique de la force : voilà ce que nous montre l'histoire. Après tout le droit n'est qu'un moyen, le but

c'est la vie sociale et lorsque le droit devient impuissant
et qu'il ne suffit plus à sa tâche, qui est de conserver la
société, la force doit le supplanter. Ce sont les moments
de crise et de nécessité que traversent dans leur vie les
peuples et les individus. Le droit positif lui-même reconnaît ce droit de nécessité dans le cas de la légitime
défense. Sans doute, en droit pur, cette pratique doit être
condamnée, mais au-dessus du droit il y a la vie et
lorsque la crise est telle que la question se pose entre le
droit ou la vie, la force sacrifie le droit pour sauver la
vie. Ce sont les actes *sauveurs* ou libérateurs de la force
publique : « L'on maudit, dit-il, ces hommes mais leur
justification est dans les résultats de leur énergie... Ils
en appellent du for du droit au tribunal de l'histoire, la
plus haute instance que l'on reconnaisse chez toutes les
nations et dont le jugement soit sans appel (1). » A
l'occasion, la force se passe du droit, mais le droit ne
peut jamais se passer de la force ; bien plus, sans elle le
droit n'aurait jamais existé, car c'est la force qui en
brisant les volontés rebelles a assoupli l'homme et l'a
préparé à l'obéissance. « Les despotes et les monstres
ont fait pour l'éducation de l'humanité et pour le droit
autant que les législateurs qui ont écrit les tables de la
loi. » Aussi la force a été considérée autrement qu'on ne
le fait aujourd'hui. C'est en effet une grave erreur sur
laquelle Ihering a souvent insisté (2), de perdre de vue
dans le droit l'élément de l'*énergie personnelle* ou de la
force effective (Thatkraft), idée qui nous vient du droit

(1) Op. cit., p. 252.
(2) Esprit du Droit romain, T. I, § 10.

romain. En effet, ce qu'il faut au droit c'est l'énergie,
l'action, attendu qu'il a pour domaine le monde des
intérêts et que les moyens qu'il emploie ne sont ni des
idées ni des déductions logiques mais la volonté. L'on
peut montrer comment les fins que l'homme poursuit
réclament le concours de la force et comment, en prenant pour point de départ l'énergie personnelle, la
volonté de l'individu a élaboré peu à peu l'ordre social,
c'est-à-dire l'Etat et le droit. Tout d'abord, cet appel du
but à la force a eu lieu dans le domaine de la vie personnelle : l'homme attaqué a dû repousser la force par
la force. C'est le droit de légitime défense et refuser ce
droit à l'homme c'est le rabaisser au-dessous des animaux. Les Romains, avec leur magnifique bon sens,
disaient : *Vim vi defendere omnes leges* (loi 45, §4, IX, 2)
et les interdits du droit romain autorisaient le simple
possesseur à repousser par la force toute atteinte portée
à sa possession. Le rôle de la force est encore sensible
dans le contrat dont le droit naturel n'a jamais pu expliquer la force obligatoire, parce qu'il s'obstinait à n'y
voir qu'un phénomène psychologique, la volonté pure et
simple, au lieu d'y voir la volonté mais agissant sous
l'impulsion d'un but en rapport avec les circonstances
et le milieu social. L'auteur, par une analyse aussi complète que lucide de l'idée romaine de l'obligation, montre
cette union constante de l'idée avec la force et les faits.

Ainsi le vestibule du temple existe déjà : l'individu
pour assurer les conditions indispensables de son existence exerce la contrainte et tout ce qui précède fait
pressentir le droit et le prépare. Mais la force est une
arme à deux tranchants, car si j'exerce le droit de la

force, mon ennemi peut être plus fort que moi ? Le problème qui se pose est donc celui-ci : comment faire pour mettre toujours la force du côté du droit. L'histoire nous montre l'emploie de deux moyens : l'alliance avec mon ennemi et la garantie d'un tiers, mais ces moyens sont peu sûrs et la force en a raison facilement. Il reste un troisième moyen : l'assurance ou la garantie mutuelle, l'alliance défensive. La formule de l'organation sociale de la force sera : la force mise au service de l'intérêt général. En droit privé cette formule trouve déjà son application dans la société où tous les associés se retournent contre celui d'entre eux qui lèse leurs intérêts et par là l'intérêt général de la société. La société publique est autre chose qu'une simple association : la société est naturellement exclusive, l'association au contraire est extensive, autre chose est un cercle, autre chose une société commerciale. L'Etat est une association avec l'élément d'expansion et de publicité en plus. Si nous interrogeons l'histoire nous voyons ces trois degrés successifs de développement : individu, associations, Etat. L'Etat c'est la forme ou l'organisation sociale de la force et c'est dans l'Etat que le droit trouve enfin ce qu'il cherchait : sa prépondérance sur la force puisque le droit n'est autre chose que la force disciplinée.

Le trait distinctif de la puissance publique c'est la souveraineté, c'est-à-dire le fait d'être la force qui domine toutes les autres forces. L'Etat n'est autre chose qu'une quantité de la force économique, physique, spirituelle de la nation, c'est la force organisée de la nation et comme il monopolise le droit de contrainte, l'Etat devient la source de tout droit et c'est de lui que toutes les autres associations tiennent tous leurs droits. Le fait que des associations autres que l'Etat possèdent une certaine autonomie législative ne change rien à la chose, car les règles établies par les églises, par exemple, ne peuvent avoir d'autre force obligatoire que celle que leur prête l'Etat. Admettre une autre source de droit que l'Etat c'est renoncer à tout critère du droit et sentir le sol se dérober sous nos pieds. L'on nous fait une objection : ce critère ne peut s'appliquer au droit international ni même au droit constitutionnel, du moins, dès qu'il s'agit d'une monarchie absolue. La solution de cette difficulté est facile à trouver : l'on doit considérer les règles du droit international comme des règles juridiques mais dépouillées de tout droit de contrainte organisée parce que des obstacles de toute nature s'y opposent. De même en droit constitutionnel l'on peut limiter négativement la puissance du souverain par le contrôle des ministres par exemple. L'incœrcibilité est un caractère essentiel de la puissance souveraine et les Romains avaient déjà reconnu cette vérité (loi 2, II 4).

La notion du droit présente deux faces : l'une extérieure, la contrainte, l'autre extérieure, la règle. La règle n'est pas la simple maxime car celle-ci n'a aucun caractère obligatoire ; la règle au contraire a pour trait distinctif d'obliger, elle est impérative. Dans le droit comme dans la morale l'impératif n'a pas seulement pour objet l'individu mais la société, de sorte que l'on peut dire que la règle de droit est un impératif social. Les impératifs de la loi s'adressent tout d'abord aux organes de la puissance publique et toute loi revêt une forme concrète et non point individuelle, sauf de rares exceptions dans

l'ordre administratif, car ce n'est pas la volonté du juge
qui impose au débiteur le devoir de payer ou qui jette
le criminel dans une prison, mais la volonté de la loi.
Toutefois le caractère de la force qui a présidé à la naissance du droit est encore sensible dans tout ordre donné
individuellement.

La règle peut affecter plusieurs formes : elle peut ne
lier que d'un seul côté, unilatéralement, et c'est là la
forme despotique du droit où le plus fort oblige le plus
faible ; à un degré supérieur, la loi oblige son auteur et
ceux que la loi a pour objet, c'est l'égalité et c'est alors
que l'idée morale pénètre dans le droit ; enfin, le droit
acquiert un sens subjectif, c'est-à-dire que l'individu
possède par lui-même des droits. L'ordre normal des
choses exige que la loi oblige la puissance publique
aussi bien que les simples particuliers, car alors seulement la contrainte publique et la règle coïncident réellement et que le but de l'État c'est le règne de la loi. En
quoi consiste au juste cette égalité devant la loi ? Il ne
peut être question de l'égalité conçue à la manière de
Leibniz, pure symétrie esthétique, mais de l'égalité conçue à la manière des Romains, égalité relative, géomé-
trique, égalité de l'équivalence (loi 6, D, XVII, 2). C'est
cette égalité qui est seule avantageuse pour la vie sociale.

La puissance publique doit donc se soumettre à la loi :
mais jusqu'à quel point ? Et tout d'abord quel est le motif qui la pousse à s'y soumettre ? Le même motif qui
pousse l'homme à se dominer et à se contenir, car,
comme nous l'avons déjà dit, le droit n'est autre chose
que la politique de la force, la force comprenant ses pro-

pres intérêts. La garantie de cette soumission de la puissance publique à la loi se trouve dans le sentiment juridique de la nation qui considère toute atteinte portée à la loi comme une atteinte personnelle qui lui serait faite. Une seconde garantie c'est l'administration judiciaire, laquelle implique la séparation des pouvoirs.

Ce qui précède n'a trait qu'à la forme du droit ; demandons-nous maintenant quel en est le contenu ou, ce qui revient au même, quel en est le but. La contrainte et la règle que nous venons d'étudier sont le côté formel du droit mais il s'agit de découvrir, dans le chaos des règles et d'institutions juridiques qu'enregistre l'histoire, le but du droit.

Tout d'abord il faut renoncer à chercher dans le droit la réalisation d'une volonté absolue, d'un principe logique qui ne serait que pour lui-même. La vérité n'est pas une notion essentielle au droit mais à la connaissance ; en matière de droit est vrai ce qui est conforme au but que l'on poursuit et la vérité consiste ici dans l'accord de la volonté avec ce qui doit être pratiquement parlant dans l'accord de l'action avec le but. Il en est du droit comme de la médecine : quand un praticien s'est trompé dans l'emploi d'un remède nous ne disons pas qu'il a employé un faux remède mais un mauvais remède et l'étymologie du mot droit indique la même idée : *rectum, directum dirigere regula*, c'est-à-dire l'emploi du moyen efficace pour atteindre le but, la ligne la plus courte pour arriver, préoccupation éminemment pratique. De ce caractère relatif du but que poursuit le droit résulte la variété infinie du contenu juridique, absolument comme en médecine l'on dispose d'une pharma-

copée variée pour répondre à la multiplicité des cas
pathologiques. Avec cette réserve nous pouvons répondre
à la question quel est le but du droit : le but du droit est
le même que celui de l'activité de l'individu quand celui-
ci poursuit la réalisation des conditions de son existence.
Il n'en est pas autrement pour la société et nous défini-
rons le droit : *la garantie des conditions de la vie
sociale établie par la force cœrcitive de l'État.*

Ces conditions embrassent tous les biens dont se compose la culture d'une nation : richesse matérielle, ordre
économique, intérêts moraux, religion, arts, etc. A cette
définition l'on fait plusieurs objections : 1° Si le droit se
réduit à assurer les conditions de la vie d'une société,
comment se fait-il qu'il permet ici ce qu'il défend là?
Mais c'est oublier le caractère tout relatif du droit ; 2°
Le droit, dit-on, est souvent en conflit avec les conditions
de la vie sociale. Sans doute, mais cela n'infirme en rien
la vérité de notre définition, car lorsqu'au moyen-âge
on brûlait les sorciers c'était avec l'idée que l'on garan-
tissait la société contre un danger réel ; 3° L'on nous dit
encore : votre définition pour être vraie devrait pouvoir
convenir à toutes les lois ; sans doute, mais en allant au
fond des choses l'on découvre que certaines lois qui
nous paraissent à première vue n'avoir aucun rapport
avec la vie sociale s'y rattachent d'une manière indirecte. Au fond les intérêts sociaux que l'État protège se
réduisent à trois : la conservation de l'individu, de l'espèce et de la propriété.

Le but de la peine n'est autre que celui du droit en
général : protéger la vie sociale. Si l'État ne punit pas
toutes les infractions qui mettent en danger la sécurité

sociale c'est qu'il ne le croit pas nécessaire et que l'État ne doit prendre l'initiative d'une mesure que lorsque l'intervention des individus ou de la société y est insuffisante. Relevons à propos des infractions contre les biens moraux de la société, cette question : peut-on commettre une infraction contre la religion et contre la morale ? Oui, mais seulement contre les personnes qui représentent ces deux intérêts, car l'infraction n'est jamais possible contre de simples abstractions. Dans le duel les sujets du droit sont les duellistes ; dans l'avortement le sujet du droit n'est pas l'enfant, qui n'existe pas encore comme personne, mais la société. Les individus composant, après tout, la société, l'on doit se demander si les sacrifices que le droit leur impose valent bien les avantages qu'ils en retirent. L'individu dans l'intérêt de la société, c'est-à-dire de tous, subit certaines restrictions dans sa liberté et surtout dans sa propriété, car la propriété privée, dans un sens absolu, n'a jamais existé même à Rome. Le point de vue qui doit dominer c'est la conformité au but poursuivi et nullement la rigueur juridique : il ne faut dire ni *pereat justia vivat mundus*, ni *fiat justia pereat mundus*, mais *vivat justia ut floreat mundus*. C'est au point de vue du caractère social de tout droit privé qu'il faut se placer pour bien juger certaines institutions juridiques, comme l'expropriation.

Mais il doit y avoir des limites à cette prise de possession de l'individu par la société : quels sont donc ces limites ? L'auteur avoue que cette question est des plus épineuses et qu'il ne se flatte pas d'en avoir trouvé la solution ; en vérité cette question n'est pas susceptible

de recevoir une réponse catégorique, car ici la solution
dépend du niveau de la culture sociale. On comprend le
principe de la non-intervention de l'Etat lorsqu'on se
place au point de vue de Kant qui fait pivoter toute la
société autour de l'individu et qui réduit le rôle du droit
à quelque chose qui rappelle les barreaux qui séparent
les bêtes fauves dans les cages d'une ménagerie. Humbold et Stuart-Mill attendent tout de la liberté individuelle, c'est-à-dire de l'égoïsme le plus borné, mais ils
tombent dans de telles contradictions qu'elles discré-
ditent tout leur système. Ce qu'il faut comprendre, c'est
que l'individu et l'Etat sont solidaires, qu'ils ont les
mêmes intérêts et l'on peut dire que la maturité politique d'un peuple se mesure au degré de l'intelligence
qu'il a de cette vérité. Chaque individu doit dire, mais
dans un sens tout autre que celui que lui donnait
Louis XIV, « L'Etat, c'est moi. »

En résumé, la contrainte sous sa double forme est
indispensable à la vie des sociétés, mais elle ne saurait
suffire et à côté des leviers de l'égoïsme il faut les leviers
de l'amour et du devoir.

L'examen de cette question fait l'objet du second volume de ce grand ouvrage et comme la matière qu'il
traite relève plutôt de la morale que du droit, force nous
est de la passer sous silence.

N° 3. Critique du système juridique de Ihering

C'est un curieux symptôme de l'état des esprits en
Allemagne que l'un des plus illustres représentants de

la science juridique, comme Ihering, ait senti le besoin de réagir contre le courant exclusivement positiviste et qu'il ait fondé toute sa théorie juridique sur des principes téléologiques déduits patiemment de l'expérience. La finalité mise en suspicion par la science positive reprend ses légitimes droits sur la pensée allemande.

L'originalité des idées de Ihering ne doit pas nous empêcher de reconnaître ce qu'il doit à ses prédécesseurs. Déjà Leibnitz avait établi que la conformité au but, que la finalité étaient la raison suffisante du droit comme de toute réalité et que le droit n'avait pas sa fin en lui-même. Trendelenburg avait déjà soutenu que les seules fins intérieures qui répondent à l'idée de l'homme et qui sont la raison d'être de son existence doivent fournir la matière de notre volonté, de telle sorte que le droit peut être défini : « l'ensemble des déterminations générales de notre activité par lesquelles l'élément moral peut se conserver et se développer » ; mais Trendelenburg a le tort de ne voir dans le droit qu'un chapitre de la morale. Krause et ses disciples distinguent le but du droit et le but de la vie, lequel ne se réalise que par le droit, mais il repousse toute identité de la finalité avec l'utilité, car une harmonie préétablie pourrait seule nous donner la certitude que l'utile coïncide réellement avec le juste. Ahrens, avec plus de clarté, établit que le but final n'est pas dans le droit mais hors du droit, que ce but c'est l'humanité ou la culture humaine et que les institutions ne sont que de simples moyens d'atteindre à ce résultat.

Il faut savoir gré à Ihering d'avoir débarrassé la science juridique du formalisme creux de l'école idéa-

liste et d'avoir insisté sur cette vérité que la volonté n'a
de réalité que grâce au but qu'elle poursuit, que pour
exister elle doit avoir un objet et qu'elle n'a, comme dit
Hartmann, qu'une existence virtuelle aussi longtemps
qu'elle n'a pas un motif. Toutefois, il nous semble qu'à
force d'insister sur cette vérité, Ihering exagère et finit
par la fausser et qu'il méconnaît l'autre face du problème. C'est la coïncidence des intérêts qui nous explique, d'après lui, la force obligatoire des contrats : mais
quand l'intérêt cesse, quand il se produit entre les intérêts une divergence et surtout quand il devient impossible de constater cette coïncidence des intérêts, comme
dans la pollicitation ou dans l'acceptation d'une lettre de
change, faudra-t-il persister à dire que c'est cette coïncidence qui forme le lien du contrat et ne faut-il pas reconnaître que c'est la volonté qui intervient ici et qui
proprio motu crée le droit ? Cette coïncidence est si peu
la force impulsive et déterminante du droit d'une part, et
l'accord des volontés est si peu, d'autre part, la simple
constatation de la direction prise par ces intérêts, qu'il
faudrait admettre alors l'existence d'un contrat partout
où existerait réellement l'accord de deux intérêts : le fondement du contrat serait alors la loi du talion sous sa
forme la plus grossière, le *rapio ut rapias*. Ne voir dans
la volonté de l'homme que le champ où se vide la lutte
des intérêts, c'est se contenter d'une observation psychologique superficielle et rétrograder jusqu'à la vieille
école matérialiste. Comme le fait observer Windscheid(1),
la définition que Ihering donne du droit est incomplète,

(1) Lehrbuch des Pandekteurechts, 1er vol., 1975.

car le droit ne consiste pas seulement à protéger des intérêts. Le droit ne protège jamais un intérêt en tant
qu'intérêt, c'est-à-dire en tant que valeur ou estimation
d'un bien, mais il protège la volonté en tant qu'elle
porte sur la possession de ce bien.

Une objection qui a été déjà faite à ce système, c'est
l'importance démesurée qu'il accorde à la contrainte.
Celle-ci a un caractère trop extérieur pour pouvoir servir
de marque ou de signe distinctif au droit. L'on peut dire
que le droit serait toujours le droit alors même que la
contrainte serait superflue ou impossible : le naufragé
qui serait seul dans une île et qui mettrait à mort
l'étranger qui se serait égaré sur ces côtes n'en commettrait pas moins un crime. Ce qui est essentiel à la notion
du droit ce n'est pas tant que son exécution soit forcée
mais qu'il se réalise, que son exécution soit volontaire ou
pas, peu importe, car si la contrainte disparaît le droit
n'en existe pas moins et si on l'exécute volontairement
il ne se réalise que mieux.

Enfin, si la conformité au but est le trait essentiel et
unique du droit, c'est la mort de la conscience juridique
à bref délai, car la conformité au but se réduit à l'utilité
et de l'utilité on ne pourra jamais faire sortir une nécessité morale. Au fond, fidèle à la pensée évolutionniste,
Ihering identifie la loi juridique avec la loi biologique et
le dernier fondement de sa conception du droit n'est autre chose que la force.

CHAPITRE III

Tendance matérialiste : Post et Knapp.

En dépit des déclarations de Kant qui avait dit que toutes nos connaissances procèdent de l'expérience, en ce sens que ç'est elle qui leur fournit la matière, la pensée allemande s'enfonçait plus que jamais dans les abîmes de l'abstraction métaphysique. Cet excès en appelait un autre et la réaction en sens contraire fut ici plus accentuée que dans aucun autre pays. Ainsi, tandis que le positivisme anglais ne procède qu'avec beaucoup de prudence, s'arrêtant devant l'inconnaissable, à peine fait-il son apparition en Allemagne qu'il s'y change en matérialisme, affirmant ce que Darwin n'avait avancé qu'à titre de simple hypothèse. La méthode d'observation tenue longtemps en suspicion, reprend sa revanche, forte des découvertes de la psychologie et de la biologie, et de même que l'idéalisme métaphysique avait voulu refaire ou créer le monde de la nature et de l'histoire avec les seules données de la raison, de même l'on veut expliquer le monde social et même le monde moral avec la matière et les seules forces physiques. Langue (1) nous

(1) Histoire du matérialisme, t. 2 p, 85.

donne l'explication de ce phénomène en nous montrant comment l'idéalisme, par son mépris pour toute méthode rigoureuse d'observation, devait conduire de Hegel à Moleschott. Hegel avait dit que tout ce qui est réel est rationnel et Moleschott dira : point de force sans matière et point de matière sans force. Le courant matérialiste s'accentue : Haeckel et Buchner appliqueront les principes du matérialisme à l'étude de l'homme et de la société et traceront l'esquisse d'un idéal social dont s'inspireront bientôt Bebel et le socialisme (2).

Parmi les représentants les plus autorisés de cette tendance il faut compter sans hésiter Post dont les nombreux ouvrages soutiennent la même thèse, en mettant à profit toutes les ressources de l'ethnologie. Dès 1880, dans son livre intitulé *Matériaux pour servir à la science générale du Droit*, il nous indique quelle est sa méthode et quels sont ses principes juridiques (2). La philosophie et l'histoire du droit doivent être intimement unies : celle-ci nous fait connaître les phénomènes de la vie juridique par voie d'observation ; celle-là cherche à expliquer ces phénomènes par leur cause, mais cette connaissance historique est forcément incomplète. « On a tort d'exiger, dit-il, de la science du droit con paré la même exactitude que pour la grammaire ou l'histoire comparée des religions. » Cependant la tâche de la science, quand il s'agit d'étudier la religion ou le langage, est plus difficile et moins sûre que la tâche que

(1) Bausteine für eine allgemeine Rechtswissenschaft, etc. 1er Band 1880.

(2) Moleschott; la Circulation de la vie ; Buchner : L'homme considéré selon la science ; Janet : le Matérialisme en Allemagne Bebel.

poursuit la science du droit comparé. En effet, le lien que
l'on établit souvent entre la racine d'un mot et l'idée qu'il
exprime est souvent très accidentel ; de même pour la
science comparée de la religion qui est appellée à étudier des expressions si diverses du sentiment religieux,
tandis que pour le droit la richesse des formes est moins
considérable et le lien entre l'idée et la forme qu'elle
revêt est toujours simple et logique. Les formes fondamentales ethnologiques, ou ce qu'il appelle la morpho-
logie ethnique, doivent leur origine à la race et aux conditions de la vie matérielle. L'auteur avoue que cette
science n'est pas encore parvenue à connaître l'organisation morphologique de tous les peuples et que par
conséquent les conclusions que l'on pourra en tirer par
voie d'induction ne peuvent avoir qu'une valeur provi-
soire. Le but poursuivi par l'auteur est de rendre
possible une philosophie du droit sur la base de la
science positive et de l'observation, car la philosophie
du droit, telle qu'elle a été pratiquée jusqu'ici, engagée
dans les préjugés du droit romain et ignorant le droit
des autres peuples, ne peut aboutir qu'à des résultats
chimériques. Si l'on se donnait la peine d'observer et de
suivre le développement à travers l'histoire, l'on comprendrait que ce qu'on appelle le droit individuel est le
dernier résultat d'un long développement et que les
peuples primitifs ne connaissent que le droit *collectif*.
A ces époques reculées il n'existe aucun lien d'individu
à individu et le mariage individuel aussi bien que la pénalité et la propriété individuelles sont inconnu. Au lieu
de partir de l'idée de l'individu, idée que nous tenons du
droit romain, l'on devrait partir du point de vue de

l'histoire du droit comparé. L'on comprendrait alors que
les fameux droits innés dont on a tant parlé n'ont jamais
existé et qu'au lieu de considérer le sentiment juridique
comme une abstraction métaphysique, l'on devrait y
voir un sentiment comme tout autre sentiment, procédant
de notre nature physique et psychologique et se développant jusqu'à devenir un impératif pour notre conscience (1). Qu'elle est la place qui revient au droit dans
le concert des autres sciences ethnologiques? Il y a un
régime juridique partout où se forme une vie collective et il a pour but de mettre un frein à l'instinct de la
conservation. Le droit est essentiellement variable puisqu'il n'est qu'une expression de la vie collective d'une
formation ethnique. L'homme par lui-même ne possède
aucun droit. La division péripatétienne des formes de
l'Etat est insuffisante et en réalité nous ne rencontrons
que deux formes primitives d'organisation sociale : l'organisation en vue de la paix (Friedensgenossenschaft) et
l'organisation politique.

En 1884 l'auteur donne un second ouvrage où il essaie
de tracer les vrais principes juridiques: *Les Fondements
du Droit* (2). « La tendance de mon livre, dit l'auteur,
est facile à découvrir. Ce livre se rattache à l'école socio-
logique qui avec Spencer, Lilienfeld et Schaffle a cherché
à fonder la sociologie sur les résultats de la biologie. »
Voilà dans quels termes l'auteur se charge lui-même de
nous indiquer quelle est sa tendance. A la place de la
psychologie individuelle, sur laquelle porte encore au-

(1) Die Gundlagee des Rechts, 1881.
(2) Die Gundlagen des Rechts, 1881.

jourd'hui toute la philosophie du droit, il faut mettre la
psychologie nationale, et l'étude des mœurs juridiques de
tous les peuples nous fournira les éléments qui nous
permettront de résoudre cette question : Qu'est-ce
que le droit ? « Je tiens pour impossible, dit-il, de tirer
d'une notion abstraite un système juridique qui puisse se
faire accepter... Donc la vraie méthode sera inductive.
On commence à le comprendre... du moins parmi les
jeunes. La tendance actuelle à fonder la philosophie du
droit sur le droit positif le prouve bien. (1) »

L'auteur étudie successivement, indépendamment de
toutes les questions historiques qu'il examine avec toutes
les ressources d'une immense érudition, ces deux problèmes : quels sont les fondements biologiques et sociologiques du droit et comment s'est fait le développement
des règles juridiques. Ces fondements biologiques du
droit sont : l'instinct de la propre conservation et celui
de la reproduction, d'où résulte la lutte pour l'existence
sociale, mais d'où résulte aussi cette erreur que le droit
aurait uniquement pour base l'économie politique !

Le droit plonge ses racines dans le même sol que la
morale; au début ils ne se distinguent pas l'un de l'autre
et ce n'est qu'avec la formation de l'État que le droit
se détache enfin de la morale.

Le droit procède de la conscience juridique d'un peuple, mais cette conscience n'est pas une sorte de préci-
pité d'idées juridiques individuelles, mais comme le pré-
cipité de la vie collective d'un organisme social (nicht
ein Niederschlag individueller Reichtsanschaungen). De

(1) Op. cit., p. 11 et 12.

ce principe découle cette conséquence que l'individu ne
possède pas par lui-même des idées juridiques particulières, qui lui seraient propres ou qui seraient innées
en lui, mais la simple faculté de distinguer le droit de
son contraire. Quant aux préceptes particuliers du droit,
ils naissent instinctivement par une simple application
des données de l'expérience aux cas qui se présentent
dans la pratique et c'est dans le cercle de la famille
qu'ils font tout d'abord leur apparition, car tous les
droits des peuples primitifs se rapportent à la vie domestique. La vie domestique est le milieu où se développent la conscience juridique et les notions les plus élé-
mentaires du droit : propriété, donation, vol, violence,
etc. La première forme de l'ordre légal c'est le maintien
de cet équilibre entre les appétits de l'individu et la
forme d'organisation sociale la plus rapprochée de lui ;
la rupture de cet équilibre c'est l'infraction et la réparation affectant toujours la forme du talion. L'auteur
s'inspire visiblement des idées de Spinas et de Romanès (1). Le droit devient une partie de la vie de
l'État et c'est alors la morale publique. La morale
primitive comprenait toute la vie sociale, et, comme
le droit et la morale étaient confondus, le droit em-
brassait forcément tout le domaine de la vie sociale :
voilà pourquoi les premières formules du droit sont entre-
mêlées de prières, de préceptes liturgiques et de règles
d'économie politique. Le droit civil et le droit pénal
n'existent pas encore, car l'individu n'a aucune existence
juridique qui lui soit propre, il n'a qu'une existence

---

(1) Romanès : Animal intelligence ; Spinas : Les Sociétés animales.

sociale ; quant au droit pénal, il existe si peu que la
faute n'est jamais personnelle mais collective et il en
est de même pour la responsabilité. Le droit primitif n'a
connu que deux domaines : l'organisation de la famille
et l'ordre à observer dans les relations des familles entre
elles. Le droit familial est alors tout le droit public.

Quant au développement des règles de droit, ces règles se forment d'une manière instinctive par l'action
de la même personne qui remplit à la fois les fonctions
de juge et de législateur. Le droit c'est la volonté du
chef de la famille et la coutume ou l'usage juridique naît
ainsi par l'application de la même décision aux cas analogues. Lorsque le chef de famille qui juge se fait aider
d'un conseil, la tradition juridique se forme. En compa-
rant les décisions prises ou les jugements rendus à propos des cas semblables on arrive à formuler la règle de
droit.

Donc trois étapes parcourues : droit inconscient et
instinctif procédant par cas isolés ; puis formation de la
coutume par la généralisation de ces cas ; enfin la loi ou
le droit. Aussi les premiers Codes ne sont que des recueils de coutumes. Mais d'où vient l'accord ou l'unifor-
mité que l'on constate dans les idées juridiques des peuples que l'histoire comparée a étudiés jusqu'ici ? L'histoire du droit comparée gagnera beaucoup du jour où
l'on substituera la psychologie sociale à la psychologie
individuelle. L'auteur conclut : « Dans les universités, le
juriste n'apprend rien en ce qui touche les causes du
droit, on lui apprend seulement ce qui est ou ce qui n'est
pas de droit ou bien encore ce que doit être le droit au
dire de la marotte des philosophes spécultatifs » (nach

den Marotten spékulirender) (1). Nous nous bornerons à quelques simples observations. Cette notion de l'histoire ethnologique comparée suppose que la nature humaine est au fond partout la même puisqu'elle produit des phénomènes analogues et n'est-ce pas admettre implicitement cette idée de la nature de l'homme que l'auteur reproche tant à ce qu'il appelle l'école des philosophes ?

La force et la matière voilà au fond les deux éléments constitutifs du droit, mais dès qu'il s'agit de savoir ce qu'il faut entendre par ces termes, les définitions font défaut, car ce n'est pas définir que de dire que la matière est le *substratum* des forces ou la totalité des atomes : c'est se payer de mots et commettre le sophisme bien connu sous le nom de pétition de principe. Comment ne pas voir que dès qu'on emploie ces simples mots matière et force l'on dépasse de beaucoup le domaine des faits et que l'on fait irruption dans le champ de la métaphysique ? C'est le matérialisme que Knapp a entrepris d'introduire dans la science du droit. Son livre ne manque ni de méthode ni d'une certaine élévation de sentiment. Voici en résumé quelle a été sa pensée : Toute qualité se réduit à une certaine quantité et tout processus naturel est pur mécanisme, et la pensée, comme la sensation, ne sont que deux formes de la même matière. La mission de la philosophie consiste donc à montrer cette identité et de réagir contre les images fantastiques qu'enfante notre pensée. De même, la philosophie pratique a pour mission de montrer comment ces images, issues du jeu de la pensée, finissent par former le fonds de la morale et

(1) Op. cit., p. 17.

du droit. La philosophie du droit à son tour se réduit à la connaissance de ces images juridiques produites par notre cerveau. La moralité qu'est-ce, si ce n'est la soumission forcée de l'individu à la puissance de l'espèce, soumission d'abord inconsciente puis consciente, mais toujours maintenue par les lois de la force musculaire ? La morale c'est le monde des actions humaines considéré au point de vue de l'individu, le droit c'est le même monde considéré sous le point de vue de l'action que nous nous exerçons les uns sur les autres. Partout c'est l'intérêt de l'espèce qui domine et c'est cet intérêt qu'il importe de sauvegarder ; par conséquent, les considérations tirées du caractère rationnel d'une institution juridique sont tout à fait secondaires. Tous nos désirs, tous nos appétits revêtent un caractère de moralité dès qu'ils contribuent au développement de l'espèce. L'on comprend dès lors ce phénomène que l'histoire présente si souvent, c'est que la moralité varie avec l'idée que l'on se fait de l'espèce et de ses véritables intérêts. Donc le droit peut être défini : *la soumission forcée de l'homme à l'intérêt de l'espèce tel qu'il le conçoit.*

L'on sent toute l'insufisance de cette théorie au point de vue philosophique, sur lequel du reste nous n'avons pas à insister. Elle aboutit à un monisme universel et à un dogmatisme plus étroit que celui de l'école idéaliste, en traitant de préjugé métaphysique toute affirmation d'une différence entre les phénomènes sociologiques et biologiques. La morale et le droit ne relèvent pas du pur mécanisme musculaire mais du monde dynamique. Aujourd'hui la réaction se fait contre ces exagérations et l'on comprend que l'évolution peut être vraie tout en admettant l'existence de degrés et de différences, l'évolution n'étant elle-même qu'une série de distinctions et de spécifications.

Cet intérêt de l'espèce que l'on donne pour fondement au droit n'est-ce pas déjà une conception métaphysique ? Pour que cette déduction du droit répondît aux exigences du système il faudrait avoir prouvé que l'espèce existe réellement.

Enfin, quel est dans ce système le sujet, le porteur du droit, qui est censé représenter cet intérêt de l'espèce ? L'individu ou les individus collectivement, le juge qui applique la peine ou ceux qui la subissent ?

SECONDE PARTIE

L'IDÉE

CHAPITRE Ier

Les fondements du Droit

Nous avons essayé de suivre l'idée du droit à travers les diverses phases de son histoire en Allemagne ; il s'agit maintenant de découvrir la direction constamment suivie par ce courant d'idées. Nous relevons tout d'abord ce triple caractère de la science juridique allemande et qui est comme la conclusion de l'étude historique à laquelle nous nous sommes livré. Le premier de ces traits c'est la manière extrèmement large de concevoir le droit. La science allemande en général aboutit à faire du droit un principe universel et presque cosmique ; le droit n'est pas seulement l'un des facteurs de l'histoire mais l'une des formes de la vie universelle, soit qu'on en fasse un principe subjectif, comme la conscience, avec

Fichte, soit un principe de vie organique, comme chez Schelling et chez Hegel.

Le second trait c'est incontestablement la conception essentiellement historique du droit. Ce trait se rattache tout naturellement au précédent, car le principe, quel qu'il soit, qui est à la base du droit devient ainsi le chapitre le plus important de la philosophie de l'histoire.

Le troisième trait qui termine ce processus de l'évolution c'est la manière purement morale, éthique, de comprendre le droit depuis Kant. Toute la vie de la philosophie du droit en Allemagne consiste dans la manière dont les divers systèmes affirment tantôt l'un, tantôt l'autre de ces différents points de vue ; leurs luttes et leurs essais de conciliation, leurs concessions mutuelles ou leur intransigeance réciproque forment les éléments de l'évolution qui se poursuit dans ce pays. La nature, le monde moral et l'histoire sont au fond les trois grandes idées autour desquelles viennent se grouper les diverses conceptions du droit : force ou puissance majeure, utilité ou intérêt majeur, liberté ou idéal moral, triple conception qui se dégage aujourd'hui de l'ensemble confus des synthèses et des théories juridiques.

L'étude de ces trois facteurs du droit nous aidera à découvrir peut-être quelle est actuellement la direction particulière de l'idée juridique en Allemagne.

§ I. — LE DROIT ET LE MONDE MORAL

Le monde moral comprend aussi l'idée religieuse par excellence, Dieu, et en fait c'est à cette idée de Dieu que

bien des systèmes ont rattaché le droit. Déduire le droit de
l'idée de Dieu est une entreprise malaisée attendu qu'au
point de vue strictement scientifique l'idée de Dieu, étant
une idée essentiellement transcendante, il ne peut être
question d'établir cette déduction d'une manière rigoureuse et qui soit de nature à donner satisfaction à notre
raison. Dire que Dieu, étant la source de toute chose,
le droit en découle comme tout le reste, c'est renoncer
en réalité au labeur de la pensée et commettre le sophisme que Kant appelle *le principe de la raison paresseuse*
(Faule Vernunft). Une pareille solution peut donner sans
doute satisfaction au sentiment religieux mais ne peut
répondre que très imparfaitement aux exigences de la
science. Tous les peuples primitifs ont vu en Dieu l'origine et l'explication du droit et le peuple allemand a
conservé dans ses maximes juridiques la trace de cette
conception primitive : « Dieu est le commencement de
tout droit (Gott ist ein Anfang alles Rechts) » a dit
depuis longtemps la sagesse des proverbes germaniques (1).

Pour Leibnitz, Schelling, Krause, aussi bien que pour
Stahl et Puchta, le droit est une vérité éternelle qui n'a
son fondement ni dans la raison ni dans la volonté
humaines mais dans l'essence même de Dieu en tant que
Dieu est ce qu'est sa propre pensée. Le droit fait partie
des vérités éternelles contenues dans l'intelligence divine
et ainsi s'explique son double caractère d'universalité et
de nécessité. Si Dieu existe le droit existe également et

(1) Voir Chaisemartin : Proverbes et Maximes du droit germanique 1891.

d'une manière aussi nécessaire et aussi universelle que
le monde qui procède de Dieu. Le dernier fondement du
droit n'est donc pas dans la volonté divine, car alors il
n'aurait plus ce caractère de nécessité qui seul peut
donner au droit sa force obligatoire ; et que des deux
choses l'une : ou le droit a sa raison d'être dans la volonté
et alors il n'a plus rien d'absolu ou il a son fondement
dans l'essence divine et alors il est une vérité nécessaire et
absolue. Mais comme l'histoire nous montre jusqu'à la
dernière évidence que le droit n'est pas le même chez
tous les peuples et à toutes les époques, que malgré une
certaine unité de fond les conceptions juridiques sont
aussi nombreuses que variées, cette théorie pour se mettre d'accord avec les faits doit sacrifier de sa rigueur et
se voit obligée d'admettre, pour expliquer cette diversité,
que le droit tout en ayant sa raison d'être en Dieu doit
être conforme à la nature des choses : la distinction de
chaque chose, le but et la nature, par exemple, du mariage, de la propriété, de la famille, déterminent les rapports juridiques de ces institutions et créent le droit de
propriété, la puissance paternelle, l'autorité maritale.
Une concession aussi compromettante est de nature à
miner la théorie, car dire que le droit dépend de la nature des choses c'est constater un fait sans en donner
l'explication ; bien plus, c'est nier le principe qui sert
d'appui à tout le système. En effet, comment échapper à
ce dilemme : ou le dernier fondement du droit c'est l'absolue volonté divine et alors c'est le pur arbitraire, une
force aveugle sans aucun caractère moral, incapable
d'obliger ma conscience, ou bien il est dans l'essence de
Dieu. Mais qu'est-ce qu'une essence pure? N'est-ce pas

une conception métaphysique sans aucun caractère moral? N'est-ce pas dans l'ordre de la logique ce qu'est la force dans l'ordre de la matière : le fatum, l'arbitraire absolu ou plutòt l'idée hégelienne qui devient sans cesse et qui se réalise dans le monde? Aussi, l'aboutissement logique de cette théorie se trouve dans le système de Hegel qui en a dit le dernier mot, et qui, confondant le réel et le rationnel, volatilise l'idée morale et sacrifie le droit à l'empire du fait accompli. L'erreur fondamentale de cette théorie consiste à prendre pour point de départ une abstraction métaphysique au lieu de faire porter le droit sur une idée morale.

Aussi depuis Kant, qui a montré la nécessité de suivre cette méthode, les plus grands efforts ont été faits pour asseoir le droit sur la morale. Trois situations sont possibles: ou bien l'on conçoit le droit comme étant complètement séparé de la morale ou bien l'on confond ces deux domaines ou bien enfin l'on assigne au droit une place spéciale dans la sphère même de la moralité. Les deux premières solutions conduisent fatalement à de graves erreurs, la troisième se rapproche le plus de la vérité et c'est celle qui a été défendue par Kant. Fichte représente la première de ces deux manières de voir : le droit existerait alors même qu'il n'y aurait point de morale! Qui ne voit que cette conception des choses est une pure abstraction? Dans sa vivante unité l'homme ne présente jamais cet étrange phénomène d'avoir deux vies intérieures complètement séparées l'une de l'autre par des cloisons étanches. Ce que fait César ou Napoléon ils le font non seulement en tant que sujets de droit, comme personnes juridiques, mais aussi en tant que personnes morales. Même en admettant que cette complète séparation fût possible, cette théorie serait encore fausse. Pour Fichte, comme nous l'avons déjà dit, la liberté est le fondement du monde moral et du droit dont le mécanisme est la contrainte : en séparant, comme il le fait, la liberté d'avec la contrainte et la morale d'avec le droit, il aboutit à faire de ce dernier un simple mécanisme de la force.

L'excès opposé est représenté par Hegel qui identifie à tel point le droit et la moralité que l'homme n'a plus aucune mission à remplir. Toute la matière de la morale est contenue dans les institutions juridiques de la famille et de l'État, de sorte qu'en dehors de ces deux sphères l'homme moral n'existe pas ! C'est le retour pur et simple par-dessus le christianisme à la conception antique qui réduisait toute la nature morale de l'homme à la vie sociale et politique. Concluons que l'idée courante sur le droit en Allemagne ou bien confond le droit avec la morale ou bien l'en sépare complètement : dans le premier cas la morale est rabaissée et n'est plus que le mécanisme brutal de la contrainte légale; dans le second cas, le droit n'est qu'une force aveugle, le règne du fait et de la puissance supérieure.

Mais il y aurait grande injustice à méconnaître que la pensée allemande ne s'est pas bornée à osciller entre ces deux extrêmes et qu'elle ne s'est pas résignée à ce double sacrifice. Grâce à l'influence de la France et de Rousseau sur Kant, l'esprit allemand comprend que le droit est une partie de la morale sans se confondre avec elle, bien qu'elle embrasse toute la vie humaine. L'universalité, la nécessité et le caractère historique de la vie spirituelle sont les trois traits qui caractérisent la morale kantienne sans se confondre avec celle-ci. La vraie universalité appartient bien à la morale et non point au droit, mais, faisant partie du monde de la liberté, le droit rentre dans l'histoire, ce qui ne pourrait jamais être si le droit au lieu de se rattacher à la morale faisait partie des simples forces de la nature. Kant déclare au contraire que le domaine propre du droit c'est la liberté de la volonté par opposition à la nécessité de la nature. Avant lui et après lui la pensée allemande a conçu la moralité sous la forme de la conscience de soi, de la spiritualité. Or, en allant au fond des choses, l'on s'aperçoit bientôt que la vraie moralité en est absente, car une nécessité consciente n'en est pas moins une nécessité : si l'aimant pouvait avoir quelque conscience de lui-même au moment où il est attiré vers le pôle appartiendrait-il pour cela au monde moral? Kant a montré qu'il faut qu'une certaine productivité, un certain pouvoir de créer, accompagne la conscience pour que la moralité soit possible. La volonté n'est libre que parce qu'elle veut, c'est-à-dire que parce qu'elle crée et produit librement quelque chose de nouveau. Malheureusement Kant méconnaît la vraie nature de la volonté et pour éviter l'excès de l'eudémonisme, c'est-à-dire de la poursuite d'une fin en vue de la jouissance, il tombe dans l'excès contraire, le rigorisme stoïcien et formaliste; mais il faut le reconnaître en dehors de la morale du devoir le droit n'a plus de solide fondement et les tendances communistes aboutissent logiquement à l'anarchie et à la négation du droit. C'est une erreur de prétendre avec Stahl et Stein que la racine de l'anarchie communiste se trouve dans les grands principes de liberté et d'égalité de 1789 ; c'est au contraire dans ce matérialisme pratique et dans cette négation de la vie morale qu'il faut chercher l'origine de ces tendances anarchistes, car faire du droit un simple moyen d'assurer le bien-être ou la jouissance des individus c'est oublier qu'il n'a pas seulement un but utilitaire mais qu'il est l'expression de la dignité et de la liberté de la personne humaine. Le droit a toujours pour corrélatif le devoir, avoir des droits sans des devoirs c'est l'idéal du despote ; n'avoir que des devoirs sans aucun droit c'est être esclave ; l'idéal de Kant est l'idéal même de notre Révolution : ni esclaves ni tyrans !

§ II. — LE DROIT ET LA NATURE

Nous nous sommes demandé si le droit était une vérité relevant de l'ordre moral, nous devons nous demander maintenant si elle fait partie de l'ordre de la nature, si elle appartient au domaine des sciences naturelles ? Les écoles à tendance positiviste et matérialiste soutiennent volontiers que le droit est un simple phénomène de la vie naturelle et qu'il relève de la biologie sociale. Cette idée s'est fait jour en Allemagne à partir de Schelling et elle exerce encore sous des formes diverses une influence considérable. Il ne faudrait pas cependant établir un dualisme, encore moins une antithèse, entre l'homme et la nature ; la question est plutôt celle-ci : est-ce en tant que l'homme appartient à la nature que le droit a son fondement dans la nature humaine ou bien, au contraire, n'a-t-il son fondement dans l'homme qu'en tant que celui-ci se distingue de la nature? Mais qu'est-ce que l'on entend par nature dans ce système? Deux idées constituent au fond la notion de la nature : l'idée de loi expliquant les phénomènes et l'idée de sa propre conservation, idée qui a été mise en lumière surtout par la science contemporaine, car la tendance universelle des êtres c'est de persévérer dans leur état. En ce sens l'on peut dire que la nature exclut tout progrès et qu'à proprement parler la nature n'a pas d'histoire puisque tout est censé s'y passer d'une manière nécessaire et immuable. Dire que le droit est un instinct de la nature humaine c'est dire qu'il a pour principe l'instinct de notre propre conservation et que par conséquent le droit n'a pas d'histoire. Eh bien, la question qui se pose est celle-ci : le droit appartient-il à l'ordre de la nature ou à l'ordre de l'histoire? Résulte-t-il de l'instinct de notre propre conservation ou suppose-t-il au contraire l'existence d'autres instincts et d'autres besoins, ceux mêmes d'où procède l'histoire? Si l'on se décide avec Post, Kunze pour la première alternative, le fondement du droit, c'est alors la force et l'animalité et non pas la nature humaine, car l'homme purement physique n'est pas l'homme complet et l'idée du droit qui doit répondre à la nature humaine tout entière ne saurait être déduite de cette idée mutilée de l'homme. L'école juridique matérialiste tombe dans une étrange contradiction lorsqu'elle voit dans l'homme un animal féroce à peine dompté, car de quel droit parler de cruauté, de meurtre, de vol dans cet état de nature? Ces faits ne supposent-ils pas déjà les idées juridiques dont ils sont la négation? Au lieu de nous expliquer l'existence du droit, l'on se borne à constater cette existence sans pouvoir en donner l'explication. L'idée de force sous la forme de l'égoïsme à laquelle aboutit toute la tendance que nous avons en vue ne réussit pas à expliquer l'existence du droit. elle ne réussit qu'à expliquer la contrainte qui n'en est qu'une partie.

La même tendance qui consiste à réduire le droit à la force se retrouve dans tous les essais tentés pour expliquer l'origine des institutions juridiques. L'on peut assigner au droit quatre sources principales : la législation, la jurisprudence, le contrat et la coutume. L'école historique considère les trois premières comme des formes secondaires du droit et voit dans la coutume tantôt la forme primitive, tantôt la source même du droit. La théorie du contrat comme fondement du droit n'est plus soutenue en Allemagne et c'est à peine si quelques disciples attardés d'Herbart prétendent encore que le droit se fonde sur un contrat tacite. Les objections que soulève cette origine historique du droit sont trop nombreuses pour que nous ayons à les examiner ici et du reste cette théorie se rattache plutôt à la science politique qu'à la science juridique. Nous ferons observer que si l'on peut admettre à la rigueur l'idée d'un organisme contractuel, si l'on peut considérer le contrat non pas comme le fondement historique mais comme la forme dernière de la société qui commence par le pur mécanisme des forces, il est contraire à toutes les analogies et aux données de l'histoire de supposer au début du droit une si colossale fiction. Comment échapper, en effet, au cercle vicieux si, avec les disciples d'Herbart, l'on prétend que tout droit procède d'un contrat tacite ayant pour but de mettre fin à l'état de lutte, puisque cette lutte ne peut avoir lieu qu'à l'occasion du droit?

Aussi bien l'école historique et à sa suite les diverses tendances qui s'y rattachent ont cherché l'origine du droit dans la coutume ; toutefois ce n'est pas l'Allemagne mais l'Angleterre qui doit revendiquer un droit de priorité dans la formation de cette théorie. C'est Hume en effet qui le premier accorda à la coutume une importance considérable pour l'explication de certains phénomènes historiques ; Burke s'en empara et en fit l'un des plus puissants ressorts de sa conception de l'histoire. De l'Angleterre cette théorie passa en Allemagne et Hugo et Savigny en firent la base de leurs théories sur l'origine du droit. Il faut distinguer cependant deux conceptions différentes de la coutume : les uns, comme Puchta et Savigny, ne voient dans la coutume qu'une source de renseignements, un moyen d'information sur l'état du droit à ses origines Savigny n'accorde à la coutume le pouvoir de créer le droit que dans certains cas exceptionnels comme dans la fixation des délais pour la prescription. Puchta dit en propres termes : « la coutume consiste dans l'application d'une règle de droit déjà existante. » C'est donc l'application constante ou soutenue d'une règle juridique et la coutume loin de créer le droit ne sert qu'à en constater l'existence. La question demeure donc tout entière : comment le droit est-il né, quelle en est donc l'origine? D'autres comme Beseler croient avoir trouvé la solution en distinguant le droit de la nation ou du peuple (Volksrecht) et la coutume (Gewohnheitsrecht). La coutume devrait son origine à une certaine altération de la conscience juridique d'une nation. Mais toutes ces explications sont si vagues qu'elles ne peuvent prétendre nous donner la solution de la question. La vérité est que l'école historique elle-même n'en sait rien et qu'elle se contente d'attribuer à la conscience ou à l'inconscience d'une nation la création du droit sans nous dire comment de la simple existence en puissance le droit passe à l'existence en acte. Cette manière de comprendre l'origine du droit ne manque pas de grandeur, mais préoccupée exclusivement de l'apport des siècles et de la tradition elle ne tient pas assez compte de l'élément de liberté et d'originalité de chaque nouvelle génération. des intérêts nouveaux qui agitent une société, des idées nouvelles qui seules entretiennent la vie et le mouvement. Il y a donc un fonds de mysticisme, et quelque chose d'irréductible et de mystérieux dans toutes ces théories. Le fond de toutes ces explications c'est toujours l'idée que le droit est né spontanément, à la manière des organismes du monde végétal ou par un procédé chimique semblable au phénomène de la cristallisation. L'on parle de conscience nationale qui créerait le droit mais qu'est-ce qu'une conscience dont le sujet est lui-même inconscient ? La nation au lieu de concourir à la formation de son droit joue le rôle de simple spectateur, elle est non le créateur du droit mais le sol où le droit pousse tout à coup et prend racine, par une force aveugle et inconsciente que l'on ne peut ni analyser ni définir. C'est donc l'idée de force qui domine la pensée juridique de l'Allemagne à toutes les phases de son développement.

CHAPITRE II

Genèse psychologique de l'idée germanique du Droit

La science de création si récente que l'on appelle la *Psychologie nationale* (Volkerpsychologie) étudie l'ensemble d'éléments qui forment l'esprit et le tempérament national : les sentiments, les inclinations, les idées qui sont sans cesse en mouvement et qui servent à déterminer le caractère moral d'un pays. En vérité la psychologie nationale remonte jusqu'à Vico et même jusqu'à Platon (1), mais c'est surtout en Allemagne que ces études se sont développées grâce à la philosophie d'Herbart. Herbart soutenait déjà que l'histoire bien comprise implique une théorie du caractère de l'humanité telle qu'il se manifeste chez les diverses nationalités. Du reste, cette science devait surtout se développer dans un siècle tel que le nôtre où, à l'encontre de ce qui se passait au siècle dernier, l'on aime à transformer les questions de logique et de philosophie en questions d'origine.

Le problème que nous avons soulevé est celui-ci : pouvons-nous trouver dans les données de cette science

(1) Le premier dans la Science Nouvelle, chapitre XI ; le second dans la République, livre II. Voir aussi le Microcosmus de Lotze.

l'explication de ce phénomène que nous venons de constater ? Pourra-t-elle nous dire pourquoi l'Allemagne a-t-elle toujours aimé à se représenter le droit sous l'idée de la force ? Ne faut-il pas au contraire nourrir une légitime méfiance à l'égard de ces généralisations hâtives ? On serait tenté de le penser quand on se rend compte de la valeur relativement insuffisante et du manque de précision des idées ou des conclusions auxquelles est arrivée cette science.

Rappelons brièvement quelques-unes de ces idées que l'on considère comme des résultats définitivement acquis.

Chacune de ces grandes personnalités collectives que nous appelons États ou nations est un organisme qui dans ses rapports avec les autres nations forme une grande individualité et concourt avec les autres à composer cet organisme encore plus vaste que l'on appelle l'humanité. Une double tendance centripète et centrifuge, nationale et cosmopolite, se fait sentir dans la vie de chacun de ces organismes. Une nation peut se renfermer en elle-même et affirmer avant tout son individualité, mais ce qu'elle gagnera en originalité elle le perdra en étendue et en richesse et après avoir parcouru les phases d'un certain développement elle tombera comme épuisée, faute d'avoir su s'assimiler les éléments étrangers dont elle avait besoin; ou bien, elle peut s'ouvrir sans réserve à des influences multiples et souvent incompatibles avec sa propre nature, mais impuissante à dominer ces éléments et à se les assimiler, elle ne pourra que réfléter plus ou moins, selon le cours des évènements politiques, la vie intellectuelle et morale d'une autre nation. C'est ce qui est arrivé à l'Allemagne jusque il y a cent cinquante ans et, pour ne pas quitter le domaine juridique, qui ne sait que la science du droit dans ce pays souffre encore de l'influence absorbante du droit romain et que la domination presque écrasante des Pandectes est encore la cause de graves erreurs, surtout en matière d'obligation ? (1)

Il arrive souvent qu'une nation affiche la prétention, au grand détriment de son originalité et de la mission qu'elle était appelée à remplir, de représenter ou de condenser l'esprit général de l'humanité. Cette exagération orgueilleuse de sa propre importance, cette hypertrophie de l'individualisme est profondément enracinée dans la conscience allemande. Elle n'en est pas moins une erreur qui vient se heurter aux faits les mieux constatés et en particulier à ce fait que le génie d'une nation est toujours le résultat des circonstances permanentes et particulières de la vie d'un peuple et qu'il ne saurait s'adapter indistinctement à n'importe quelle autre nation. Prêchée déjà par Herder (2), entretenue par l'excitation du sentiment patriotique et les exigences de la politique, cette erreur a revêtu cette incroyable formule: l'idéal allemand est l'idéal de l'humanité (3) !

C'est pendant le moyen-âge que se prépare l'éclosion des Etats modernes, mélange d'éléments si divers. Du croisement des peuples et des races à cette époque va résulter un affaiblissement sensible des traits les plus caractéristiques des races hellénique, latine et germanique et aucune des nationalités nouvelles ne possédera

(1) Roguin : La Règle du Droit 1889.
(2) Œuvres, tome XVIII, § 112.
(3) Voir Von Kant's Einfluss, etc, par Cohen, n° 16 et 17.

plus au même degré les traits exagérés qui constituent
une originalité. A cette époque de confusion tous les
éléments de la vie juridique sont mêlés: idée de la cité
et de l'Etat léguée par l'antiquité, indépendance et particularisme d'origine germanique, personnalité et terri-
torialité 'u droit, rêve d'une immense organisation
politique sous l'égide de l'Empereur ou de l'Eglise. De
cette masse informe est sortie toute une floraison de
nationalités d'autant plus riche et variée que les éléments en travail étaient plus nombreux.

Rien de plus difficile que de bien saisir la note fondamentale de chaque esprit national dans le concert des
nations modernes. En effet, tandis que dans l'antiquité
un peuple personnifiait en quelque sorte l'un des traits
essentiels de l'humanité (la Grèce l'esprit philosophique
et artistique ; Rome la volonté législative), chacune des
nations modernes réunit à des degrés divers tous les
éléments de la personnalité humaine. De là des nuances,
des gradations plus nombreuses et moins tranchées, au
sein d'une civilisation qui a été l'effet des mêmes conceptions religieuses et morales. Le monde ancien a été
successivement oriental, grec, romain; on n'en peut pas
dire autant de notre monde moderne dont chaque grande
nation est comme une fraction et au système d'exclusion
a succédé le système de coopération et de solidarité qui
forme ce qu'on pourrait appeler l'organisme moral des
peuples civilisés.

C'est avec toutes ces réserves que l'on peut être autorisé à se poser cette question : Quels sont les traits
essentiels du génie allemand ? Personne n'ignore que
c'est là un des exercices et des thèmes favoris de la cri-

tique allemande et que les réponses, avec des variantes
assez sensibles, reproduisent la phrase de Tacite : « *Pro-
priam et sinceram et tantum* SUI SIMILEM GENTEM » ;
mais c'est précisément cette particularité qu'il s'agit de
saisir et de bien préciser. Faut-il dire, avec Leibnitz,
que le trait distinctif de cette nation c'est l'ardeur per-
sévérante au travail, *la laboriositas ?* Faut-il contre-
signer le diplôme de vertu que Herder décernait à son
peuple et dont Henri Heine s'est tant moqué et dire que
le peuple allemand est le peuple religieux et poétique
par excellence, le peuple type ou idéal (Urvolk) et que le
génie allemand *perfectionne* (Vollendend) tandis que
l'esprit latin stimule (Anregend)? Faut-il admettre avec
Fichte que le sérieux est le trait distinctif de l'âme allemande ? Ou bien faut-il se montrer plus modeste et
répéter avec H. Heine que les Allemands ne sont que
« des *chênes sentimentaux ?* » L'analyse de l'âme allemande, faite sans parti pris et sans aucune mesquine
préoccupation d'amour-propre national, semble plutôt
donner les résultats suivants : mysticisme, amour du
symbole à côté de la rudesse sensuelle, sauvagerie et
douce piété, passivité morale, docilité insouciante de sa
propre dignité et amour de l'indépendance, sentimen-
talité intellectuelle (Gemüth) et rigorisme logique, bruta-
lité et idéalisme, bref l'opposition d'éléments les plus
contraires. Notre génie national présente également la
coexistence de deux tendances opposées tenant à notre
double origine gauloise et romaine : sensualisme et
idéalisme, vie pratique et vie spéculative, enthousiasme
et sens pratique ; mais tous ces éléments sont admirablement fondus grâce à une unité nationale que des

siècles d'existence ont rendue indissoluble. Au contraire, l'Allemagne, venue la dernière de toutes les grandes nations modernes, a été obligée de parcourir dans la voie de la civilisation le plus long trajet, subir les transformations les plus rapides et si son unité politique est un fait acquis, son unité morale et psychologique est encore en voie de formation. Aussi l'absence d'unité et d'équilibre, la coexistence des plus choquantes contradictions a longtemps caractérisé la science juridique en Allemagne. C'est comme poussée par une fatalité que de Fichte à Hegel et de Hegel à Hartmann la pensée allemande tombe dans tous les excès de l'idéalisme, cherchant à tirer de la conscience de l'homme non seulement la logique et la morale, mais les lois qui gouvernent l'histoire et le monde physique; mais c'est aussi par une impulsion non moins fatale qu'arrivée à l'extrème de son principe elle s'arrête comme affolée devant l'idée de l'absolu pour rebrousser chemin et s'élancer avec une sorte de fièvre dans le champ du positif et du réel, de sorte que, partie de l'idéalisme, elle aboutit au positivisme et qu'elle est allée de la morale à la nature et de l'idée au fait. De là vient ce que la pensée allemande a toujours eu de nuageux et de tourmenté (1).

L'on peut comprendre maintenant quelle sera l'attitude que prendra le génie allemand dans la science du droit. Chez tous les peuples (c'est un des résultats les mieux établis de l'étude du droit comparé) l'idée juridique dépend de l'idée qu'il se fait de la liberté individuelle et de l'ordre social. Le droit, comme phénomène social, est

(1) Lange, Histoire du Matérialisme, II. p. 27.

conçu tout d'abord comme une faculté de faire ou de ne
pas faire, et à mesure que l'élément social se développe
l'idée du droit acquiert un sens objectif pour se confondre
avec l'idée de la loi. Comme tous les autres peuples, les
races germaniques ont compris le droit sous ce double
aspect, mais, tandis que chez les Romains c'est la conception du droit comme loi qui a dominé, chez les Germains et chez leurs successeurs c'est incontestablement
le point de vue subjectif, le droit considéré comme force
de l'individu qui l'a toujours emporté. Le droit du plus
fort s'exprimant par l'arbitraire ou la volonté individuelle sans frein (Willkühr), tel est, de l'aveu même des
auteurs allemands, le fond du droit germanique, caractère qu'il a conservé jusqu'au-delà du XVI° siècle, laissant des traces dans le *droit du poing,* dans le *Faus-*
trecht. Mais peu à peu la lutte commence entre le droit
comme loi et le droit comme force et cette lutte deviendra l'élément le plus puissant de fermentation et de
développement de tout son droit. Cette opposition a
servi d'aliment à la vie juridique en Allemagne plus
que partout ailleurs: droit des hommes libres et droit
des conditions non libres, alleu opposé à la féodalité.
De même dans le mécanisme juridique, le droit n'est
qu'un système de défense et de protection : *mundium*
Vormundschaft, Gewehre. L'idée de force est donc l'idée
mère et le point autour duquel a évolué toute la vie juridique de l'Allemagne et c'est elle aussi qui nous explique
bien des particularités. Il est en effet dans la nature de
la force de se courber devant une force plus grande : de
là cette résignation et ce besoin d'obéissance qui frap-
pent tant chez l'Allemand. « Ce qui caractérise l'Alle-

mand, dit Biedermann (1), c'est l'obéissance. » Ce respect presque mystique et superstitieux de la force et de
l'autorité porte l'Allemand à ne pas voir dans le droit ce
qui doit être, quand même les choses et les circonstances
lui donneraient le plus cruel démenti, mais à confondre
le droit avec le fait et à ne pas comprendre que le droit
n'en serait pas moins le droit alors même qu'il aurait
tous les faits contre lui. Cette idée de la force est tellement enracinée dans son esprit qu'il ne peut comprendre
le droit que traduit dans les faits. Aussi l'incarnation la
plus complète de cette conception du droit c'est la philosophie de Hegel : le droit immanent, la force expression
du droit (2).

Il est de l'essence de l'idée morale de ne pas plier devant la force ; au contraire, partant toujours de cette idée
de la force, l'Allemand, dès qu'il rencontre une puissance qui cherche à s'imposer à lui, perd toute volonté
et toute personnalité. Les penseurs audacieux qu'a produits l'Allemagne ne doivent point nous faire illusion sur
ce point, car ce n'est là qu'une autre face de cette docilité et de cette absence de résistance à la pression des
faits, en ce sens que les systèmes les plus indépendants
ne font que pousser à l'excès, avec un aveugle engouement, les conséquences des systèmes à la mode. C'est
ainsi que tandis que l'Anglais déploiera son activité dans
le champ de la vie pratique et luttera pour l'existence
d'une organisation économique et politique, tandis que
le Français, fort d'une idée ou d'un principe, voudra ré-

(1) Biedermann, « Deutschland in XVIII Jahrhundert qui cite Moser.
(2) Voir Stinzing, « Macht und Recht, » 1876, p. 6 à 8.

soudre par la logique abstraite les problèmes complexes
de la vie sociale et politique, l'Allemand se concentrera
en lui même et refoulé par la force des choses extérieures
il cherchera à se rattraper en quelque sorte dans le
monde intérieur de la pensée. Cet état morbide de la
pensée allemande ne prendra fin que le jour où, pour le
plus grand bien de l'humanité, reprenant la grande tradition de Kant, l'Allemagne saura unir à son admirable
sens historique, à sa profonde intelligence de la vie et de
l'organisme, le culte de la liberté et l'amour des principes, le jour où elle comprendra que l'idée est autre chose
que le fait matériel, que la force, qui n'est qu'un effet, ne
peut fournir une règle à notre activité, que la force
seule enfin, quelles que soient les formules qui la dissi-
mulent, ne saurait jamais réaliser l'idéal social qu'elle
poursuit, attendu que les peuples, comme les individus,
ne valent et ne sont réellement puissants que par l'idée
morale pour laquelle ils luttent et se sacrifient.

FIN

POSITIONS

DROIT ROMAIN

Prises dans la thèse

I. — L'usucapion avait pour fondement outre une raison
d'ordre économique la bonne foi du possesseur.

II. — Toutes les servitudes peuvent être usucapées.

III. — La loi 109. D. de V. S. L. 16. ne contient aucune
définition légale de la bonne foi.

Prises hors de la thèse

I. — La présence des témoins n'est pas indispensable à
la perfection d'une donation.

II. — L'erreur de droit n'empêche pas la *condiction in-
debiti*, quand elle est excusable et qu'on cherche à éviter une perte.

III. — Un commencement de possession est nécessaire
pour l'exercice de la Publicienne.

IV. — Les servitudes rurales furent les premières auxquelles on appliqua l'usucapion.

DROIT FRANÇAIS

I. — Une cause illicite a pour effet d'annuler l'obligation.

II. — La prescription laisse subsister une obligation naturelle à la charge du débiteur.

III. — Le donataire peut opposer le défaut de trans-
cription à un autre donataire.

IV. — L'inaliénabilité de la dot tient à l'incapacité de
la forme et non pas à l'indisponibilité des biens.

DROIT PÉNAL

I. — L'étranger qui a été jugé dans son pays pour un
crime qu'il a commis sur le territoire français
peut-être poursuivi s'il revient en France.

DROIT CONSTITUTIONNEL

I. — En matière de loi de finances, sauf la question de
priorité, le Sénat a les mêmes pouvoirs que la
Chambre des Députés.

DROIT INTERNATIONAL PRIVÉ

I. — La nationalité d'un enfant naturel est fixée par la
nationalité de celui de ses auteurs qui l'a reconnu le premier.

II. — La femme française qui épouse un étranger n'a
pas d'hypothèque légale sur les immeubles de
son mari, situés en France.

PROCÉDURE CIVILE

I. — Les actions possessoires ne s'appliquent pas aux universalités mobilières.

DROIT COMMERCIAL

I. — L'hypothèque maritime n'est pas soumise à l'article 2128 C. C.

Vu, le président de la thèse,
F. MOREAU

Vu, pour le doyen absent, l'assesseur,
G. BRY,

Vu et permis d'imprimer,
Le Recteur,
BELIN

TABLE DES MATIÈRES

DROIT ROMAIN

DROIT FRANÇAIS

L'Idée du Droit en Allemagne depuis Kant jusqu'à nos jours

Première Partie

L'HISTOIRE

Seconde Partie

L'IDÉE

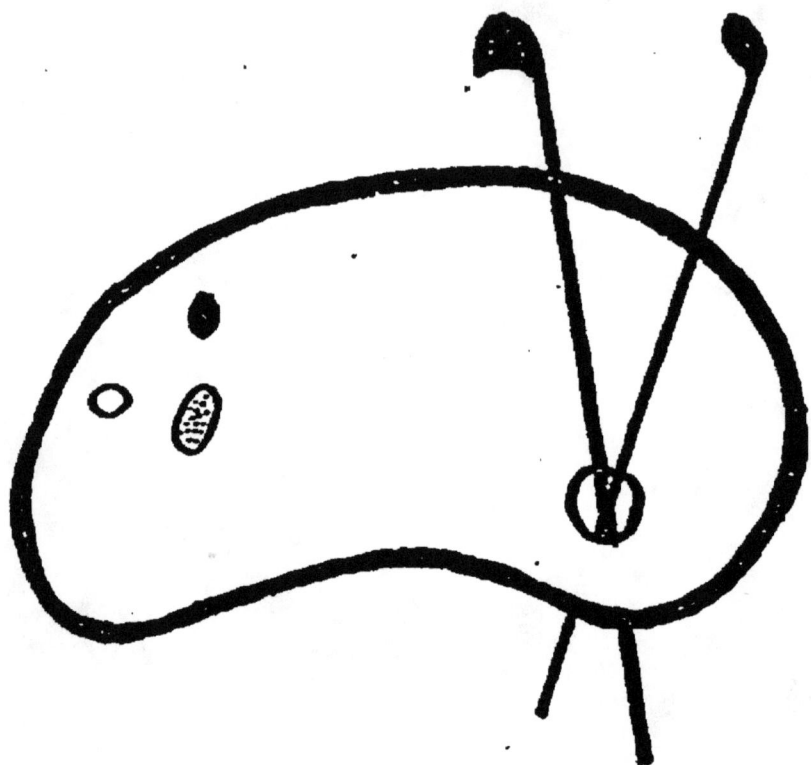

ORIGINAL EN COULEUR
NF Z 43-120-8

www.ingramcontent.com/pod-product-compliance
Lightning Source LLC
Chambersburg PA
CBHW061009220326
41599CB00023B/3887